JN274481

不法行為等講義録

吉田邦彦著

信山社

はしがき

　1．本講義録は、対象が、不法行為法を中心として、不当利得・事務管理に及ぶもので、債権各論の講義の後半部分であり、従来の北大法学部の講義カリキュラムでは、20回余りかけて講じられ（そのときは債務不履行法とセットであった）、そして近時は、15回くらいで債権各論の一環で、契約各論につづけて講ずることとなっている。
　不法行為法の分野は、私にとっては「思い出深い分野」で、これまで何度となく講義してきたが、正直10数回で講義するには、分量がありすぎて、やはり何らかの理解を助ける資料が手元にないと、学生の方も大変だろうと思うようになった。

　2．不法行為法の分野は、民法の中でも裁判例が多く、また研究文献も膨大であり（特に1960年代以降それは著しい）、網羅的にフォローすることも十分にできていないにもかかわらず、講義録を出すに至った直接的動機は、前述の如くであり、あまり大それたものではない。本書の趣旨は、基本的に既に公表した『家族法講義録』と同様で、第1に、学生の理解を助ける資料という程度のもので、（たんに口頭だけでなく）講義の情報資料に関する学生からの公表の要望によるものにすぎない。また第2に、従来式の講義スタイルで続けている私の講義が、今後どれだけ受け入れられるかという危機意識から、ともかくも、不十分なりに記録にとどめておきたいという、まったく便宜的理由である。さらに、第3に、不法行為法は、議論が林立しており、かつ理論的議論が占めるウェイトが大きい。それゆえに独学も難しい分野と思われ、この分野の特性に応じた、本当の意味での手ほどきが必要だということもある。すなわち、議論が多いだけに、なおのこと立体的に議論の展開を示し、（議論の多様性を論ずるとともに）「混迷に陥らないようにする」論者（講義する者）の視座を提供することが必要で、また平板なマニュアル式の受験知識では歯が立たないような理論的考察ができるようなガイドが必要だとも思うからである。

　3．本分野が「思い出深い」という理由はこうである。それは、もう30年も

はしがき

前の、1979 年春の大学 3 年時に遡り、当時私は、消去法で法学部を選んだ帰結として、法学履修の目的意識・動機付けも失い、アイデンティティ・クライシスに陥っており、そんな状況で、平井宜雄先生の民法第 2 部（債権各論〔不法行為法、契約各論〕）の講義で初めて、「不法行為法」を習うこととなった。先生の講義は、今から考えてもものすごい講義であり、当時新刊の幾代通先生の本を教科書として、しかし先生の論文集『損害賠償法の理論』を読んでいないととても歯が立たないような、惰性的に法学を習得していた私には、「冷や水を浴びせかけられる」厳しくかつ刺激的な講義であった。とにもかくにもこれを読まなくては、話にならないということで、同書に引き込まれるように、読書していったことを、昨日のことのように記憶する。

週末にサークル室（法律相談所）に行くと、同級の所員たちが講義の代弁者として語る「不法行為論」は、1 年上の先輩のそれ（先輩たちは、通説の代表格の加藤一郎先生から民法 2 部を聞いていた）とは、全く異なることが分かるに至り、傍で議論を聞く私も、わがことのようにちょっと得意げであったことを思い出す。当時は、わが国の不法行為法学の激動期であり、伝統的通説は音をたてて崩れていっており、その批判的法実践の「台風の目」的存在が平井先生であった。同先生による講義での臨場感あふれる実践的発信は、まさに、私が批判的な民法の学問的実践の面白さを味わう最初であったわけであり、その意味で、本講義録の出発点ともいえて、本書でもその「感銘の一端」を伝えることができればと思う。

そして、その後研究室に入り、恩師の星野英一先生が、「まだまだやるべきことがある」と、仰って誘ってくださった分野も不法行為法であった。しかし、平井先生の業績は巨峰のように聳えて（さらに、「御三家」などと言われて、著名な民法学者が各人各様の論陣を張っていて、さながら戦国時代の様相を呈しており、「混迷の極」にあるとも言われた〔しかしそれらは、あまりに理論的すぎて、空を切るようなもどかしさもあり、それが、不法行為理論を一層わかりにくくしているのではないかと、当時から感じていた〕）、正しく五里霧中で、すべてやりつくされてしまった感を持ったのは、私だけではあるまい。しかし、夢中にやれば何とかなるもので、「債権侵害などの取引的不法行為の分野」には、平井理論のメスが及んでいない重大分野であることを実感して、とにもかくにも、この分野から研究者生活を始めることになったわけである。

4．思い出話はやめにして、本書の特色を述べよう（これも基本的に、『家族法講義録』と同様である）。ともかく10数回の講義でできることは限られるが、第1は、議論の到達点をそれまでの経緯とともに、示すということである（私が講義を始めたころのエピソードとして、平井先生は、「最先端の議論をしていないと研究者は堕落する」「（自分に教えるというつもりで）壁に向かってでもやれ」と言われ（確か同趣旨の矢野健太郎教授のエッセイもあった）、当時法政大学経済学部の民法の講義でそれを愚直に実践し、大教室で数名の経済学部の学生相手に、当時入れ込んでいた──しかし今では、距離を置き、ないしは批判的経済分析に関心を寄せる──「法と経済学」を夢中に一生懸命教えたことも懐かしい思い出であるが、あの頃の学生の感想を確かめるすべもない）。本講義で、しばしば「検討」の項目を入れて、単なる学説の列挙にとどまらないように、読者自身の頭で考えてもらうことを促したのは、それゆえである。また、その際のたたき台として、私見をできるだけ出すようにしたのも、前著と同じである。

　また、前述のごとく、この分野は、諸説入り乱れているので、オリジナルな転機となった見解をマークしつつ、立体的に議論の展開を整理する作業に留意し、その際に「議論の局面を塗り替えた見解」に意を払うことは、重要であり、講義録の制約の中でも、できるだけ（せめて示唆を受けたものだけでも）引用作業にも努めたつもりである。昨今は、ともすると、どの見解が一歩抜け出たオリジナルな見解か、すでに出ている見解によりかかっただけのものかの区別が、無造作になされずに示され、研究者本来の「洞察力を示す」ことの意義が伝わってこない書き方をする風潮が強い（研究業績の引用をしないものが増えているのも、理解に苦しむ）だけに、それに対するアンチテーゼという意味があり、従来式の学者の礼儀を守るという当然のことをしたまでである（なお、講義録の性格上、どうしても紙幅との関係で制約がある。自身の書いたものへの注などでの言及は、限られたスペースでの私見の叙述を、それを補いたいという趣旨からであることに、ご留意願いたい）。

　第2に、不法行為法は、理論的部分がかなりあるとともに、具体的・現実的問題に触れあう面が強い。判例の重要性については、しばしばいわれることだが、それのみならず、法社会的考察ないし法政策的考察が不可欠であろう。そのためにも、月並みなことでもあろうが、現代的に重要な具体類型をピックアップして、さらに、たんに判例の勉強だけに終わらせずに、問題の社会背景、

はしがき

あるいは、アメリカ法の「公共訴訟」の示唆などから、関連する政策的課題をできるだけ広く論ずることに努めた。それはまた、かつて我々の学生時には、わが法学界には、風靡していた利益考量法学、そしてそこに出ていたリアリズム法学的な遺産の良い側面を、「絶学」とせずに、発展的に承継していきたいという私の意欲の表れでもある。

また第3に、最近は、縦割りの法典に即した民法教育になりがちであるからか、たとえば、行政法（行政救済法）で扱われることは、民法ではないかのごとく扱われがちだが、本書は、そういう狭い立場は採らず、「重要な不法行為」であれば、例えば、それが行政法的であろうが、家族法的であろうが、国際法的であろうが、広く視野に入れて論じている。それも社会を見る眼を狭めないようにという思いから来ているし、学際的分野は、相互にクロスさせてどちらの側からもアプローチすべきだとの願いからでもある。

さらに第4に、ここでも試みに、いくつか設問を作成してみた。これは、理解度をチェックする復習に役立ててほしいが、さらに、司法試験の問題などにおいても、従来のお決まりのケース問題だけではなく（そのような問題の重要性は、私も期末試験などでは必ず出すし、否定しないが、類書で多く論じられているのでそれに譲る）、理論問題が前面に出る不法行為法学ならではの問題作りのための試作品としてみて下さればとも思う。

5. 翻ると、この分野の研究を進めるに際しても、多くの先学・恩師のお世話になっている。日本の不法行為法学との出会いについては、既に述べたので、最後に触れておきたいのは、アメリカ法学からの刺激である。

既に、イェール大学のキャラブレイジ先生などの「法と経済学」研究（それは、初めての実定法学の理論研究という意味もある）は、平井教授などを通じて、1980年代から刺激を受けていて学問的に鼓舞されていた。しかし、90年代に入ると、この領域は、各州で不法行為改革と称して、保護を制限する保守的な議論、市場主義的な議論に委縮しつつあることもあり、当時長期出張を開始した私は、「不法行為法を軸として、さらに理論的に分析枠組みを広げる」ことに努め、例えば、第1に、関係契約理論の刺激を発信源である滞在先のノースウェスタン大学の恩師マクニール先生の同理論においては、フラー先生の薫陶の賜として、その基盤には、本書と大いに関係する救済論ないし契約利益論で

あることを感得できたし、第2に、シカゴ大学のエプスティーン先生からは、——その政策的立場の相違を超えて、——義務論的思考からの不法行為理論の転換のアイデアを教えていただいたし、その医事法（私のその分野への関心は、やはり狭い医療過誤オンリーの不法行為法学の脱構築であった）のセミナーからは、理論構築の面白さを教えていただき、それはその後のスタンフォード大学でのエントーベン教授らからの医療経済学・経営学の教示に繋がっている。さらに、第3に、ハーバード大学のミノウ教授らの補償理論研究からの刺激は、数多くの大量の集団的不法行為の解決事例を通じて、世界各地で高まる緊張関係を踏まえた民族・人種の関係の修復の問題、そこにおける不法行為制度の意義という根本問題への関心を掻き立てられ、また国際法と民法不法行為法との交錯の問題の重要性にも気づかされることとなった。なお第4に、この10年余りの私の所有理論研究への関心は、実は不法行為法理論と表裏をなしていて、この分野での刺激を受けた先生は、枚挙に暇がなく、別の機会に譲りたい。

さらに、こうした拙い講義録も、こうした資料も配らずに、欲張りに早口で多くの情報を詰め込んだ講義に付き合ってくれた多くの学生に負っており、不手際のお詫びとともにお礼申し上げたい。そして、近時は、多くの隣国、とくに——北大北京オフィス（そしてその所長の鈴木賢教授）のおかげであろうか——中国からの多くの研究生が、最前列を陣取って、苦学しつつ、一生懸命聴講してくれるようになっており、そうした諸君の前で講義できることに幸せを感じていることにも触れておきたい。そしてここには、21世紀的な時代のうねりを感ずるわけで、従来とは異なる東アジア不法行為法学の構築にも尽力しなければいけないと、思いを新たにする次第である。

最後に、長年の知人であり、筆者のような伝統的講義スタイルに理解を示して下さる信山社社長の袖山貴さんは、本講義録の如き不完全・不充分なものでも、「まずは出してみましょう」と言って下さった。その言葉に甘えて良いかどうか心許ないが、ともかく制度激変の昨今、前述のように筆者も切羽詰まっており、出版事情が困難な折にもかかわらず、同氏のそのようなご厚意には、心より、お礼申し上げたい。

2008年夏　　北京オリンピック、そして、四川大地震災害調査を前にして

吉田邦彦

目　次

第 1 部　不法行為法 *(1)*

第 1 章　序論——一般的諸注意 …………………………………… *1*
  1. 講義内容、その特徴 *(1)*
  2. 不法行為の具体例と意味〔定義〕 *(1)*
  3. 講義の方針 *(2)*
  4. 聴講者の心構え——とくに、損害賠償法の場合 *(3)*
  5. 文献紹介及び学説概観 *(4)*

第 2 章　不法行為法の意義・目的——類似の制度 …………… *12*
  2－1　意　義 *(12)*
  2－2　不法行為法の目的論 *(12)*
  2－3　他の被害者救済制度と不法行為法との関係 *(14)*

第 3 章　一般的不法行為の要件（民 709 条）………………… *17*
  3－1　故意・過失と「権利侵害」（違法性）*(17)*
  　3－1－1　故意・過失の意義 *(17)*
  　　(1) 故　意 *(17)*
  　　(2) 過　失 *(17)*
  　3－1－2　「権利侵害」（違法性）要件の推移 *(20)*
  　3－1－3　過失を巡る近時の状況 *(23)*
  　　(1) 過失の意義 *(23)*
  　　(2) 過失の判断因子 *(24)*
  　　(3) 抽象的過失か（通説）か、具体的過失か *(28)*
  　　(4) 過失の立証責任 *(28)*
  3－2　責任能力 *(29)*

目　次

　　3－3　損　　害 *(31)*
　　　3－3－1　伝統的通説〔いわゆる「差額説」(Differenztheorie)〕*(31)*
　　　3－3－2　損害＝事実説の提唱とその意義 *(32)*
　　　3－3－3　近時の動向分析 *(34)*
　　3－4　因果関係論――損害賠償の範囲（保護範囲）*(36)*
　　　3－4－1　「因果関係」論の推移 *(36)*
　　　　(1)　従来の伝統的通説 *(37)*
　　　　(2)　近時の有力説 *(37)*
　　　　(3)　近時の新たな展開 *(39)*
　　　3－4－2　事実的因果関係論――「あれなければこれなし」のテスト *(42)*
　　　3－4－3　原因競合・後続損害と因果関係論 *(44)*
　　　　(1)　仮定的（凌駕的）因果関係（hypothetische (überholende) Kausalitä） *(45)*
　　　　(2)　因果関係の割合的認定――自然力・素因の競合の場合 *(45)*
　　　　(3)　自殺事例――自由な意思の介在（？）*(46)*
　　　　(4)　因果関係の切断的事例――交通事故後の転落事故、心臓麻痺事故など *(47)*
　　　　(5)　後続損害――交通事故後の医療過誤、継起的交通事故 *(48)*
　　　3－4－4　損害賠償の範囲及び金銭的評価 *(50)*

第4章　現代的不法行為の諸場合の類型的検討　……………*52*
　4－1　（その1）交通事故（自動車事故）――自賠法3条 *(52)*
　　4－1－1　事故の実態及び訴訟の推移 *(52)*
　　4－1－2　「運行供用者」概念 *(53)*
　　4－1－3　「他人」性の有無 *(57)*
　　　(1)　近親者――親族間事故 *(57)*
　　　(2)　好意同乗者 *(57)*
　　　(3)　共同運行供用者論 *(57)*
　　4－1－4　素因（原因）競合の問題 *(59)*
　4－2　（その2）医療過誤 *(59)*

4－2－1　特色及び訴訟の増加の背景 (59)
　　4－2－2　法律構成——請求権競合論 (61)
　　4－2－3　過失の認定 (62)
　　4－2－4　説明義務 (63)
　　4－2－5　期待権侵害・延命利益論（「その時の死」論）——一見因果関係の認定が微妙な場合（他方で杜撰な医療がなされた場合）(67)
　　4－2－6　責任主体——病院責任論・システム責任論のアプローチ (70)
　4－3　（その3）公害・環境破壊 (72)
　　4－3－1　状況の推移及び今日的課題——環境不法行為の方途 (72)
　　4－3－2　不法行為法に対する影響・意義 (80)
　　4－3－3　附——市街的公害（とくに、景観侵害の不法行為）(83)
　4－4　（その4）製造物責任 (84)
　　4－4－1　社会的状況の変化と法制の推移 (84)
　　4－4－2　法律構成——契約責任か、不法行為責任か (86)
　　　(1)　対小売業者——契約責任 (86)
　　　(2)　対メーカー（製造業者）——不法行為責任 (87)
　　4－4－3　判例法理の展開、特色——カネミ・スモン事件 (87)
　　4－4－4　製造物責任立法及び被害者救済制度 (91)
　4－5　（その5）取引的不法行為——債権侵害を中心に（関係的不法行為その1）(95)
　　4－5－1　債権侵害（契約侵害）論 (95)
　　　(1)　問題状況 (95)
　　　(2)　批判的見解（吉田）のポイント (96)
　　4－5－2　その他の営業侵害（不正競争）(103)
　4－6　（その6）性関係に関する不法行為（関係的不法行為その2）(104)
　　4－6－1　婚姻侵害 (104)
　　4－6－2　セクハラ問題 (106)

目　次

4－7　（その7）言論・表現に関する不法行為──名誉毀損（民723）・プライバシー侵害 *(109)*

　　4－7－1　名誉毀損 *(111)*

　　4－7－2　プライバシー侵害など *(121)*

　　　(1)　プライバシー侵害 *(121)*

　　　(2)　氏名権侵害 *(125)*

　　　(3)　肖像権侵害 *(125)*

　　　(4)　静穏・平穏生活権 *(125)*

4－8　（その8）人種・民族抗争に関わる不法行為──とくに、強制連行・労働の場合 *(126)*

　　　(1)　概況と本不法行為の特色 *(126)*

　　　(2)　民法上の諸論点 *(129)*

4－9　その他──国賠訴訟 *(138)*

第5章　不法行為責任の阻却（「違法性阻却」） …………… *139*

5－1　正当防衛（民720条1項）、緊急避難（民720条2項） *(139)*

5－2　その他の免責事由 *(140)*

　　　(1)　正当行為（Cf. 刑法35条） *(140)*

　　　(2)　被害者の承諾 *(140)*

　　　(3)　自力救済 *(140)*

5－3　軽過失免責──失火責任法 *(141)*

　　　(1)　その趣旨と批判 *(141)*

　　　(2)　他の法条との関係 *(142)*

第6章　物による責任（特殊的不法行為　その1） …………… *146*

6－1　土地工作物・営造物による責任（民717条、国賠2条） *(146)*

　　6－1－1　序──とくに責任主体論 *(146)*

　　6－1－2　「土地の工作物」「営造物」 *(147)*

　　6－1－3　設置・保存（管理）の瑕疵 *(148)*

　　　(1)　性　格　論 *(149)*

（2）従来の判例の傾向——道路瑕疵を中心に（*149*）

　（3）近時（とくに 1980 年代以降）の責任限定の動き——とくに、水害訴訟の場合（*151*）

6 − 2　動物占有者の責任（民 718 条）（*157*）

　6 − 2 − 1　序——動物事故とペット規制（*157*）

　6 − 2 − 2　本条の特色、問題点（*158*）

　6 − 2 − 3　ペットを巡る民法的紛争——民法 718 条以外（*159*）

　　（1）賃貸住宅における飼育による解除（*159*）

　　（2）分譲マンションにおける管理規約（ペット飼育禁止）の有効性（*159*）

　　（3）獣医療過誤（*159*）

　　（4）瑕疵担保ないし拡大損害（*159*）

第 7 章　複数者の不法行為（特殊的不法行為　その 2）………*161*

7 − 1　複数者の不法行為一般（*161*）

7 − 2　監督者の責任（民 714 条）（*161*）

　（1）行為者の責任無能力要件の可否——親・子の重畳的責任の可能性（*161*）

　（2）障害者の不法行為と民 714 条（*163*）

7 − 3　使用者責任（民 715 条）（*165*）

　7 − 3 − 1　序——本条の今日的意義の減退（？）（*165*）

　　（1）国家責任との関係（*165*）

　　（2）性　質　論（*168*）

　7 − 3 − 2　要件論——とくに、「事業の執行について」（現代語化前は、「事業ノ執行ニ付キ」）の解釈（*169*）

　　（1）使用者・被用者の関係（使用関係）の存在（*169*）

　　（2）被用者の不法行為（民 709 条）（*169*）

　　（3）「事業の執行について」（現代語化以前は、「事業ノ執行ニ付キ」）（*169*）

　　（4）免責事由（*171*）

　　（5）「事業」の範囲と暴力団の使用者責任（*171*）

目　　次

　　　7－3－3　被用者への求償の制限 *(174)*
　　　7－3－4　性格論を巡る近時の動き──企業責任論 *(176)*
　　　　（1）ドイツ的考え方の復活（田上論文） *(176)*
　　　　（2）他条文による処理 *(177)*
　　　7－3－5　他の責任との関係 *(178)*
　　　　（1）民44条1項 *(178)*
　　　　（2）国賠1条 *(178)*
　　　　（3）自賠法3条 *(178)*
　　　　（4）表見代理責任との関係 *(178)*
　　　　（5）債務不履行責任──履行補助者論 *(178)*
　　7－4　共同不法行為（民719条） *(179)*
　　　7－4－1　伝統的通説の理解──狭義の共同不法行為（民719条1項前段）
　　　　　 (179)
　　　　（1）伝統的学説 *(179)*
　　　　（2）判例の状況 *(180)*
　　　7－4－2　新たな動き──民719条の意義の問いかけ *(181)*
　　　　（1）問題提起 *(181)*
　　　　（2）下級審実務への反響と今後の課題 *(182)*
　　　7－4－3　その他の問題 *(187)*
　　　　（1）民719条1項後段──加害者不明の場合 *(187)*
　　　　（2）民719条2項（教唆＝そそのかし、幇助＝補助） *(188)*
　　　　（3）効　果　論 *(190)*
　　　　（4）他条文（とくに民715条）との関係──とくに、求償の仕方 *(190)*

第8章　不法行為の効果……………………………………………192
　　8－1　金　銭　賠　償 *(192)*
　　　8－1－1　賠償額算定の仕方──被侵害利益に即して *(193)*
　　　　（1）生命侵害の場合──とくに逸失利益の算定 *(193)*
　　　　（2）身体傷害の場合 *(196)*
　　　　（3）財産損害の場合 *(196)*
　　　　（4）精神的損害（慰謝料） *(196)*

（5）弁護士費用の賠償 *(197)*

　8－1－2　賠償額の調整——とくに重複填補（損益相殺）の問題 *(199)*

　　（1）生活費の控除（年収の3～4割）*(200)*

　　（2）養　育　費 *(200)*

　　（3）所得税控除 *(200)*

　　（4）遺族年金（労災補償保険給付としての遺族保障年金）*(200)*

　　（5）各種保険金 *(201)*

　8－1－3　被害者複数の場合の処理——とくに近親者損害 *(204)*

　　（1）生命侵害の場合 *(204)*

　　（2）身体侵害の場合 *(209)*

　8－1－4　過失相殺（民722条2項）及びその類推適用 *(210)*

　　（1）過失相殺能力——幼児の過失相殺 *(210)*

　　（2）「被害者側の過失」の斟酌 *(211)*

　　（3）被害者の素因の競合——過失相殺の類推適用 *(214)*

　　（4）手続上の問題 *(216)*

8－2　差止め（特定的救済）*(216)*

　8－2－1　損賠との相違及び各種法律構成 *(217)*

　8－2－2　環境権論の批判的〔脱個人主義・人間中心主義的〕検討 *(221)*

8－3　その他の問題 *(224)*

　8－3－1　胎児の請求権（民721条）*(224)*

　8－3－2　相殺の禁止（民509条）*(224)*

　8－3－3　不法行為の消滅時効（民724条）*(225)*

　　（1）前段（3年の短期時効）*(225)*

　　（2）後段（20年の期間制限）*(226)*

　8－3－4　示談後の後遺症——契約解釈の問題 *(231)*

第9章　一般的問題 ……………………………………… *232*

9－1　不法行為責任と契約責任——請求権競合論 *(232)*

9－2　不法行為法の展望 *(234)*

　9－2－1　損害填補制度の発展と現代のリスク論 *(234)*

目　次

　　9－2－2　不法行為訴訟の変質——「政策志向型」訴訟の登場 *(235)*
　　9－2－3　不法行為法における思考様式、正義論 *(236)*

第2部　不当利得等 *(241)*

第10章　序——近時の不当利得法の流動化 …………………*241*

第11章　一般的不当利得の要件（とくに民703条）………*244*
　11－1　伝統的な考え方（通説的見解）*(244)*
　11－2　近時の動向（類型論）*(246)*
　　(1) 通説（公平説）の問題点 *(246)*
　　(2) 類型論者の具体的主張 *(247)*
　　(3) 効　果　論 *(247)*
　11－3　類型論の評価、問題点 *(248)*
　　(1) 概　　況 *(248)*
　　(2) 給付不当利得の処理の特性——とくに解除後の法律関係 *(249)*
　　(3) 三当事者間の不当利得（＝三角関係）の処理上の問題点——金銭騙取事例、転用物訴権事例の位置づけ *(252)*

第12章　一般的不当利得の効果（民703条、704条）………*258*

第13章　不当利得の特則 ……………………………………*263*
　13－1　非債弁済——給付不当利得の特別規定 *(263)*
　　(1) 狭義の非債弁済（民705条）*(263)*
　　(2) 期限前の弁済（民706条）*(264)*
　　(3) 他人の債務の弁済（民707条）*(264)*
　13－2　不法原因給付（民708条）*(264)*
　　(1) 「不法ノ原因」の範囲 *(264)*
　　(2) 民708条但書による返還 *(265)*
　　(3) 適用範囲 *(265)*
　　(4) 特則による一般的不当利得規範変容と権利の所在——権利義務関係

体系との齟齬？ *(265)*

第14章　事務管理、準事務管理 …………………………………… 267

　14 － 1　事務管理――委任との対比 *(267)*

　　（1）定義・意義 *(267)*

　　（2）委任と類似する法律関係 *(268)*

　14 － 2　準事務管理の意義・機能 *(270)*

最 後 に *(273)*

＊追記――法学研究者の薦め *(275)*

第1部　不法行為法

第1章　序論——一般的諸注意

1．講義内容、その特徴
・損害賠償法——不法行為（民709条〜）……12回
・事務管理、不当利得………………………… 3回
（この順序で進める。不法行為が、全体の3分の2以上を占める。）

＊アメリカのロースクール科目との対比でみた不法行為法の特徴
　アメリカのロースクールでもまず学ぶ基礎科目。身近な生活問題の隅々に浸透しており、アクセスしやすい（今からでもついていける）。具体的というところは、契約法と類似するかもしれないが、契約各論よりも、理論的議論が多い。条文数は、少ないが、判例の数は、膨大である（従って、両者をつなぐ理論的議論が問われることになる）。

2．不法行為の具体例と意味〔定義〕
　(e.g.) 交通事故、製造物責任（アメリカでは、タバコ訴訟も大問題）、医療過誤（近年は、目立っている）、名誉毀損、プライバシー侵害、セクハラ訴訟（近時は、増えている）、過労死訴訟（安全配慮義務が問題とされるが、不法行為責任が問われている）、学校事故（いじめ、体罰）、障害者の虐待（訴訟になり始めた。これに対して、家庭内暴力は、まだ不法行為法の網の目の外）、ペットによる怪我（民718条）など。

　かつては、公害が深刻な例である（例えば、四大公害訴訟）。これに連続的な問題として、環境破壊の問題があるが（次述）、例えば、地球温暖化の問題などは、不法行為訴訟で捉えにくいという制度的限界を抱えている。

　——要するに、他者の加害行為で生じた損害につき賠償させる制度である。

第1部　不法行為法

＊21世紀的にクローズアップされてくる不法行為とは[1]

例えば、**第1**として、近年は、**国際法（国際人権法）とオーバーラップする不法行為問題**も議論されている。民族問題の自覚（多文化主義化）とともに、民族的・集団的不法行為が、国際問題として注目されるにいたっている（いわゆる戦後責任論──強制連行・労働問題、従軍慰安婦問題。法技術的に問題になるのは、（短期）消滅時効ないし除斥期間（民724条）や国家無答責など）。

第2に、**環境不法行為**の問題で、広汎に時間をかけて、しかも不可逆的に深刻に事態は進展する。因果関係は錯綜しており（グローバライゼーションも絡む）、損害も個別的には把捉しにくい。方法論的にも、従来の前提の「人間中心主義」や「損害の予見の計算可能性・確実性」などが問われており、リスク論にどう対峙するかは、今後の大きな不法行為課題であろう。

そのほか**第3**に、塵肺やアスベスト、タバコ訴訟など、広範囲で蓄積的に損害が生ずるような**蓄積的不法行為**も今後の課題であろう。さらに、ダイオキシン、BSE問題、鳥インフルエンザなどもこの延長線上にある。ここでは、長年月の後に損害が顕在化するために、期間制限の問題のほかに、因果関係の認定が困難で、加害者の特定も厄介となる。損害がグローバル化することも特徴である。司法的救済には限界があり、行政的規制が求められるが、この局面でも国際的対応も必要であろう。リスク社会にどう対峙するかも議論が多いところである。

3．講義の方針

・基礎的な部分、枠組みを伝えることを重視しつつ、（判例）（学説）の現状・到達点を伝える。しかも、これまでの議論の発展・展開に留意しつつ、「流動的なもの」として、「批判的な議論の積み重ね」が法律学というイメージを持ってもらうようにする。……学説の見方として、優れた批判、問題提起、オリジナルな発想を示したものほどすばらしいという見地から

---

[1]　さしあたり、高橋哲哉・戦後責任論（講談社、1999）、吉田邦彦「在日外国人問題と時効法学・戦後補償(1)～(6・完)──いわゆる『強制連行・労働』問題の民法的考察」ジュリスト1214～17号、1219号、1220号（2001～02）（同・多文化時代と所有・居住福祉・補償問題（有斐閣、2006）第8章に所収）、吉田邦彦・民法解釈と揺れ動く所有論（有斐閣、2000）第8章参照。

整理してみる。
・比較法的な位置づけにも留意する。……わが民法学の展開の独特の経緯ゆえである。
・マクロ的視野にも留意する。……隣接分野（e.g. 保険、社会保障）、基礎理論との関係（e.g. ①「法と経済学」は、アメリカで不法行為法から発展した。また、②その方法論的な前提である功利主義にも批判的に考える（カント的な義務論的不法行為〔矯正的正義論〕など。これは、法哲学の問題である）。③紛争理論、交渉論も含めて考える（なぜ、不法行為訴訟が減少したかを考える際には、紛争理論の分析は不可欠である）。④法意識論も無視できない（例えば、謝罪の文化をどう考えるか。これは、法社会学の問題であるが、民法の問題でもある））。

＊（モノローグ）近年の実定法学の平板化への危機意識の必要性
　日本の民法解釈学の近年の平板化の大きな要因として、解釈論オンリーになっているところにあり、それへの危機意識を持って、広い基礎法学への関心を持ってほしい。例えば、アメリカの「法と社会」学会に出てみても（私はその会員である）、研究報告の半分以上は、狭い解釈論以外のところにあり、それが、アメリカ法学を豊かなものとしていると言えよう。
　これは、リアリズム法学の定着度とも関係している。私が学生の頃は、日本でもリアリズム法学がしっかり定着していると実感していたが、最近の状況は、それと離反してきている。しかし、「適用の現場、ないし事実を把握せずして、健全な法解釈はできない」わけであり、近時の実定法解釈の狭隘化、平板化、他方で、基礎法学の高踏化（実定法学を知っていてやっているのかと思われるような議論も多い）という両極分解的現象に注意して、そのような蛸壺化に陥らないようになって欲しい。そんなことでは、ますます諸外国との比較で、日本民法学はレベルダウンしていくのではないか、と外国での学会に出ると痛感する。

4．聴講者の心構え——とくに、損害賠償法の場合
・積極的・能動的・主体的に予習復習をする。——『法律学小辞典』を座右に。
　Cf. 与えられるものを鵜呑みにしない。高校生までの受験生気質。
・議論の術を身に着ける。——他者と議論して、または、読書しながらも、

第1部　不法行為法

　　各説の長所・短所をつかむ。その上で、自分の意見も筋道立てて、組み立ててみる（本講義でも、そのサンプルとして、比較的私見を出してみる）。
・社会問題への関心も不可欠。「社会を見る目」を養うためにも、新聞などしっかり読む。……法律学は、単なる技術学ではなく、「政治学」との関連も密接である。
・講義に出る。──その結果は、歴然と試験に出る。また、深めた勉強を知っているかどうかで、論文式・論述試験で差がつく（急がば回れ）。
　Cf. 最近の「金太郎飴」「どんぐりの背比べ」現象。
　また、**不法行為法**などは、学説・理論が入り乱れて、**独習は難しい**。

5．文献紹介及び学説概観

＊いきなり、学説用語を以下では列挙して、やや当惑するかもしれないが、今の段階ですべてわからなくともよい（だんだんわかってくる）。わからなくて、気持ちが悪ければ、文献を紐解いてみればよいということになる（それが、大学生らしい主体的勉強であろう！）。

（Ⅰ）　伝統的通説の理論
　我妻栄・事務管理・不当利得・不法行為（新法学全集）（日本評論社、1937）
　加藤一郎・不法行為（法律学全集）（有斐閣、1957）
　その骨格は、①違法性理論、相関関係理論、②相当因果関係理論、③過失の主観的理解、④損害についての差額説など。背後にドイツ法がある。

（Ⅱ）　平井教授による（Ⅰ）の徹底的批判
　平井宜雄・損害賠償法の理論（東京大学出版会、1971）
　同・債権各論Ⅱ不法行為（弘文堂、1992）

・その後、（幾代）は、スタンダード。（平井）を多少ブレンドしつつ、（通説）の維持。幾代通・不法行為（筑摩書房、1977）（今は、有斐閣版がある）
・これに対して、関西のほうでは、ドイツ法的理解（（前田）（沢井）。また（四宮））。

（N. B.）
・実質的な評価としては大差なく、理論的な対立部分が多い。例えば、①違

法性と過失（有責性）の二元論の採否。②因果関係の二元的理解（責任設定的因果関係と責任充足的因果関係）の採否。③義務射程（英米式）か、危険性関連（ドイツ式）か。④賠償請求権者（ドイツ式）か、賠償範囲の問題（フランス式）か。

（吉田）は、基本的に、（平井）に近い。

・理論的な進展は、20年余り前は、目覚ましいものがあったが（とくに平井教授によるそれ）、それも「学説継受批判」（ドイツ特殊の不法行為法学的解釈に対する批判）の側面が強く、当時の民法学の潮流の一環で捉えることができるだろう。しかし反面で、実質的評価の面で、被害者保護などコンセンサスが得られていた面も強く、どれだけ他説と（実質的立場が）違うのだろうかということは言える。

＊不法行為法の比較法的枠組み比較

参考までに、ここで、不法行為法について、簡単に比較法的な概観をしておこう。

(1) まず、**不法行為の組み立て**であるが、第1に、英米式は、個別的構成要件主義（battery, assault, negligence などという形で、個別の tort の寄せ集め）（unrestricted plurality）、これに対して、第2は、フランス式で、対照的に、一般的構成要件主義（単一のルールで包括的に不法行為を規律する立場）（single rule）である。わが不法行為法もこの立場であり、民法709条は、フランス民法1382条から来ている。この間で、第3に、ドイツ式は、中間的に、3つの規定〔ドイツ民法823条Ⅰ項（絶対権侵害）、823条Ⅱ項（保護法規違反）、826条（故意の良俗違反）〕で規定する（restricted pluralism）[2]。わが国の不法行為学説の混乱の出発点は、民法709条の母法をドイツ民法823条Ⅰ項と誤解したところにある。

(2) **賠償範囲**について、第1に、ドイツ法では、因果関係（とくに責任充足的因果関係）について、限定を付さないといういわゆる「完全賠償主義」の立場をとるために、学説は制限を試みて、「相当因果関係」なるターム

（2） このような整理の仕方は、Jean Limpens et al., International Encyclopedia of Comparative Law vol. XI Torts Chap.2 Liability for One's Own Act（J.C.B. Mohr, 1974）5-12 に負う。

を使うようになったわけである。ところが、第2に、英米・フランス・日本では、本来賠償範囲は限られるという「制限賠償主義」がとられる。

(3)　さらにドイツでは、基本的に、**賠償請求権者を直接被害者に限るという**立場をとっているし（フランスなどでは、そのような硬直的立場をとらない）、(4)**経済的損害（取引的過失不法行為）**についても、ドイツでは、原則一律に否定する（フランス、英米はこれよりも柔軟である）。**債権侵害の不法行為（故意の取引的不法行為）**は、比較法的に相違があるが（ドイツ法では、ド民823条Ⅰ項で、債権侵害を保護しないので、相対的に保護は弱い。しかし同法とてド民826条で保護しているので、最終的には大差なく大同小異である）、むしろドイツの議論を一面的にしか摂取しなかった日本法が、比較法的に突出して限定的な状況であることに留意する必要がある。(5)**加害行為の評価の仕方**として、客観的な違法性要件と、主観的な有責性要件とを、二元的に対置峻別させるのは、ドイツ特殊の立場である。(6)また、ドイツ法は、**慰謝料賠償**についても制限的である。

　……このような、ドイツ法の立場では、裁量の抑制、機械的処理が狙われたようであるが、今日ではむしろその硬直性が目に付くところである。

(Ⅲ)　（吉田）の平井理論との相違点は、——今後の見通しをよくするために、予告的に述べれば、——以下のとおりである(3)。

① 過失の評価として、すべて結果不法的なものに一元化しない。「行為不法的」な過失の余地を残す（例えば、医療過誤における「医療水準」論。
Cf. これに対して、（平井）及び（判例）の「過失」の定式は、「損害の予見可能性を前提とした結果回避義務違反」とされている）。

② 後者の場合には、「因果関係」の独自の意味が出てくる（平井は、過失論にすべて還元する）。

③ 過失不法行為の地位を相対化させ、不法行為の要件が絞られる「意図的〔故意〕不法行為」類型を個別に解明していく。

④ さらに、厳格責任、無過失責任の再評価はあってよい（「矯正的正義論」

（３）　私の立場については、さしあたり、民法判例百選（第3版～第5版）の大阪アルカリ事件解説（1989～2001）、および吉田邦彦・民法解釈と揺れ動く所有論（有斐閣、2000）第4章、5章参照。

からの問題提起）。Cf. 功利主義的考慮の是非。「過失」は、経済的自由主義、資本主義の時代の産物。しかし他方で、リスク社会において、すべてを不法行為法でカバーすることもできなくなってきていよう。そうした意味で、「被害者保護」も重要だが、不法行為法だけで処理できないほどに、リスク問題はグローバル化しているとの認識も必要だろう。

(N. B.)

- ここ20年余りは、比較的不法行為理論の停滞期。いつまでも、「過失一元論」「違法性一元論」などというやや不毛な議論（沢井講演・幾代著の頃の状況）を続けてよいものではなく、規範的・思想的再編が求められているであろう。——あまり学説の大きな動きがなかったことは、研究者の怠慢の故か、反省が必要であろうが、不法行為問題の発掘の姿勢がもっとあってもよいであろう（21世紀の課題として述べたこととも関係する）。
- また、かつては、不法行為の認め方に、実質的立場として、かなりのコンセンサスがあったが、近時は、政策的立場が反映することも多い。例えば、アメリカの1990年代の不法行為の議論は、賠償を制限する方向での保守的な基調が強かった。そういう立場の相違についても、近時は敏感になることも必要だろう。

QⅠ-1　不法行為事例を具体的にいろいろ想起し、21世紀的に重要になる分野を検討しなさい。

QⅠ-2　不法行為法の枠組みを比較法的に検討し、そのドイツ的特色を指摘してみなさい。

QⅠ-3　不法行為法に関わる基礎法学的検討としてどのようなものがあるかを論じなさい。

QⅠ-4　不法行為法学説は、どのように展開しているかを概観してみなさい。

（以上は、今すぐに解けなくとも気にせずに、いずれまとめの段階で、もう一度検討してみなさい。）

第1部　不法行為法

(体系書・概説書一覧)
Ⅰ　伝統的通説
・我妻栄・事務管理・不当利得・不法行為（日本評論社、1937〔1988復刻〕）
・加藤一郎・不法行為（法律学全集）（有斐閣、1957〔増補版1974〕）
　……全体としてドイツ法学的影響が強い。

Ⅱ　通説の批判・刷新
・平井宜雄・損害賠償法の理論（東京大学出版会、1971）
　同・現代不法行為理論の一展望（一粒社、1980）
　（同・債権各論Ⅱ不法行為（弘文堂、1992））
　……本講義は、基本的にこれをベースに、幾つかの批判を上乗せしている。「第1」、とくに「第2」のものと、「第3」のものとでは若干の路線変更を感じとることができる。

Ⅲ　その後の展開
　1）ⅠⅡの架橋（基本的にⅠの維持）
・幾代通・不法行為（現代法学全集）（筑摩書房、1977）〔徳本伸一補訂版（有斐閣、1993）〕
・森島昭夫・不法行為法講義（法教全書）（有斐閣、1987）
　……いずれも穏健中庸。

　2）ドイツ法的展開（関西学派）
・前田達明・不法行為帰責論（創文社、1978）
・四宮和夫・不法行為〔事務管理・不当利得・不法行為中巻下巻〕（現代法律学全集）（青林書院、1983（中巻）、1985（下巻）、1998（合冊版））
　……原型は、同・判例コンメンタールⅥ（日本評論社、1963）である。
・沢井裕・テキストブック事務管理・不当利得・不法行為（有斐閣、初版1993、第2版1996、第3版2001）
　……種々の時点での見解が混在している観があるが、この分野の専門家による詳しい教科書。

3）近年のもの
- 不法行為法研究会・日本不法行為法リステイトメント（有斐閣、1988）
  ……10年程前の議論の状況〔現況と大差ない〕を知るのに便利である。
- 藤岡康宏・民法Ⅳ債権各論（有斐閣Sシリーズ）（有斐閣、初版1991、第2版1995、第3版2005）第4章
  ……学生向け概説書としては理論的叙述に相当の紙幅を割き（叙述は、平明である）、不法行為法の特色が出ている。著者は、ⅡとⅢ‐2）の接合に努めている。
- 吉村良一・不法行為法（有斐閣、初版1995、第2版2000）
  ……スタンダードな概説書だが、著者自身は「市民社会論」に関心を寄せる。
- 内田貴・民法Ⅱ（東京大学出版会、1997）（2版、2007）
  ……自習書。特色はⅡに近いということか。「わかりやすい」がレベルも低くはない。ただ、引用がややセレクティブに過ぎるところが気になる。
- 潮見佳男・不法行為法（信山社、1999）
  ……Ⅲ‐2）の系譜であり、Ⅱにも応接が見られる。行為不法的過失などに特色が見られる。
- 棚瀬孝雄編・現代の不法行為法（有斐閣、1994）
  ……法社会学的短編集。
- 吉田邦彦・民法解釈と揺れ動く所有論（有斐閣、2000）第4章、第5章
（私自身の不法行為基礎理論の一端を示す）

　さらに、現代的な不法行為問題として、(1)蓄積的不法行為を扱うものとしては、同・契約法・医事法の関係的展開（有斐閣、2003）第10章（タバコ訴訟）、同・多文化時代と所有・居住福祉・補償問題（有斐閣、2006）第9章（塵肺訴訟）。また、(2)補償問題（集団的不法行為・歴史的不正義に対する補償）については、同書6章以下、7章では、アイヌ民族問題、8章では、戦後補償問題を扱う。なお、(3)経済的不法行為については、同・債権侵害論再考（有斐閣、1991）（私の処女作。Ⅱの批判で、なお漏れ落ちていた「欠落部分」を扱ったつもりである。「権利侵害」論の議論一般とも深く繋がる。）

第1部　不法行為法

　……自己紹介の意味で掲げさせていただいた。
- 加藤雅信・事務管理・不当利得・不法行為（有斐閣、2002）
　……理解の仕方は、ドイツ的で、クラシカルである。自説は、はっきり書いてある。平井説、また吉田説を意識して、その否定を試みたようであるが、旧来の状況に戻っただけではないかとの感想を持つ。もともとは、不当利得法の専門家であるが、総合救済システムの箇所は、オリジナルである。
- 大村敦志・基本民法2債権各論（有斐閣、2003）（2版、2005）
　……「基本民法」という教え方の性質の違い（この点は、後述参照）にもよろうが、やや簡略に過ぎて、周知の事柄の整理的記述が多く、あまり刺激を受けない。
- 円谷峻・不法行為法・事務管理・不当利得――判例による法形成（成文堂、2005）
　……「判例を通じた叙述」ということであろうが、従来からあったメソッドであろう。かなり丁寧な文献引用がなされているのも特色である。
- 前田陽一・不法行為法（弘文堂、2007）
　……比較的自説が書かれているが、やや議論の立て方が、従来の繰り返しの観がある。
- 窪田充見・不法行為法（有斐閣、2007）
　……私と同世代のこの分野の研究者のものだが、引用がおよそないのには、ちょっと意外だった。同教授のものとしては、むしろフォン・バール教授の著作の訳書の方（ヨーロッパ不法行為法(1)(2)（弘文堂、1998））をお勧めしたい（力作である）。

　　＊民法判例百選の事件
　　　番号を随時【　】で記す。
　　＊＊個別の文献については、その都度紹介する。

☆「基本民法」・「高度（上級）民法」という教育スタイルについて

　近時では、巷間「基本民法」と「上級民法（ないし高度民法）」とを分けて講義する例もある由であるが、本講義ではこの手法を採ってはいない。

　その理由として第1に、講義とは、講義者がこれまで勉強してきて刺激を受けた部分のエッセンスを伝達すべきものと考え（そうでなければ、「受け手」も知的興味を起こすことも少なかろう）、それは往々にして見解が流動化している「先端的分野」に多いからである。すなわち私としては、初学者に対しても、先端議論のさわりは伝えるべきものと考える。但し、注意してほしいのは、1つに、その前提を成す基礎部分を軽視するわけでは全くないことであり、2つめに、「基本問題」であっても、その根幹が揺らぐことは往々にしてあり（またそうした根底からの批判的議論は、的を射ていれば素晴らしいことである）、そうなると「基本問題」とても「先端的議論」になるということである。

　第2に、教師が受け手（学生）よりも高みにいて、「自分が知る一部分しか教えてやらない」「小出しにする」というスタンスには、ある種尊大な権威主義的色彩を感じ、私の好まないところだからである。そうではなくて、民法学という学問の前では、教師も学生も学徒として同格であり、ただ単に何年か前に先に勉強を始めた者が、「これまで研究してきて知的に興味を抱いた部分を中心に伝達する」というのが、本講義のイメージである。大体、「基礎」「先端」の区別は、つけられないのではなかろうか。

第2章　不法行為法の意義・目的――類似の制度

2－1　意　義

- 契約関係のない第三者による加害により、損害が生じた場合に、その金銭賠償をする（日本法は、それが原則である（民722条1項――民417条の準用））。例外は、差止め。Cf. 物権的請求権。
- ＊二重譲渡の問題〔悪意の第2の買主から第1の買主への不動産の返還〕も、諸外国（フランス、ドイツ）では、不法行為の効果として考えられている。しかし、わが国では、不法行為の効果として、損害賠償しか考えられないのが通常で、諸外国での議論が機能的に対応するのは、民177条の「第三者」の範囲の問題と言うことになる。
- 具体例は前述。付言すれば、わが国の特徴として、国家賠償〔国家（国・地方公共団体）による不法行為〕が論ぜられるのがしばしばであることである（とくに、かつては、道路事故、水害などで大いに議論された。今でも、薬害、学校事故、医療過誤などでも、政府関係のものであれば、国家賠償の問題になる）。憲法17条を受けて、戦後制定された国家賠償法が根拠法（戦前は、権力的行政行為については、国家無答責が妥当した）で、講学上は行政法（行政救済法）の問題とされるが、不法行為の問題である。

2－2　不法行為法の目的論

- ［目的］は、大きく3つのことが言われる。

  (ⅰ) 損害の填補ないし原状回復（compensation）。……原理的には、「矯正的正義（corrective justice）に由来し、ギリシア・アリストテレスのニコマコス倫理学に既にある古くからの思想である。

  (ⅱ) 事故の抑止（不法行為の抑止）（prevention）。……「法と経済学」で、しばしば法的ルールの経済的インセンティブ（損害回避行動）を、事前的（prospective）に考えるのも、ある意味でこの系譜である（森島477頁以下）。

  (ⅲ) 制裁ないし報復（sanction）……ドイツ法では、民刑事の分離が強調され、わが国でもかつては、同様に説かれる傾向もあった（加藤（一）3頁以

下。沢井 85 頁もドイツ的影響）。

　なお、こうした日独の状況に対する批判的分析として、窪田教授のものがあり[4]、同教授は、批判的考察の目指す方向として、① 故意と過失との区別、② 損害の柔軟化（利益の吐き出し）、③ 慰謝料の柔軟化、④ 懲罰的損害賠償を説かれる）。

（検　討）

　確かにこの機能は歴史的に縮小される方向にあるが、すべての国がそうであるわけではない。英米、とくにアメリカでは、懲罰的賠償（punitive damages）が大きな意味を持っている。フランスでも峻別されているわけではない。わが国でも、制裁の慰謝料の主張があるが（後藤孝典弁護士[5]。Cf. クロロキン薬害訴訟東京高判昭和 63.3.11 判時 1271 号 3 頁は、否定する）、一部にとどまる（もっとも、慰謝料の補充的機能は、一般的に言われる）。

(iv) 贖罪（償い）的機能……これに触れるものは少ない（潮見教授[6]くらい

（4）　窪田充見「不法行為と制裁」石田(喜)古稀・民法学の課題と展望（成文堂、2000）参照（民刑事分化、制裁的機能排除はドグマ〔神話〕であり、萎縮した不法行為になるという（704-05頁）。さらに、森田果＝小塚荘一郎「不法行為の目的──『損害填補』は主要な制度目的か」NBL 874 号（2008）も参照。

（5）　後藤孝典・現代損害賠償論（日本評論社、1982）。なお、わが国では、（後藤弁護士に先行して）慰謝料については、制裁的・懲罰的要素を認めようとする有力説があったが（戒能博士が嚆矢）（戒能通孝「不法行為における無形損害の賠償請求権」法協 50 巻 2 号、3 号（1932）、三島宗彦「損害賠償と抑制的機能」立命館法学 105 = 106 合併号、108 = 109 合併号（1972 ～ 73）など）、少数説にとどまった。

　また、近時のアメリカの懲罰的（制裁的）賠償論については、竹内昭夫＝田中英夫「法の実現における私人の役割(4)」法協 89 巻 9 号（1972）（同・同名書（東京大学出版会、1987）140 頁以下）、樋口範雄「制裁的慰謝料論について──民刑峻別の『理想』と現実」ジュリスト 911 号（1988）、早川吉尚「懲罰的損害賠償の本質」民商法雑誌 110 巻 6 号（1994）、田井義信「制裁的賠償説──その理想と現実」古賀哲夫ほか編・現代不法行為法学の分析（有信堂、1997）159 頁以下、藤倉晧一郎「懲罰的損害賠償試論──アメリカ不法行為法の視点から」同志社法学 49 巻 6 号（1988）、会沢恒「懲罰的賠償の終焉!?(1)──私人は法を実現できないのか？」北大法学論集 59 巻 1 号（2008）など参照。

（6）　潮見 263 頁（Genugtuungsfunktion に言及し、加害者が金銭給付による改悛

か)。しかし、近年クローズアップされる戦後補償などの補償 (reparation)（集団的な凶行・悪行に対する補償。慰安婦問題、強制連行、先住民の土地の強奪など) については、この側面が前面に出て、諸外国では、多くの議論があることに注意しておきたい。

　これは、道徳的レベルでの問題であるのだろうが、法的問題（不法行為法の問題) としても扱っておかしくないだろう。因みに、近時のフランスの民事責任法の目的・機能論でも、ときに「道徳的機能 (fonction moralisatrice)」が——例えば、名目的賠償の意義の検討との関係などで——強調されることがあり、そこでは、加害者と被害者との間の緊密な関係を作り出す面があるともされている（カルヴァル論文[7]）。これは、不法行為（権利侵害）の道徳的責任を加害者に迫る側面をクローズアップさせるものであり、単に「制裁」「抑止」の従来のタームでは回収されない、「償い的側面」があるように思われる（吉田）。

2-3　他の被害者救済制度と不法行為法との関係
・被害者救済制度——不法行為の補充
　(1) 保険……損害保険 (first party insurance)、責任保険 (third party insurance)
　(2) 各種の公的補償……損賠との関連（重複填補の調整——損益相殺）も、今日的には重要な問題である（吉村154頁以下）（本講義でも後述する）。

の態度を示し、被害者が満足を受ける機能とする）。
(7)　Suzanne Carval, La responsabilité civile dans sa fonction de peine privée （L. G. D. J., 1995) n°s1, 7, 28, 239（補償に対する赦し、同意による対話、加害者・被害者の接近・対面の教育的価値を重視する見解を引用する）. Voyez aussi, do., La construction de la responsabilité civile: controverses doctrinales (P. U. F., 2001). もっとも、こうした見方は、George Ripert, La règle morale dans les obligations civiles (L. G. D. J., 1925) (3ᵉed., 1935) の民事罰論 (n°182) などに遡るものであろう。

　なお、本論文を最初に本格的に扱うのは、廣峰正子「民事責任における抑止と制裁（2・完）」立命館法学299号（2005）287頁以下であり、示唆を得たし（もっとも、同論文では、本文のような区別をせずに、「制裁」「抑止」の問題として扱われる）、同号論文は、フランス法における民事罰的思想の広範さを丹念に検討したものとしても注目される（「同(1)」立命館法学297号（2004）は、この潮流に関する日本の学説史を扱う）。

(e.g.)・労災補償保険法による補償給付（昭和22（1947）年）。
　　　・公害健康被害補償法（昭和48（1973）年）。──工場への賦課金、自動車重量税の一部から。
　　　・医療品副作用被害救済基金法（昭和54（1979）年）〔今は、医薬品副作用被害救済・研究振興調査機構法と改称されている（平成5（1993）年改正）──サリドマイド、スモン事件が契機。製薬会社、輸入販売業者の拠出金から。
　(3) 社 会 保 障
　　　(e.g.) 犯罪被害者等給付金支給法（昭和55（1980）年）。──通り魔的被害、三菱重工ビル爆破事件が引き金となる。支給額は低い。
(N.B.)
・(2)は、因果関係要件から解放されており、(3)は、民事責任的帰責思考から解放されている（四宮270頁）。──いずれも、被害者救済システムとして、不法行為の限界を補完している。
　　近年は、総合救済システムも説かれている（加藤雅信教授）[8]。
・(1)の保険制度は、リスク分散のために不可欠で、前記(i)の目的に資するが、他方で、(ii)の機能を弱める。──モラルハザードの問題（抑止のインセンティブが弱くなる）。

　Cf. ニュージーランドでは、事故による身体被害について不法行為法を廃止し、公的填補制度で代替することが試みられたが、不法行為制度をなくすことは難しかろう。……① 公的填補制度運営には、コストがかかるし、② 不法行為の損害填補機能以外の機能として、例えば、心理満足的な（psychologicalな）機能があるし（謝罪文化とも関連する）、さらには、政策志向的機能もクローズアップされている（当該訴訟の場を越えて、立法・行政上のインパクトを与え、国・地方公共団体の政策のあり方を問題にするような訴訟の場合であり、今後ともこの機能の重要性は高まるばかりであろう。これについては、平井（1980）66頁以下参照）。(e.g.) 公害訴訟、騒音訴訟、水害訴訟。氏名権訴訟、予防接種訴訟（その産物と

---

(8)　加藤雅信・損害賠償から社会保障へ（三省堂、1989）、加藤（雅）428頁以下（これについては、後述する）。

して、予防接種法改正（昭和51（1976）年））、自衛隊合祀訴訟、嫌煙権訴訟、サラリーマン税金訴訟。

・場合によっては、不法行為法は、交渉・示談・調停などの裁判外の制度（裁判外の紛争処理手続き（Alternative Dispute Resolution［ADR］）に代替されている。(e.g.) 交通事故——紛争処理センター、日弁連相談センター、公害——公害審査会（公害紛争処理法（昭和45（1970）年による）、消費者問題——国民生活センター。

……紛争の性格の相違にもよっており、価値観の相違に関わらない、オベア（Aubert）が言う「利益紛争」（conflict of interests）〔金銭問題に還元できるもの〕的なものが、裁判外に出やすいであろう。

QⅡ-1　不法行為の諸機能の捉え方に従来はどのような傾向があり、それに対して近時はどのような問題提起がなされているかを論じなさい。

QⅡ-2　わが不法行為で、「制裁的機能」を強めようとすると、どのような形で現れるだろうか（ある程度勉強が進んでから、振り返って考えなさい）。

QⅡ-3　保険制度は、不法行為法の各機能との関係で、どのような意味を持っているか。また、保険制度が、不法行為法理にどのような影響を与えているだろうか（交通事故法がすんでから、検討してみなさい）。

QⅡ-4　不法行為法が、公共政策形成機能を果たす場合として、どのようなものがあるだろうか。

QⅡ-5　交通事故の身体障害につき、「不法行為法」によらないニュージーランド・システム（ないし「総合救済システム」）をどのように考えるか。

第 3 章　一般的不法行為の要件 （民709条）

3 - 1　故意・過失と「権利侵害」（違法性）
3 - 1 - 1　故意・過失の意義
(1)　故　　意

・刑法と事情が異なり、それほど民法では問題にならない。もっとも、近時は、故意（意図的）不法行為と過失不法行為との区別が有力である（沿革的には、ボアソナード。近時は、(平井) (前田) (星野) (吉田) (窪田) など)。
・「故意」を、害意的なものに絞るか（フランス式。平井71頁）、損害の認識・容認で足りるとするか（英米式。ドイツに倣う従来の通説も類似する）で分かれる。……具体的に違いが出るのは、債権侵害の場合であり、侵害する契約を知りつつ取引する場合、英米では、もはやnegligentとは言わないし、「意図的不法行為」と解するのが自然である（吉田）。

＊**故意不法行為**——過失の不法行為を区別することの意義（これに対する反論として、加藤(雅)151 - 52頁）

(i) 原則として、意図的不法行為に限られる場合が、近時注目されている（後述）。
(ii) 損害賠償の範囲が拡大される。
(iii) 救済方法として、差し止めがクローズアップされる。

(2)　過　　失

・従来は、——ドイツ法学の影響もあって——主観的・心理分析的に（また道徳的に）非難可能性を問題とする「うっかりしていた心理状態」「意思の緊張の欠如」として捉えられる（そして、客観的要件としての「違法性」と対置させられた）。
・近時は、客観的に理解されるようになる（(平井)以来。なお、(判例)は、以前から客観的であり、行為義務違反とされていた）。

(N. B.) ＊これは、nota bene〔ラテン語で、mark well（注意せよ）の意味〕の略。「付注」（ドイツ語で言えば、am Rande bemerkt）的な意味合いでも書いている（質問があったので、念のため）。

第1部　不法行為法

1. **なぜ、「過失」が——ドイツ法で——主観化したのだろうか**
- ローマ法期のアクイリア法のculpaは、「帰責可能性」（imputabilita）とも言うべき客観的なもので、「因果関係」要件的であった。古典期から、ビザンチン期〔ユ帝期〕のdiligens pater familias（良家父の注意）に至り主観化したともされるが、なお客観的だったとも言われる（平井教授）[9]。しかし、「意思」への着目は、古典古代のギリシア思想ではなく、むしろクリスト教神学で、人間の個体化（偶然性）、能力の原理としての「意思」を捉えようとするパウロの思想、そしてアウグスチヌスに行き着くものと思われる[10]（しかし、中世ヨーロッパ哲学では、これが嫌われて、「必然性の様相」の下に回収されていた）（H. アレント『精神の生活』）。これが、カント、ヘーゲルに継承されるわけである（吉田）。
- では、ローマ法がドイツに継受されて、ヨリ主観化したのはなぜか。これについては、①その当時の裁判権力の強化により、主観的過失が認定できるようになったこと（村上教授）[11]、②経済的自由主義の時代思潮、③近世自然法論による道徳化、ないしドイツにおける意思主義、観念論哲学の影響などが指摘されている（契約法学における意思表示理論、また占有理論におけるanimus論を想起せよ）。

2. **経済的自由主義の産物としての過失主義**（前述②の敷衍）
- 前述の損害填補（矯正的正義論）について、「過失」を要求する限りで、制限している。——個人の活動の自由の保障、行為に当たり、相当の注意を用いれば、責任を負わない（穂積陳重・民法議事(5) 297頁以下でも、「生活の便利さ」を問題にする）。
- 不法行為法における近代法のイデオロギーの表れであり、大原則のように習うが、これが一時期のイデオロギーの所産であることに注意を要する

---

(9)　平井・理論333頁、345頁、さらには、平井宜雄「責任の沿革的・比較法的考察」岩波講座基本法学5責任（岩波書店、1984）12頁、16頁ではクリスト教以外にギリシア思想（アリストテレス思想）にも触れられる（Kunkel論文（1925）によったとのこと）。

(10)　この点は、Ch. Taylor, Sources of the Self: The Making of the Modern Identity (Harvard U.P., 1989) 83-.

(11)　村上淳一・「権利のための闘争」を読む（岩波書店、1983）235頁以下。

第3章 序論——一般的不法行為の要件（民709条）

（M. ホーウィッツ教授）[12]。

……その後、まもなく不法行為領域でも無過失責任法理が台頭してくるし、過失責任の枠内でも、過失の推認とか高度の注意義務設定などで、責任強化現象は見られる。

(e. g.) 大阪アルカリ事件（大判大正5.12.22民録22輯2474頁【75】〔大阪アルカリ工場から噴出する（亜）硫酸ガスによる近隣の農作物の枯死。判決では、事業の性質に従い、損害予防のために相当の設備を施していれば、他人に損害を与えても、過失がなく損賠責任を負わないとして、破毀差戻した〕）は、殖産興業時代の時代の産物である（もっとも、差戻し審〔大阪控判大正8.12.27新聞1659号11頁〕では、責任は肯定され、しかも賠償額が増額されていることに注意せよ）。

Cf. この点で、吉村14-15頁は、過失責任主義に執着されるかのようだが、よくわからないところがある（下手をすると、保守派に逆用される恐れがある。契約法における自己決定、自己責任論と類似した問題〔選択の価値は重要だが、それが、安易に新保守主義的な規制緩和論に利用されないように、警戒していく必要がある〕。かつて、いわゆる「近代主義」論は、なぜかマルクス主義法学者などの左翼系民法学者にもてはやされたが（もっとも、当時はある種価値観が共有されていたところがあり、今ほど——「規制緩和」なり「小さな政府」論に同調するかどうかという形で——政策的路線対立が分かれてはいなかった（最近の賃貸借法、担保法、区分所有法の改正、消費者契約法、成年後見法の制定事情など想起せよ。もっとも、今でもこのことに気づいていない、やや能天気な民法学者が多いが）。そして、昨今では、皮肉なことにこの種の議論は保守派に逆用されかねない状況であることに留意されたい。

＊なお、近年そもそもそうした責任減退現象が見られるとか、絶えず歴史の方向として責任（フーコー的意味での監視）は強化される一方ではないかとの異論（F. エバルド）が見られるが、この点はなお検討を要しよう。

---

(12) M. Horwitz, The Transformation of American Law 1780-1860（Harvard U.P., 1977) 85-.

第 1 部　不法行為法

> QⅢ-1　故意不法行為と過失不法行為とを区別する見解が説く現代的意義を論じなさい。
>
> QⅢ-2
> （1）近代において過失責任主義が採用されるにいたった経緯とはどのようなものであったのか、歴史的背景を踏まえて論じなさい。
> （2）伝統的通説に対する批判として、「主観的・心理主義的過失は、客観的に捉えられるべきである」というテーゼがあるが、そうだとすると、わが国が「学説継受」したドイツ法学などでは、なぜ主観的な過失理解がなされたのであろうか。

3-1-2　「権利侵害」（違法性）要件の推移

・（立法者）は、単に無制限を抑えるために挿入した（穂積）。……単なる営業侵害的事例（e.g. 北大正門前のセブンイレブンとセイコマートの客の取り合い）を不法行為とはしない立場。

・その後、ドイツ法823条Ⅰ項を参照した限定的解釈。……（e.g.）債権侵害（前述）、営業権侵害（大判明治44.9.29民録17輯519頁〔湯屋営業の二重譲渡のケース〕）、著作権侵害（大判大正3.7.4刑録20輯1360頁〔桃中軒雲右衛門事件。浪花節には、「著作権はない」とされた。その後、大正9（1920）年著作権法改正で、演奏・歌唱が、著作物に加わったが、不法行為の成否のために、709条の「権利」として、著作権の有無を問題にするという思考様式自体が問われる必要があった〕）。

・しかし、大学湯判決（大判大正14.11.28民集4巻670頁〔やはり、湯屋の老舗に関する〕）で、「法律上保護セラルル利益」で足りるとされて、急転回を遂げる。

＊なぜ、限定解釈がなされたかは、ドイツ法学の影響という外在的要因からでないと、説明はしにくいであろう。

・（学説）は、（1）これに対して、違法性理論によって応える。──伝統的通説の形成。
　……（末川）「権利侵害」は、違法性の徴表。

第3章　序論——一般的不法行為の要件（民709条）

(我妻) 違法性決定の「一応の準縄」として、相関関係説を構想する。——被侵害利益と侵害行為の態様から。((四宮) なども、この路線で)
・被侵害利益の強弱：弱い権利 ((e.g.) 債権) ——強い権利 ((e.g.) 所有権)
・侵害行為の態様・悪性：故意の良俗違反——保護法規違反——過失行為
　　　　　　　　　　　　[ド民826]　　　　[ド民823 Ⅱ]　　[ド民823 Ⅰ]
……（通説）の背後には、ドイツ法がある。つまり、民709条とド民823条Ⅰ項とを直結させた不都合を、ドイツ民法的に解決したわけである。

(2)　こうした状況に対して、昭和40年代前半（1960年代後半）に（平井）は、構造的批判を加える(13)。
　1．違法性概念の機能の日・独での相違。——日本における機能は、「権利侵害」の枠を取り去ったところにある。民709条を、ド民823条。項の権利概念から解放し、統一的不法行為要件に復帰させたところで、その役割を果たし終えた。帰責要件は、挙げて「過失」要件に委ねられる。
　2．理論的不透明さ。——（通説）は、違法性は客観的要件だとしつつ、主観的要件を織り込んでいる（ex. 故意の良俗違反）。逆に、過失を客観的に（規範的に）行為義務違反（(判例)はその立場）と捉えると、違法性要件と区別はしにくくなる。——両者の接近・交錯現象。
・今日では、「違法性」要件を不要とする立場は有力で、その意味で「一元説」支持者は増えつつある（平井 398-410頁、淡路、星野、内田。吉田も）。
Cf.（前田（達））は、「違法性一元論」。……しかし、民法にないタームをわざわざ持ち込む必要はない。

　他方で、伝統的立場を維持する見解もなお有力である。……「思考の整理」とするが（幾代＝徳本 113頁以下、四宮 277頁）、ドイツ法的立場へのノスタルジアからか、それとも「開き直り」か。

　加藤（雅）201頁以下も、「権利侵害」類型については、二元説を維持している限りで同様である。……（吉田）から言わせれば、むしろ彼の「違法侵害」類型のほうが、「権利侵害」要件の独自性が出て（後述(3)①参照）、判断枠組みは二元的ないし多元的である。結局同教授の立場は、ドイツ法的相関関係説とあまり大差がない。

---

(13)　平井・理論（1971）324頁以下。

第 1 部　不法行為法

（吉田）一般論として、「二元説」をとる理論的根拠は、説得的に示されていないと解する。「一元」か「二元」かという議論の戦わせ方は、あまり生産的ではなく、被侵害法益に配慮した評価がしたいのであれば（吉村 81 頁、84 頁）、別途直截に不法行為の判断枠組み〔後述の過失の判断枠組み〕としてそうすればよい。

(3)　平井説の問題点（3 − 1 − 3 とも関係する）

① すべての不法行為を、一律に「過失」要件だけで処理できるのか。場合によっては、個別類型的考量から、要件に絞りがかけられる（そうした場合に、まま「違法性」なるタームを、（判例）では用いている（星野））。……(e.g.) 債権侵害などの取引的不法行為、名誉棄損・プライバシー侵害などの「表現の自由」に関わる表現的不法行為、不当訴訟（「裁判を受ける権利」に関わる）、市街的公害（日照権侵害、騒音など）における受忍限度論。……考量因子は、二元的ないし多元的であり、とくに「被侵害利益」「加害行為」の特性に配慮される（意図的不法行為の検討の必要性）（過失不法行為の部分性）。

② また過失不法行為それ自体も、（平井）の枠組み（ないしハンドの公式〔後述〕）だけでは、処理しきれない。結果から遡って、過失の有無が判定される（「結果不法」的過失）ことがすべてではなく、行為規範が予め設定されて過失が評価される「行為不法」的過失もありうる。その場合には、「因果関係」要件がクローズアップする。……(e.g.) 医療過誤、とりわけ末期医療で、どの道、死をまぬかれないとしても、杜撰な医療、健康診断がなされたような場合を考えてみよ（後述する期待権侵害論は、その延長線上の議論）。

　(ex.)　最判平成 8．1．23 民集 50 巻 1 号 1 頁（虫垂炎手術での麻酔で、ショック死。能書きどおりに 2 分毎の血圧測定義務に違反したとする）、同平成 11．2．25 民集 53 巻 2 号 235 頁（肝硬変患者に対するアルファー・フェトプロテイン測定による肝癌早期発見義務に違反したとする）。

③ また、結果の重大性から、加害者側の事情（損害回避費用ないし行為の有

用性）を考慮しないこともある（学説上、有力に議論されている（沢井、淡路））。

(N. B.)
＊「行為不法」論——従来、違法性に関して用いられるターム（柳沢以来）。近年は、「結果不法」と折衷させて説かれるのが有力である。「行状不法」ともいう（前田・不法行為帰責論（創文社、1978）188-89頁、また四宮280頁も弁証法的な行為不法論である）。ここでは、帰責の思考様式という意味で用いているが、「行為不法論」をとると、因果関係がクローズアップされることは、錦織成史「民事不法の二元性」論叢98巻1、3、4号（1978）で、間接侵害類型に行為不法を説く（他方で、直接侵害類型では、結果不法だとする）ことにも示されている。

＊＊事前的・事後的評価——違法性との関係で説かれることがあるが（沢井102頁、134頁。四宮279頁）、よくわからない。不法行為の評価はすべて事後的ではないか（四宮は、違法性は、事前的とするが、事前に行為規範が設定されているという趣旨ならば、帰責の仕方が、前述した「行為不法的」ということになる。（平井）が、国家賠償の場合に、違法性要件があることは、公権力が遵守すべき行為規範としての法規違反の違法性を説かれる（理論397頁）のは、これと類似している）。

なお、「法と経済学」的な思考で、あるルールを設定すると、将来的にいかなるインセンティブが生ずるかを考えるのは、「事前的」見方といえるであろう。

> **QⅢ-3** 違法性理論には、どのような批判がなされたのであろうか。また今日において、「違法性」要件を論ずる意味はないのであろうか。それぞれについて論じなさい。

3-1-3 過失を巡る近時の状況
(1) 過失の意義
（判例）は、行為義務違反——しかも、予見可能性を前提とした結果回避義務

違反という形で〔これがまさに、「結果不法」的アプローチによる過失の捉え方である〕——客観的に理解する（前述大阪アルカリ事件〔大判大正 5.12.22 前掲〕。また、東京スモン判決（東京地判昭和 53.8.3 判時 899 号 48 頁）以降は、明示的に平井説が採用されている）。

・これに対して、（被害者保護の見地から）予見可能性だけで足りるとする説も有力である（旧沢井説）。

(2) 過失の判断因子[14]

・アメリカ法——とくに、ハンドの公式——の影響。近時は、経済分析（Posner）とも結びつく（後述 P・L と B との大小で、過失の有無を決しようとする。(Calabresi) の最安価損害回避者アプローチと少し異なるが、事前的に考えるところは共通している）。

(i) 損害発生の危険性（probability）……（ex.）医療行為などは、大きい。

(ii) 被侵害利益の重大さ（loss）……（ex.）生命・身体は、経済的利益よりも保護の要請は高い。

(iii) 損害回避により犠牲にされる利益（損害回避コスト——加害行為の社会的有用性）(burden: cost of avoiding the accident) Cf. social benefit というのは、（平井）の用語である。

＊ B は何をさすか。——どうでもよいことだが、ハンド判事は、この図式を始めて説いたときには、U.S. v. Carroll Towing Co., 159 F. 2d 169, at 173 (2nd Cir., 1947) では、（加藤（雅））180 頁が書くように、「適切な注意を払う負担」(burden of adequate precautions) と説いた。それを、（ポズナー）は、P・L は、benefit of accident avoidance と置き換えて、従って、費用便益分析（cost-benefit analysis）だとしている[15]。（平井）の説明の仕方〔用語の使い方〕が逆になっているのは、経済分析における「事前分析」性ゆえであろうか。

(e. g.) 梅毒輸血事件（最判昭和 36.2.16 民集 15 巻 2 号 244 頁）は、こうした考量

---

[14] 平井・理論 403 - 12 頁。

[15] Richard Posner, A Theory of Negligence, 1 J. of Legal Stud. 29, at 32-34 (1972); do., Tort Law: Cases and Economic Analysis (Little Brown, 1982) 1-9.

から、医療慣行ともずれる厳しい判断を行ったとする（平井）。

＊ハンドの定式（Hand formula）とわが不法行為法

「ハンドの定式」は、1940年代に、第2巡回区控訴裁判所のハンド裁判官が、過失の因子を公式化したもので、平井説に承継された。もっとも、類似の考え方〔危険・便益分析〕は、それ以前からあり、例えば、H・テリーの論文（20 Harv. L. Rev. 40 (1915)）もそうであり、しかも彼は、1912年まで東京帝大で英米法を講じていた。（瀬川）は、その日本判例への影響を論証しようとしているが、過失の客観理論についてはともかく、危険便益分析と大阪アルカリ事件との関係は、不明である[16]。

(N. B.)

1．かつての相関関係的判断が、「過失」の評価としてなされているといえる（Sシリーズ（3版）234頁、245頁（藤岡）も同旨か）。
2．(iii)の因子を考量するか否かで、学説の対立が見られる（淡路教授など）[17]。
3．このような功利主義的考量を、いかなる場合にも、行ってよいかどうかという問題が方法論的にある。矯正的正義という道徳的・倫理的要請との間に緊張関係があることにも留意する必要がある。
  (ex.) 殖産興業のための付近住民の農作物の損害の受忍？
      戦時中の軍事政策のための強制労働者の犠牲？（置戸・イトムカ水銀鉱山、室蘭イタンキ浜 etc.）

＊「誰にとっての有用性」を考慮するかに注意する必要もある。——すなわち、(イ)当該被害者にとっての有用性（例えば、医療行為（ex. 水虫放射線医療〔最判昭和44.2.6民集23巻2号195頁〕、脳動脈瘤の手術）、製造物責任（ex. 薬剤のメリット））に限るか、それとも、(ロ)ヨリ一般的に、加害者ないし第三者・社会一般にとっての有用性も考慮するか、後者ならば、前記「緊

---

[16] 瀬川信久「危険便益比較による過失判断」星野古稀（下）（有斐閣、1996）837-38頁。
[17] 淡路剛久・公害賠償の理論（増補版）（有斐閣、1978）99頁は、有用性の考慮に反対する。沢井教授も、かつては反対するように見えたが、沢井135頁、169頁は、平井説を支持している。

張関係」は、切実なものとなる（吉田）[18]。

Cf. 従来は、あまり両者が区別されていなかった（平井54頁以下、同・理論409頁以下）。実際に(ロ)の場合で問題になるのは、① 自動車事故における「信頼の原則」で、判例もこうした考慮から、過失を否定するし（最判昭和43.9.24判時539-40、同平成3.11.19判時1407号64頁〔優先通行権がある場合に、徐行したり、反対車線での右折車の交通違反を予想したりする必要はないとする〕）、学説も支持しているが（森島200頁、平井55頁）、異論（吉村70頁は、車両間事故に限定する）があることに注意すべきであろう。

その他、かつて② 鉄道事故で、汽車の功利（効用）から、番人の配置による終日終夜監視する経費を負わなくてもよいとして、過失を否定したものがあった（大判大正15.12.11民集5巻833頁）、その後そうした立場は変更されている。③ 公害についても、大阪アルカリ事件では、最終的に過失を肯定している（前述）。なお、④ 犠牲者が見込まれるトンネル建設（ex. 石北線の常紋トンネルのタコ労働者の犠牲者）のような場合、実例は、かつて数多くあったと想像されるが訴訟例にはなっていない。功利主義からすれば、こうしたことも是認されて、過失がないことになりかねない。——瀬川教授は、戦前・戦後初期の裁判例は、加害者の利益のための加害行為の有用性の考慮はなされていないとする[19]。しかし、判例法の状況と実態（犠牲者に、提訴するパワーもなければ、判例にすらならないのである）との乖離には注意すべきであり、その意味で「生ける法」探求の一環で始められ、今なおわが国では支配的な判例研究の手法には、限界もあるということになる[20]（しかし、これは、契約法学などでは、——契約法判例の部分性ゆえに（この点、不法行為判例とやや事情が異なる）——アメリカの「法と社会」学派（ウィスコンシン学派）では、近時しばしば説かれることでもある）。

---

(18) このような視角は、吉田邦彦・民法解釈と揺れ動く所有論（有斐閣、2000）238頁（初出1992）参照。

(19) 瀬川信久「民法709条（不法行為の一般的要件）」民法典の百年Ⅲ（有斐閣、1998）578頁。

(20) この点は、吉田邦彦『「北海道の掘り起こし運動」から学ぶ——置戸・イトムカ水銀鉱山、美幌飛行場跡見聞録』志法〔北大法律相談室雑誌〕22号（2004）同・多文化時代と所有・居住福祉・補償問題（有斐閣、2006）548頁参照

(吉田)㈹のような有用性考慮は、原則としてするべきではないと考える（矯正的正義の義務論的思考から）。また、㈳の場合でも、被侵害利益が重大の場合には、慎重を要するのであり、被害者の承諾・危険の引き受けを要するとすることも、意味のあることである（同旨、沢井（第3版）139頁）。

4．ハンドの定式は、その後1970年代に（ポズナー）により、経済分析に発展させられた（1 J. Legal Stud. 29（1972））（P・LがBよりも大きいならば、過失ありとされる）。しかし、「社会の富の最大化」という前提に対しては、被害者はなぜ、社会全体の利益のために犠牲にならなければならないのか、という（義務論的な矯正的正義の観点から）の疑問が出されうる（むしろ、後者の視点は、厳格責任を志向する）。

　ちなみに、代表的な不法行為の経済学理論として、（キャラブレイジ）のものがあり、（ポズナー）と横並びに説明されることがある（内田304頁以下、加藤（雅）182頁）が、両者の異同を認識しておく必要があろう。すなわち、キャラブレイジ教授の場合には、「XとYのいずれが安価な損害回避者か」（Yが安価ならば、責任ありとされる）（取引費用の低減を目指すという点で、こちらがコースの定理の応用である）という基準によるから、ハンドの定式とは異なる。実際に彼は、不法行為原理としては、厳格責任（strict liability）を志向していて、「逆ハンドの定式」〔これは、被害者Xにつき、事故コストと事故回避コストを比較して、回避コストが小さいとき——つまり、Xに過失があるとき——以外には、Yの厳格責任を肯定するというものである〕を説いている[21]。そして実際にも、——これと同様に——ハンドの定式は、Xの寄与過失の認定のために使われることが多かったことも、押さえておいてよいだろう）。……これはもはや、立法論の域に入っているが、オリジナリティーという点では、（ポズナー）に勝っている。

---

(21) Calabresi & Hirschoff, Toward a Test for Strict Liability, 81 Yale L.J. 1055, at 1059-61（1972）.

第1部　不法行為法

(N. B.)

＊キャラブレイジの事故法理論とコースの定理

「コースの定理」は、(キャラブレイジ)の事故法（不法行為法）理論の前提となっており、最低限の説明が不可欠であろう。それは、「取引費用」(transaction cost) がゼロならば、X・Yのいずれが損害を負担しようが、事前的にパレート最適〔効用最大化〕の状態が導かれるという、ある種当たり前のことなのだが、「分配問題〔財・負財の帰属状況〕」には立ち入っていないことに注意が必要である。(キャラブレイジ)は、これを応用して、実際には、取引費用がかかるので、できるだけその低減を目指し、そのために、最安価（ないしヨリ安価な）損害回避者に、損害を負わせるべきだとする。この点で、「逆ハンドの定式」を見ると、概して加害者側が安価な損害回避者だからという推測のほかに、「正義」の観点からの「分配的考慮」を行っているということがいえるであろう（「過失責任」よりも「厳格責任」の方が、ヨリ矯正的正義志向的だということである）。

(3)　抽象的過失か（通説）か、具体的過失か[22]

・前者で問題ない。これは、ドイツ法の枠組みがもたらした論点である。(通説)でも、当該行ついての年齢・職種・地位・地域・立場などにおける通常合理人という言い方がなされる（例えば、幾代＝徳本40頁など）。

(4)　過失の立証責任

・原告が立証責任を負うというのが、伝統的立場である。しかし、有力説（円山雅也・司法研修所創立10周年記念論集）は、「過失」は、規範的・法的判断であり、立証責任の対象にはならず、その判断を導く「事実」〔準主要事実〕について、主張・立証責任を負うとする。

＊詳細は、民事訴訟法に譲る。

・過失の推認（事実上の推定）により、原告の負担は、軽減されている。……この英米の「過失推定則」〔res ipsa loquitur（The thing speaks of

---

[22]　柳沢弘士「ケメラーの民事不法理論(1)～(3・完)」日本法学31巻1号、2号、4号（1966～67）、そして、同・私法28号、石田穣・損害賠償法の再構成（東京大学出版会、1977）32頁。

itself)〕の法理は、(判例) では、かなり早い段階で採り入れられている（大判明治40.3.25民録13輯328頁〔天井裏の電燈線からの火災事例（一般論で、原告敗訴）〕）。……実務家に対するイギリス法の影響の一例である（中野教授の指摘）[23]。最近の例としては、大阪地判平成6.3.29判時1493号29頁（松下カラーテレビ発火事件）参照。

QⅢ-4 過失の判断因子（ハンドの定式）の中で、とくに第三因子である「加害行為の有用性」を考慮すべきかどうか、どのように考慮すべきかについては、議論がある。その点を踏まえて、以下のおのおのの場合について考えてみなさい。

(1) 大阪アルカリ事件で「結果回避義務違反」（相当の防止設備を施す義務の違反）が否定されたとしたら、方法論的にいかなる問題が生じるか（とくに功利主義的思考様式について考えなさい）。

(2) 薬品の副作用による損害賠償請求の場合について、当該薬品からそれなりの効能があった場合にはどうか。またエイズ渦を招いた血液製剤の場合はどうか。

(3) 医療過誤の場合は、どう考えたらよいのか。その際に患者のインフォームド・コンセントは、どのように位置づけられるか。

(4) 交通事故事例で言われる「信頼の原則」「許された危険」は、どのように捉えたらいいのであろうか。

QⅢ-5 医療過誤訴訟などでは、結果とリンクさせない「過失」判断がなされる場合も増えているが、平井理論との関係で、この現象は、どのように分析したらよいのであろうか。

3-2 責任能力

Cf. 取引法（契約法）の場面における意思能力・行為能力。

・従来は、過失責任主義、しかも主観的・道徳的非難という過失論では、当然の前提要件とされた。

---

[23] 中野貞一郎・過失の推認（弘文堂、1978）（初出、1967）5頁参照。

第1部　不法行為法

- 過失が客観的に捉えられ、規範的な行為義務違反・結果回避義務違反ということになると、「責任能力」制度は必然的なものではなくなり、法政策的に免責を認めるべきかどうかという観点から再考する必要がある（加藤（一）141頁は、既に政策的考慮からという）。
- 民712条・713条では、各々未成年者・精神障害者〔平成11（1999）年改正前は、心神喪失者としていた〕について、明示的に規定する。——責任弁識能力を要求する。

   （判例）では、それは道徳上の善悪の弁識以上の法律上の責任を弁識するに足る知能が必要だとする（大判大正6．4．30民録23輯715頁〔12歳2ヶ月の少年が空気銃を発射させて失明させたという事例。責任能力はないとする〕）。大体、小学校を卒業すると、責任能力はあるとされる。
   Cf. 使用者責任（民715条）の場合——11歳で責任肯定例（大判大4．5．12民録21輯692頁）
   ……あまり、両者を概念的に統一的に整理することは意味がなく（というより空しいところがある）、民714条〔監督義務者の責任〕・715条〔使用者責任〕の責任のスキーム及びそれを導くための配慮が反映している（効果から、要件が左右されるという利益考量的なアプローチ）。

- ＊民法解釈論における機能論と概念論——この問題は、様々なところで登場するが、ここでの議論も、その一例である。

(N. B.)
- 諸外国では、年少者、精神障害者についても、衡平上の責任が認められている（前者につき、ス債54Ⅰ、ド民829、イ民2047、オ民1310——加害事情、経済的事情も考慮。後者につき、ド民829、ス債54Ⅰ、フ民489の2（1968．1．3法律））。わが国の規定は、比較法的にかなり特殊であり、改正の必要性については、大方の意見の一致がある（星野・ジュリスト893号86-89頁）。
- さらに、民712条〔未成年者本人の責任の否定〕が、監督義務者の責任（民714条）の前提となるシステムについても批判がある（後述）。——不法行為者に責任能力があるとされると、現行法上は、資力のある両親の責任（民714条）が問えなくなる（東京高判平成6．5．20判時1495号42頁〔中野富士見

中学いじめ事件〕参照)(もっとも、(判例)は、そうした場合にも民709条の責任を認めている(後述する))。

> **QⅢ-6** 未成年者の不法行為に関するわが責任法制を説明し(使用者責任追及の場合も含めて比較せよ)、その立法的当否を論じなさい。

3-3 損　害

ここでも、伝統的理解に対して、学説から、根本的・理論的批判が出ている(五十部、西原、平井、淡路など)[24]。

3-3-1 伝統的通説〔いわゆる「差額説」(Differenztheorie)〕

損害を、金銭的差額と解する見解で、不法行為がない場合の利益状況と現在の利益状況との差額だとされる(例えば、於保135-36頁)。この背後には、完全賠償の原則というドイツ損害賠償法の構造〔そこでは、できるだけ裁量的側面の限定・制限ということが意図される〕が控えている。

(ex.) ① 積極的財産的損害(damnum emergence)……治療費、修繕費など。
　　　② 消極的財産的損害(lucrum cessans)＝逸失利益(得べかりし利益)
　　　　　……将来得たであろう給料など。
　　　③ 精神的損害＝慰謝料

---

[24] 五十部豊久「損害賠償額算定における訴訟上の特殊性」法協79巻6号(1963)、平井宜雄「損害賠償額算定の『基準時』に関する一考察(1)〜(3・完)」法協83巻9＝10号、84巻3号、6号(1966〜67)(同・損害賠償法の理論(東京大学出版会、1971)に形を変えて、埋め込まれている)(この論点自体は、債務不履行のところで話すが、損害論の理論的批判が前提となっている)、同「『損害』概念の再構成(1)(未完)」法協90巻12号(1973)、西原道雄「生命侵害・傷害における損害賠償額」私法27号(1965)、同「人身事故における損害賠償額の法理」ジュリスト339号(1966)。

さらに、淡路剛久・不法行為における権利保障と損害の評価(有斐閣、1984)、楠本安雄・人身損害賠償論(日本評論社、1984)(稼働能力喪失説)、吉村良一・人身損害賠償の研究(日本評論社、1990)も参照。

第 1 部　不法行為法

* ①②の分類は、ローマ法上は、意味があった（後者の場合には、重過失が必要だった）。そして、19 世紀半ばに出されたモムゼン（Mommsen）の差額説には、逸失利益にまで賠償対象を広げるという意味があった（ド民249条に結実）。従って、今日では、整理のための分類ということになる。
** 近年経済的損害（economic loss）〔これは、物理的損害（physical damage）に対するもの〕に関する議論が増えて、そのドイツ語訳は、「純粋財産損害」（reine Vermögenschäden）であるが、混同しないようにしてほしい。

この考え方の帰結として、金銭的損害がなければ、請求は棄却される（判例）（最判昭和 42.11.10 民集 21 巻 9 号 2352 頁〔会社従業員の事例〕、同昭和 56.12.22 民集 35 巻 9 号 1350 頁【87】（5 版）〔技官が、交通事故で腰部挫傷後遺症を負ったというもので、局部神経症状はあるが、機能障害・運動障害はなかったというもの〕）。──56 年判決は、「身体的機能喪失自体を損害と観念することができるとしても」と述べつつ、「財産上の損害」があるとされるための特段の事情として、「労働能力低下による収入減少回復のため特別の努力をしている場合」「職業の性質に照らし、昇給、昇任、転職などに際して不利益な取り扱いを受ける恐れがある場合」を挙げる。……限定的ながら、労働能力喪失＝損害説（下級審の立場）に配慮を示しており（しかし、結論的には、破棄している）、規範的な損害論（次述〔3 − 3 − 3〕）にも繋がる方向性がある（藤岡【87】解説参照）。

3 − 3 − 2　損害＝事実説の提唱とその意義

- （平井）は、差額説の実際の問題点を指摘する。──際限のない煩瑣さとその基礎の不確実さ、フィクション性を衝く。そして、ポイントは、損害を金銭に評価するプロセス（金銭的評価の局面）をクローズアップさせるところにある。──それは、裁量的・創造的作用であり、立証責任の対象でもないことになる（Cf. 民訴 248 条は、例外的にそのことを認めている）。

- （西原）の損害死傷説も類似するが、そこでは、個別的な損害項目積み上げ方式、その算定根拠の曖昧さ、完全賠償のドグマが批判され、そのうえで、被害者間の平等取り扱い（人間の平等、個人の尊重から、非財産的損害として、一定額の平等的賦与〔一律請求の認容〕）というところに、ウェイトがある。……男女間、障害者（下級新判例は、定額評価する〔例えば、東京地判

平成 2 . 6 .11 判時 1368 号 82 頁、横浜地判平成 4 . 3 . 5 判時 1451 号 147 頁。最近では、大津地判平成 13. 3 .24 判時 1831 号 3 頁〕)、外国人の場合の平等的取り扱いという帰結を志向するであろう (同旨、藤岡・民法Ⅳ (S シリーズ) (有斐閣、1991) 351 - 52 頁〔(3 版) (2005) 356 - 357 頁〕参照)。

……(吉田) ① これらの問題提起は、今でも優れていると考えるが、その批判が当たっているのは、物理的加害の不法行為の場合に限られ (西原説の呼称自体それを物語る)、取引的不法行為や契約責任においては、損害＝金銭的損失の場合が多いという意味で、従来の枠組みの妥当領域は残るであろう。② (西原) が、「中間利息を差し引く段になり、極度の正確さを要求されるのはむしろ滑稽だ」「算定したかの幻想にとらわれている」とする (前掲論文113頁) のは、そのとおりだが、それに代わる別の算定方法も示されていないというのが、実務を変えられない理由か。しかし、従来の逸失利益算定則も、最近のように、終身雇用制が崩れ、失業率も大きくなると、「不確実性」も高まり、怪しくなってくるだろう。

・個別の意義
  (1) 損害の有無──収入の減少がなくても、身体的損害 (労働能力の喪失) があれば、金銭賠償を求められる。
  (2) 包括請求──(判例) でも、公害・薬害事例などで認めるにいたっており (例えば、福岡地判昭和 53.11.14 判時 910 号 33 頁〔スモン事件〕、大阪地判平成 3 . 3 .29 判時 1383 号 22 頁〔西淀川大気汚染事件〕)、最高裁も包括的慰謝料を肯定した (最判平成 6 . 2 .22 民集 48 巻 2 号 441 頁〔長崎塵肺事件〕)。
  (3) 被害主体──費用支出者というよりも、直接の物理的被害者ということになる。
  (4) 損害発生時──遅延損害金の起算点となるが、具体的支出時ではなく負傷時ということになる。(判例) は、不法行為時を遅滞時とみる (最判 37. 9 . 4 民集 16 巻 9 号 1834 頁、同昭和 58. 9 . 6 民集 37 巻 7 号 901 頁 (弁護士費用についてもそうだとする))。
  (5) 消滅時効の起算点──(判例) は、後遺症につき、現実支出時から進行するという (最判昭和 42. 7 .18 民集 21 巻 6 号 1559 頁)。
  (6) 訴訟物、主要事実、弁論主義の及ぶ範囲──民訴に譲る。

第 1 部　不法行為法

> **QⅢ-7**　金銭的差額を損害と考える従来の見解に対する批判の骨子（西原理論、五十部＝平井理論）を、箇条書き的にまとめなさい。その際、そのような場合に「差額説」的処理が不合理になるのか、逆に、なぜ判例実務が西原理論に同調しないのかも検討しなさい。

3－3－3　近時の動向分析

　近年は、——ドイツの損害論の分析〔事実的・自然的なものから、規範的（ないしミックス）なものに変わってきている〕などを通じて——「損害」概念が規範的なものであることが指摘されるようになってきている（若林論文。また、潮見、田村など。またフランス法については、中田論文）[25]。

　その際に、その原理・目的として、従来の(i)損害填補〔実損害填補〕以外に、(ii)権利保護、(iii)制裁、(iv)生活保障などが説かれる。

　（吉田）損害概念それ自体が、法的・規範的判断を伴い、何を「損害」と見るかも、場合によっては、規範的であることもあろう。
- (ex.)　① 望まれない子の出産（wrongful birth; wrongful life）の事例。……不妊手術の失敗、妊娠初期で風疹にかかり障害児の出産、扶養料の増額のいずれが損害か。——「子の出産」「障害児の誕生」それ自体を損害とすることは、人格尊厳との関係でできず、子の存在を前提とした上で、「扶養、養育にかかる費用」が損害ということになる（欧米では、多くの賠償を認める）。……「生活保障」原理から。

---

[25]　若林三奈「法律概念としての『損害』の意義(1)～(3・完)——ドイツにおける判例の検討を中心に」立命館法学248、251、252号（1996～97）（私法62号（2000）も参照）。また、潮見佳男「人身損害における損害概念と算定原理(1)」民商法雑誌103巻4号（1991）、田村善之・知的財産権と損害賠償（弘文堂、1993）118頁以下、212頁以下。
　さらに、フランス法については、中田裕康「侵害された利益の正当性」（一橋大学法学部50周年記念論文集）変動期における法と国際関係（有斐閣、2001）337頁以下、とくに345頁以下参照。

Cf. フランス法の立場——フランス法では、この問題群を、「侵害された利益の正当性・不当性」の問題として捉えている（その背後には、中絶に対する道徳的問責という考慮があり、それは、人格の尊厳への配慮と表裏をなしていることに注意を要する）。

そして、判例の扱いは、(i) 健常な子どもの誕生（妊娠中絶手術の失敗）の場合と (ii) 障害児の誕生の場合とで、差異がある。すなわち、(i)では賠償を否定し、他方で(ii)に関しては、賠償を肯定する（当初は、子どもからの請求を否定していたが、近時判例変更がなされて（2000年の破毀院大法廷判決）、肯定説に転じた）（詳しくは、中田・前掲論文参照）。……フランス判例法では、肯定論の詰めが今ひとつのようだが（単に「選択の自由」が奪われたからとする）、実質的には、扶養・養育の負担の保護（生活保障）の必要性に帰着するのではないか。なお、否定論が今尚根強いところは、フランス的であろうと思われる（吉田）。なお、肯定論のフランス学説は、「障害」が損害だなどとしている（ジュルダン教授）。苦慮の表れだろう。

② 進行癌の検査ミス（見落とし。しかし見つかっていても助からなかったような場合）、脳動脈瘤の難手術（Cf. 保存療法）。——死それ自体とは因果関係がなくとも、「適切な医療への期待権侵害」ないし代替的療法についての「情報へのアクセス権」「自己決定権侵害」という損害が創出されている。……「権利保護」原理から（杜撰な医療に対する「行為不法」的な問責という意味では、「制裁」原理も関係する）。

③ 特許権その他の知的所有権の侵害。——実施料相当額か、侵害による利益額相当か（特許法 102 条は、後者）。……「制裁」「抑止」原理から。

*平井説との比較——（平井）とて、裁量的・創造的な金銭的評価の前提として「損害＝事実」論を説いていたのであり、実質的に大差ないであろう。ただ、（平井）の場合には、金銭評価原則として、「全額評価原則」としか述べていなかったのであり、多元的に多様化しているところは、すぐれている。

第1部　不法行為法

> **QⅢ-8**　①不妊手術の失敗による子の誕生や妊娠時の風疹罹患による障害児出産に基づく賠償請求事例や②杜撰な検査により進行癌が見落とされたため死亡した（しかし、癌が発見されていたとしても早晩死亡した）事例において、「損害」をどのように考えたらよいかを論じなさい。

3-4　因果関係論——損害賠償の範囲（保護範囲）

＊「損害賠償の範囲」〔法的因果関係の有無〕の問題は、要件論か効果論か。

従来のほとんどの教科書・体系書が、これを「効果論」として語るのは（例えば、内田394頁以下、吉村126頁以下、平井109頁以下）、不法行為の成立（とりわけ、過失の成否）で積極的に判断された後に、論ぜられるべきこととする感覚的なところからきていたのではないか。

（吉田）厳密には、「因果関係」の成否は、「要件論」であろう。（平井）は、「法的因果関係」（教授が言う「保護範囲」）は、「過失」の裏返しとされるから、これも「要件論」となるはずであるし、別の要件として位置づけるならば、なおのことである。本講義で、「効果論」として扱うのは、①損害賠償の算定方式、②賠償額の調整、③近親者損害、企業損害などの被害者が複数の場合などであり、つまり、（平井）の言う「損害の金銭的評価」の局面の問題である。

3-4-1　「因果関係」論の推移

・種々の因果の連鎖で、どこまでの損害につき、どこまでの加害原因を「因果関係」ありとして、帰責するか、という問題。

(ex.)「風が吹けば、桶屋が儲かる」：風が吹く——砂埃がでる——盲人が増える——盲人が三味線を弾くのでそれに張る猫の皮が必要になる——猫が減る——そのため鼠が増える——桶をかじるので桶屋が繁盛する。

交通事故の因果の連鎖の説例：（親の放置）——子供の飛び出し——（道路の管理不十分による、ぬかるみ・穴ぽこ）——バイクの転倒——怪我——（担ぎ込まれた病院での医療過誤）——死亡。
——母親のショック——自殺。

——近親者の海外出張からの帰国。
——企業損害。

(1) 従来の伝統的通説

「相当因果関係」〔民416条の類推適用——通常損害・特別損害〕による処理。

＊通常損害・特別損害の意味の変化

（従来の伝統的見解）（例えば、我妻・債権総論［168］120頁）では、「通常損害」（民416条1項）は、「通常事情から通常生ずべき損害」、「特別損害」（民416条2項）は、「予見可能な特別事情から通常生ずべき損害」だとされる（予見の対象は、「事情」）。

Cf. これに対して、（平井ほか有力説）では、「予見可能性」の対象は、「損害」である。

(2) 近時の有力説（平井教授）[26]は、これを3つに分けるべきことを説く。
・まず、民法416条の類推適用を否定する（立法者も、不法行為責任と契約責任とでは区別していたとする）。……しかし、責任原因と賠償範囲とを結合させるという点では、民416条（契約責任）と民709条（不法行為責任）の両場合は共通しており、民416条のほうが、「契約」による縛りが強いという意味で、相対的に違いがあるくらいであろうか。これだけでは、（判例）批判は、それほど決定打になっていないと思う（吉田）。
・むしろ、（平井）が強く説いたのは、民416条を「相当因果関係」とすることへの批判である。——日独では、損害賠償法の構造が異なり、日本法は、制限賠償主義を採り、責任原因と賠償範囲を相関・結合させる「保護範囲」説〔義務射程説〕が導かれるとする。これに対して、ドイツ法では、因果関係ある損害はすべて賠償するという完全賠償主義が採られて、「相当因果関係」（adäquater Kausalzusammenhang）の公式（Trägerによる）でも、かなり広く、そこでさらに、「規範の保護目的」による制限が考えられている（Caemmererによる。これは、アメリカ法（L. Green; B. Cardozo）か

---

(26) 平井・理論101頁以下ほか。

ら Rabel を経て、承継されたもの）。ともあれ、このような異なる背景の用語を——コンテクストを無視して——用いるのは、おかしいという批判であり、これは、説得的であろう（吉田）。
・さらに、従来「相当因果関係」として扱われた、3つのこと——すなわち、(i) 事実的因果関係、(ii) 保護範囲、(iii) 損害の金銭的評価——は、理論的に分けて扱われるべきだとされる。——(i)は、「あれなければこれなし（conditio sine qua non）」で決められる因果関係の問題であり、(ii)は、法的因果関係ないし賠償範囲の問題であるが、義務射程的に考えると「過失」の問題に還元できるとされる。そして、(iii)は、損害を事実と捉えることから、それを金銭に評価するプロセスが分化されて出てきた問題である。

＊義務射程説の比較法的位置

　アメリカ・ドイツ（有力説〔前述 Caemmerer など〕）にみられ、フランス法にはほとんど見られないとされる（オノレ教授）[27]。従って、わが国でも、賠償範囲（前記(ii)）を制限的に論ずるにしても、その基準を「過失」に求めない見解は有力である（3－4－3参照）。

＊賠償額算定の基準時の問題

　従来は、これについても民416条の類推適用の問題とされてきた（判例）（大連判大15.5.22民集5巻386頁〔富喜丸事件。船舶価格は、10万（衝突時）、190万（中間最高価格）、10万（最終口頭弁論終結時）と変化した〕）（また、我妻202頁、加藤（一）155頁）。——しかし、（平井）は、これは(iii)の問題であり、因果関係プロパーの問題ではないとする[28]。

＊因果関係の問題群の理論的整理

　(i) 事実的因果関係……① 仮定的因果関係
　　　　　　　　　　　　② 割合的因果関係（自然力の競合）Cf. 確率的因果関係

---

(27) Honoré の指摘〔Int. Enc. Com. Law vol. IX no97〕。なお、前田陽一「損害賠償の範囲」新・現代損害賠償法講座6（日本評論社、1998）91-92頁は、これを個別的要件主義と結びつけ、同発想を契約責任（契約関係ある場合）に有効だとする（94頁）。

(28) 平井宜雄＝栗田哲男「富喜丸事件の研究」法協88巻1号、2号（1971）。

(ii) 法的因果関係 ……③ 素因競合（心因的素因〔鞭打ち症など〕、物理的・身体的素因〔首が長い場合など〕）（判例は、民722条Ⅱ項類適）

④ 不法行為の競合（交通事故と医療過誤、多重的交通事故など）

⑤ 自殺事例（自由意志の介在）

(iii) 損害の金銭評価……⑥ 別原因による死亡（因果関係の切断）（交通事故（受傷）後の転落事故、心臓麻痺など）——受傷の評価の仕方（(iii)）の問題か？

⑦ 近親者の支出費用（帰国費用、埋葬費用など）の賠償の可否（近親者損害、企業損害など被害者複数の場合の賠償範囲）

⑧ 中間最高価格の問題（賠償算定基準時の問題）（富喜丸事件等）

(3) 近時の新たな展開

Cf. 通常の受け止め方——(i)(ii)の区別は定着したとされる（森島279頁、幾代128頁など）。

・(iii)を区別した点は、すぐれている（ただ、（平井）は、この場合を広めすぎではないか（むしろ、「因果関係」の問題としたほうが素直な場合がある）という疑問も出しうる）。

・しかし、(i)(ii)は、簡単に区別できるのか、また(ii)について、帰責原因と結合させられて（義務射程説）、「因果関係」独自の意義は失われてしまうのか。この点を敷衍すれば以下のとおりである。

① 「因果関係」を事実的因果関係（conditio sine qua non の問題）へと追い遣ることに対して、近時は、狭すぎるのではないかという批判が出る（吉田論文[29]）。——経験則に基づく反復性の判断は、「法的な因果関係判断」とも言いうる。実際にも種々の微妙な問題がある（仮定的因果関係、

---

(29) 吉田邦彦「法的思考・実践的推論と不法行為『訴訟』（上）（中）（下）」ジュリスト997〜999号（1992）とくに（下）参照〔同・民法解釈と揺れ動く所有論（有斐閣、2000）第4章に所収〕。

第 1 部　不法行為法

割合的因果関係〔原因競合、素因・自然力の競合〕、自殺事例など)。この限りで、(沢井 188 頁以下)の理解は、(吉田)に近い。

② 「過失」の捉え方にも、「結果不法」的なものと「行為不法」的なものがあり（前述）、前者の場合には、義務射程説〔因果関係論の過失論への吸収〕でよいかもしれないが、後者については、因果関係論独自の意味が出る。——この場合には、因果関係の相当性の実践的判断（ドイツ法のタームを使うならば、「危険性関連」のようなもの）は、必要となる。

③ 因果関係論を事実的因果関係に限定する考え方には、哲学的・思想的には、機械論的因果論——唯物論的なそれ——に基礎付けがあり（最初に「あれなければこれなし」を言い出した T. Hobbes の哲学的立場である）、これに対して、実践的・目的論的因果関係論の復権が説かれる（水野論文[30]。とくに、交通事故後の自殺事例のように、因果の連鎖に反復可能性がない場合には、被害者の心の状態の実践的法的評価に注目する）。そうなると、因果関係とは、客観的・固定的に認識できるものではなく、個別具体的なコンテクストの下に位置する実践的な判断だということになる。またこう考えると、all or nothing 的ではなく、程度問題としての因果関係の捉え方もなじみやすいこととなる。

④ なお、事実的因果関係なるものが括りだせるのかということも問題となろう。アメリカで、(i) (cause-in-fact) と (ii) (proximate cause) とを区別するのは、同国の事実問題・法律問題を区別する司法制度（陪審制）に関わるものだとの意見も出されている[31]のである。

⑤ さらに、その後米村論文[32]が、評価的因果関係理解を示す（単に、蓋然性公式のみから判断することでは適切に処理できないとする）のは、(吉

---

[30]　水野謙「不法行為帰責論の再構成・序説(1)～(10・完)」北大法学47巻5号～49巻4号（1997～98）〔同・因果関係概念の意義と限界（有斐閣、2000）〕（さらに、私法61号（1999）も参照）。

[31]　松浦以津子・新現代損害賠償法講座1（日本評論社、1997）、同旨、吉田・前掲書242頁（初出1992）。

[32]　米村滋人「法的評価としての因果関係と不法行為法の目的(1)(2・完)——現代型不法行為訴訟における責任範囲拡大化を契機とする因果関係概念の理論的再検討」法協122巻4号、5号（2005）、とくに「(2・完)」5号847頁以下、さらに、同「法的評価としての因果関係と不法行為法の目的」私法69号（2007）。

田）の因果関係観の延長線上のものと理解できる。一見（吉田）に対立・挑戦する如く書かれているが、「不法行為法の目的」とリンクさせながら論ずるところも、問題意識として共通している。同論文では、現代型不法行為法（例えば、大気汚染訴訟、環境訴訟など）に焦点を当てつつ、一般的な政策的判断を因果関係概念に接合させようとする試みとして位置づけられる。

＊水野論文の意義──人間相互の接触事例（e.g. 自殺事例）に着目して、反復可能性の低い場合の「因果関係論」を分析する。そして、その際に、近代の機械論的因果関係以前からある、アリストテレス的・実践的・目的論的因果関係──その系譜である、日常言語学派の「理由」「心の状態の再構成」論──に注目する（さらには、ウェーバーの「適合的因果関係」論も同様の系譜のものとして論及する）。……これにより、「あれなければこれなし」準則（従来の機械論的因果関係則）の限界を指摘して、仮定的因果関係の場合以外でも自殺事例では使えないことを説いて、その普遍性の風穴を衝き（196頁）、また、事実的因果関係と法的因果関係の融合現象を説いている（203頁、213頁参照）。──（吉田）の問題意識を哲学的・思想的に深化させている。

＊米村論文の意義と問題点──同論文の（吉田）の問題意識との共通点は、述べたが、そこでは、（吉田）が不法行為訴訟の個別的正義（矯正的正義）に留意すべきことを説いたことを捉えて、政策的考慮が足りないと批判する（これに対して、平井教授の法と政策学の示唆からからの「蓋然的因果関係」を支持する）（856頁、871頁）。しかし、私は、法と経済学的な思考様式に対する批判として（沿革的に）訴訟〔回顧的な不法行為判断〕の積み重ねを通じて形成されてきた不法行為法の「思考様式」の相違を説いただけであり、法と政策との交錯を批判するわけではないことは、他の私の論文（それは、リアリズム法学の影響を受けたもの）を見れば明らかであろう。同准教授とて、「個別的正義の観点と矛盾ない限り、一般的・政策的規範定立」を説く限りで（869頁参照）、私の問題意識と同じなのである。……ただ、程度の差であるが、同准教授の方が、一般的訴訟外の考慮を盛り込もうとする意向が見られる。しかし、事実問題としての法と政策の交錯なら

第1部 不法行為法

ともかく、それをどこまで判決文に書けるかという点で、制度的限界に行き着くところがあるというのが、当時の私の問題意識である。

QⅢ-9
(1) 従来の「相当因果関係」説に対する、近時の有力説（平井教授）の批判を説明しなさい（その際、キーワードとして、(i)事実的因果関係、(ii)賠償範囲（ないし保護範囲）、(iii)損害の金銭的評価を念頭に論じなさい）。
(2) (1)の有力説の判断枠組みに対しては、その後、どのような批判が投げかけられているかを論じなさい。

3-4-2 事実的因果関係論──「あれなければこれなし」のテスト

　（平井）は、規範的・法的因果関係（「保護範囲」──損害賠償の範囲）と区別して、原則として「あれなければこれなし」（conditio sine qua non）で処理できるものを事実的因果関係として、因果関係の問題をこれに限定する（因果的ミニマリズム）。

　この点、（吉田）は、因果関係判定の第1段階ぐらいに考える（「事実的か」「法的か」は峻別できない）。

・並行重複する場合には、このルールは妥当しないが、当然肯定されるとする（仮定的因果関係など）（平井・理論434頁）（後述する）。
・広く事実的因果関係は肯定される。──因果関係の中断はあまりない。
・立証上の法理の展開──被害者保護（公害・医療過誤の領域）
　1．事実上の推認（推定）
　　これについては、新潟地判昭和46．9．29下民集22巻9＝10合併号別冊、判時642号96頁（新潟水俣病訴訟）（衡平の見地から、原因物質（有機水銀）が企業の排水口で検出されれば（「企業の門前にまで到達したら」）、あとは企業側で因果関係がないことを立証する必要があるとする）が有名である。
　　Cf. 公害犯罪処罰法5条（因果関係の推定）は、法律上の推定である。

第 3 章　序論——一般的不法行為の要件（民 709 条）

＊「事実上の推認」ないし「間接反証」のヨリ立ち入った説明

　　例えば、「因果関係の存在」が主要事実として、それを裏付ける事実（間接事実）として、a、b、c、d、e があるとして、X としては、a、b、c の立証（本証）だけで、「因果関係の存在」を推認するというもの。
　　〔前提的理解として、「本証」とは、立証責任を負う側が、裁判官の心証から事実認定する程度まで（例えば、70％。英米の「証拠の優越」(preponderance of evidence) の法理（50％）よりも、高いといわれる）に行う立証。これに対し、「反証」とは事実を否認する側が、心証を真偽不明（non liquet）にするための証拠の提出である。〕
　　だから、事実上の推認がなされると、Y 側としては、d、e がないことの立証（本証）を通じて、「因果関係」の間接反証（主要事実について non liquet にする）を行うことになるわけで、こういう形で、事実上 X 側の立証の負担が軽減されるわけである。——主要事実の間接反証は、部分的な間接事実の本証であり、混乱しないようにされたい。
　　そして、新潟水俣訴訟の場合、α：被害疾患の特性と原因物質（有機水銀）の存在、β：原因物質の汚染経路（門前まで）を、X としては、立証すればよく、他方で、γ：Y 社の原因物質の排出（生成から排出にいたるメカニズム）については、Y 側でそれがないことを証明（本証）して、「因果関係」につき反証しないとならないとされたわけである。

その他の立証負担軽減の実務の工夫としては、以下のものがある。
　2．経験則に照らした高度の蓋然性の証明で足りるとされる。
　　　Cf. 自然科学的証明
　　（ex.）最判昭和 50.10.24 民集 29 巻 9 号 1417 頁【80】（4 版）（ルンバール事件）——「通常人が疑いを差し挟まない程度に真実性の確信を持つものであれば足りる」とする。ルンバールと発作及びその後の病変（脳出血）との間に因果関係があるとされる。
　・近年は、「経験則」が積極的・弾力的に用いられて、立証の困難を克服しようとする動きが注目される。——疾病発生機序が複雑な場合。
　　（ex.）最判平成 8．1．23 民集 50 巻 1 号 1 頁（麻酔剤の能書きどおりの血圧測定しないこととショックによる後遺障害との因果関係）、同平成

9．2．25民集51巻2号25頁（抗生物質などの投与と顆粒球減少症との因果関係）、同平成11．2．25民集53巻2号235頁【78】（5版）（肝癌早期発見義務違反〔AFP検査不実施〕と患者のその時の死亡との因果関係）。

3．疫学的因果関係——集団的・統計的処理　Cf. 個別的な臨床的・病理学的見地
  ・被害発生機序が複雑な場合。そして集団的被害である場合。
  ・証明責任転換の手前の処理（事実上それに近い）。
    (ex.) 名古屋高金沢支判昭和47．8．9判時674号25頁（富山地判昭和46．6．30が最初）（イタイイタイ病訴訟）、津地四日市支判昭和47．7．24判時672号30頁【85】（4版）（四日市喘息（ぜんそく）訴訟）。

4．統計的・確率的因果関係
    (ex.) 水虫治療のレントゲン照射による発癌率（最判昭和44．2．6前掲）
  ・アメリカで議論があり（アスベスト、エイジェント・オレンジ訴訟など製造物責任、環境・薬害事例など）、「市場シェア」などの「確率」を積極的に賠償額に反映しようとする[33]。

QⅢ-10　「あれなければこれなし（conditio sine qua non）」のテストの限界を論じなさい。

QⅢ-11　因果関係の「事実上の推定」法理ないし「間接反証」の意味を正確に説明しなさい。

3-4-3　原因競合・後続損害と因果関係論
・（平井）によれば、これは、「保護範囲」ないし「金銭的評価」の問題とされる。——そして前者〔「保護範囲」〕は、「後続損害」について語られるが

---

[33] 内田364頁が注目する。詳しくは、藤倉皓一郎「アメリカ環境訴訟における割合責任論」国家学会百年記念論集1巻（有斐閣、1987）参照。

(これに対し、「素因・自然力競合」「仮定的因果関係」については、後者〔「金銭的評価」〕を問題とする)、その場合に、「義務射程」を基準とする[34]。
・つまり、因果関係プロパーの問題ではないとされるが(その問題は、クリアーされたとする)、(判例)上は、(相当)因果関係の問題とされることが多く、そのように扱うのが自然であろう(吉田)。

以下では、問題ごとに見る。
(1) 仮定的(凌駕的)因果関係(hypothetische (überholende) Kausalitä)
・ある行為がなくとも、別の事情から同一結果が惹起されたはずだった場合(他事情による結果発生は、現実には阻止されている場合)……「顕在化」しているものが、「凌駕的」なそれで、「潜在化」しているものが、「仮定的」なそれ。多くは、学校設例である。
 (ex.) 射殺──既に服毒させられていた事例。
    家具の毀滅──数時間後に焼失。
    近年実例として、議論があるのは、「期待権侵害」的な末期癌患者への杜撰な医療というような場合。
・ドイツでは、因果関係のレベルで議論されている。
・(平井112頁)では、金銭的評価の問題とするが、やはり、因果関係、すなわち起因の程度の問題ではないか(吉田)。

(2) 因果関係の割合的認定──自然力・素因の競合の場合
　東京地判昭和45.6.29判時615号38頁(追突事故による頸椎鞭打ち損傷。歩行不能の後遺症を負ったというもの。相当因果関係の存在を70%肯定するのが、「損害の公平な分担の精神に協(そ?)い、正義を実現しうるとする」)(倉田判決)

　名古屋地判昭和48.3.30交通民集6巻2号563頁(飛騨川バス転落事故。不可抗力の寄与度を4割として、6割の国賠2条・民709条の責任を肯定する)
　Cf. 名古屋高判49.11.20高民集27巻6号395頁では、全額につき責任を肯定する。
・同様の考え方は、有力である(加藤一郎博士、野村好弘教授など。反対、平

---
(34) 平井・理論456-62頁。

井教授)⁽³⁵⁾。もっとも、素因競合については、近時の(判例)は、民722条2項類適に確立している(後述)。

(3) 自殺事例——自由な意思の介在(?)

交通事故、いじめ、懲戒などと関係するが、因果関係の判断は難しい。

① 交通事故——自殺の事例。

最判平成5.9.9判時1477号42頁【77】(災害神経症のケースで(脳の器質的障害を伴う後遺症はなかったが、精神的衝撃を受け、その後「うつ病」になる)、事故から3年6ヶ月後に自殺したというもの)。——相当因果関係があったとして上で、心因的素因を考慮して減額した(心因的寄与は8割とする)原審の判断は、正当であるとする。

最近でも、前橋地桐生支判平成13.10.16判時1771号106頁(民722条類適で、損害の8割を減額する)。

Cf. 最判昭和50.10.3交通民集8巻5号1221頁(脳挫傷を負い、1年後に自殺したケース。条件関係はあるとしつつ、予見可能な損害ではないとしていた)

② 懲戒・体罰——自殺の事例。

最判昭和52.10.25判タ355号260頁では、懲戒事例だが、相当因果関係を否定していた。

もっとも、最近の下級審では肯定例もある(神戸地姫路支部判平成12.1.31判時1713号84頁)。

③ いじめ——自殺の事例。

下級審の判断は、分かれており、積極例として、福島地いわき支部判平成2.12.26判時1372号27頁、東京高判平成14.1.31判時1773号3頁(神奈川津久井いじめ事件)(同級生らの共同不法行為、教諭の安全配慮義務違反を

---

(35) 加藤(一)197頁。野村(好)「自動車事故における因果関係の認定」交通民集1巻索引・解説号(1969)が嚆矢で、同「因果関係の本質——寄与度に基づく割合的因果関係論」交通事故損賠の法理と実務(ぎょうせい、1984)28頁など。反対、平井107頁、同「因果関係論」現代損害賠償法講座1(日本評論社、1976)。

肯定する〔過失相殺（民722条）の類推適用により、7割減額〕）、消極例として、東京高判平成6.5.20判時1495号42頁（中野富士見中学事件。いじめについての精神的損害100万円のみ賠償肯定）などがある。

④ 過労——自殺の事例。

　最判平成12.3.24民集54巻3号1155頁（長時間の残業が恒常的にあった労働者がうつ病に罹り、自殺した事例）は、労働者の性格が通常想定される範囲ならば、心因的要因として斟酌すべきではないとする。その後の下級審判決（その多くは、平成12年最判（そこでは、意識的に安全配慮義務という言葉を避ける）と違い、安全配慮義務という言葉を用いつつ、不法行為責任を問題にする）に、かなりの影響を与えている（例えば、長崎地判平成16.9.27判時1888号147頁、京都地判平成17.3.25判時1895号99頁、甲府地判平成17.9.27判時1915号108頁、静岡地浜松支判平成18.10.30判時1970号82頁）。

　……中間的解決という形で、難局を凌いでいる。因果関係を否定する判断から、シフトしてきているようだが、8割という減額率は高すぎるのではないか。感覚的なことしか言えず、ケース・バイ・ケースだが、概して、①より、②③のほうが、因果関係は認められやすいのではないか。これに対して、④についての近時の判断は、使用者の配慮義務の特殊性もあろうが、逆に思い切ったものであり、注目すべき動きであろう（吉田）。
・（水野）は、この種の場合に実践的判断で、「あれなければこれなし」の基準は、あまり役に立たないとして、事実的因果関係と法的因果関係の判断の融合現象を説く[36]のは、そのとおりだが、かといって、それ以上のヨリ明確な基準は示せていないようである。
・なお、（判例）は、加害者の「予見可能性」（民416条2参照）を問題にするようだが、淡路教授が説くように[37]、この事案類型には適合的ではない。

(4) 因果関係の切断的事例——交通事故後の転落事故、心臓麻痺事故など。

　〔後述する〕二重の意味で）「切断」されるとなると、賠償額算定上減額

---

(36) 水野謙・前掲書203頁以下。
(37) 淡路剛久「差額説・相当因果関係説による不法行為損害論の近時の動向」
新・現代損害賠償法講座6（日本評論社、1998）19頁。

第1部　不法行為法

されることになる（金銭評価の問題ともいえて、後述する）。これも、(3)(5)と表裏をなす問題であり、「実践的判断」が求められるとされる。

　（判例）は、いわゆる「継続説」をとる（最判平成8.4.25民集50巻5号1221頁【88】〔交通事故で、脳挫傷などの傷害を負い、知能障害などの後遺障害が固定し、リハビリ中に海中で貝採りをしていて、心臓麻痺で死亡したという事例。──労働能力の一部喪失による損害は、その後の事由で消長をきたさないとする〕、同旨、同平成8.5.31民集50巻6号1323頁〔受傷者が、再度の交通事故で死亡したという事例〕）。Cf. 最判平成11.12.20民集53巻9号2038頁（不法行為とは無関係の胃癌で死亡したというケース。介護費用につき、不要となったことを考慮するという）。……介護費用の大きさゆえに、考慮されたということか。被害者が既に介護を要する者であったら、生活費控除ということになり、また、即死のケースでも介護費用が前面には出ないので、「多額の介護費用を要する受傷」という本類型の特質も斟酌されたのであろう（吉田）。

　（下級審）では、2次的損害との因果関係を認めて、折衷的解決もしていた（浦和地判平成5.10.13交通民集26巻5号1278頁〔交通事故後、リハビリ中の再骨折。相当因果関係を認め、2割の過失相殺を認める〕、東京高判昭和56.3.25判時1001号47頁〔レントゲン撮影・投薬の副作用を恐れて、中絶手術をしたというもので、因果関係を肯定する〕）。

　……最高裁の立場は、1次的損害と2次的損害を「分断」しつつ、それぞれの継続を認めるというもので、「継続説」というのはミスリーディングであろう。その立場は、既に因果関係を切断しているのであり、その妥当性こそをまず検討すべきである。そうしてよいのは、無関係な事由により、重篤な2次的損害に至った場合であろう（吉田）。──（判例）は、そのように「分断」した場合に、公平上、無造作に交通事故加害者の責任軽減を認めないという趣旨のものである（水野解説参照）。

(5) **後続損害**──交通事故後の医療過誤、継起的交通事故
　① 交通事故と医療過誤との競合
　　（判例）は、共同不法行為とするものが多く、かつての下級審では、分割責任とするものもあったが（多数は全額責任説）、最近全額責任説に統一

された（最判平成13.3.13民集55巻2号328頁）〔被害者の死亡という損害の不可分性を根拠とし、各不法行為者の寄与の割合で案分できないとする。〔過失相殺は、各不法行為者と被害者の過失割合によるとする〕）。

（学説）は、義務射程説（平井、幾代）と危険性関連説（四宮博士ほか）[38]——特別危険（規範が抑止しようとした特別の危険性の実現）（Cf. 通常の生活危険）かどうか——に分かれるが、実質的に大差ない（平井129頁とて、定型的危険であることを要求する）。つまり、事案の処理に決め手となっていないのではないか。

（検　討）

ここで問題になるのは、起因性の程度の判断であり、義務射程説では無理が出るのではないか。また、平成13年判決は、全額責任を一律に要求するごとくだが、狭義の共同不法行為（民719条。1項前段）とは異なる「競合的不法行為」であり、交通事故の起因性が低ければ、場合によっては、分割責任の余地はあるのではないか（それに対し、医師のほうの分割責任は難しいであろう）（吉田）。

② 継起的交通事故

（判例）（東京地判平成元.11.21判タ717号180頁）〔4秒間隔の交通事故〕は、共同不法行為として、第1車は全額、第2車は部分的責任（逸失利益分を除く）とする。

……しかし、①より、共同不法行為的であり、両者全額責任とすべきものであろう（同旨、沢井209頁）。

> QⅢ-12　後続損害の様々な実例を整理して、それに対する判例の立場をまとめてみなさい（どのように、それらは、一貫性があると説明できますか）。

---

[38] 四宮448頁以下、前田299頁以下〔危険の増大（帰責論222頁）とも言う〕、沢井224頁〔法的相当性〕、石田（穣）・再構成40頁。

第1部　不法行為法

3−4−4　損害賠償の範囲及び金銭的評価
（判例、伝統的通説）は、民416条類適——相当因果関係説による（鳩山以降）。
- 通常損害、特別損害（その場合には、予見可能性が要求されるが、それと過失との関係をどう考えるかという問題があることは、前述した）。——この区別は、恣意的だとされる（栗田解説。3版183頁）。
- 損害事実と事情を区別すべきか、という問題も前述。
- 基準時＝原則として不法行為時。
- （具体例）実際には、金銭評価の問題が多い。

Cf. 保護範囲の事例

　　最判昭和38.9.26民集17巻8号1040頁（クラッチ不調のため、ガソリンで洗浄——引火炎上して、驚いてガソリン缶を投げ出して——被害者に当たり、大火傷を負わせ、死亡させたという事案につき、予見可能性があるとした（民416条2項））

　　同昭和48.6.7民集27巻6号681頁【86】（不当な仮処分執行によるXのカステラ会社の信用失墜という経済的不法行為の事例。——本件のXの財産上、精神上の損害は特別損害であり、予見可能性がない（民416条2項）としたのは正当だとする。これに対して、大隅反対意見では、平井説が採用され、416条の類推適用に反対し、不法行為の場合、公平の観念から、広く損賠を認めるべきだとする）

　　同平成8.5.28民集50巻6号1301頁（不動産に対する不当な仮差押の場合につき、仮差押解放金の供託のための借入金、その通常予測しうる利息なども民416条1項の通常損害とする）も同様。

　　……故意（の経済的・取引的）不法行為であり、損賠の範囲は、広く認めてよいだろう（吉田）。

＊類似のアメリカの有名なケース（ポールズグラフ事件）：Palsgraf v. Long Island R. R., 248 N.Y. 339, 162 N. E. 99 (N.Y., 1928)（Aが列車から落ちそうになる——Y社駅員がAを押し上げる——Aの持つ紙包みがレールに落下——その中の花火が大爆発——そのショックで何フィートも先〔ホームの端〕の秤(はかり)が倒れる——そばにいたX受傷という事案。判決では、駅員の行為は、Aに対しては不法だが、Xに対しては不法ではないとされる）

最判昭和49.4.25民集28巻3号447頁（近親者の看護のために、モスクワから帰国して再度留学し直した場合の旅費。通常損害（民416条1項）とする）
　Cf. 死者の墓石などの建立費用も通常損害とされる（最判昭和44.2.28民集23巻2号525頁）。

　……これは、金銭評価の問題である（吉田。同旨、内田397頁、402頁）。
　　もっとも、「近親者の帰国」を「損害」として考えるか否かの問題とするならば、近親者損害に関する「賠償範囲」の問題ともみうる。
　Cf. 賠償請求権者的発想（そして、直接被害者に絞る考え方）は、ドイツ式のもので、わが国の不法行為法の立場とは異なる。

第4章　現代的不法行為の諸場合の類型的検討

　このアプローチは、加藤一郎博士のそれ[39]の延長線上にあるが、これに対しては、平井教授の批判がある（類型の方法論的基礎が論じられていないとする）[40]。──しかし、「事案類型（Falltyp）」を摘出するアプローチ（Hein Kötz などもこのアプローチである）は、わかりやすく、前記批判に対しては、随時各類型の、侵害態様・被侵害利益に即した理論的特質を明らかにすることで対応したいと考える。

4-1　（その1）交通事故（自動車事故）──自賠法3条
・物による加害という点では、特殊的不法行為であり、また、運行供用者概念は広く、複数加害者の不法行為の様相も呈している。
・豊富な裁判例があり、後述の効果論の実務を構築した。

4-1-1　事故の実態及び訴訟の推移
・戦後、交通事故の急増（昭和21年……1万2,504件→同45年……71万8,090件）。
・昭和30（1955）年自賠法〔自動車損害賠償保障法〕の制定。
　（趣旨）
　　1．運行供用者に対して、人身事故につき重い責任を課する。──3条但書による免責は難しい。
　　2．賠償資力の確保。──危険分散。
　　……強制保険（5条）、保険金額（13条。施行令2条（死亡の場合、3,000万円〔当初は、30万円〕））、政府による賠償保障事業（71条以下）。

＊自賠法3条による免責事例……①対向車線車両のセンターラインを超えた進入、②交差点での信号無視、③追突事故での被追突車側、④一方通行無視など。（内田465頁は、民法715条1項但書の免責例よりも多いとする）。

---

(39)　加藤（1957）「はしがき」、法時36巻5号（1964）など〔同・民法における論理と利益衡量（有斐閣、1974）17頁以下〕。
(40)　平井・理論420頁。

・その後、賠償請求訴訟の増加し（1970年がピークで、1万1,620件）、そして、減少する。そして、その要因としては、以下のようなことが考えられる[41]。

1．事故そのものの減少。最近は横這い。
2．賠償額の予測可能性の高まり。——金額を巡る争いという本訴訟の性格（オベア（Aubert））の言う「利益紛争」）とも関係する。こうした紛争類型では、紛争解決方式が異なり、（算定基準の定型かとともに）示談・和解による解決が志向されることとなる（訴訟にかかるコストが考慮され、ヨリ安価な解決方式によるわけである）。1978年には、交通事故紛争処理センターも設立され、法律相談、和解斡旋、審査・裁定（一種の仲裁）がなされている。
3．保険金額の引き上げ。

> Q Ⅳ-1　自賠法の意義を論じなさい。
>
> Q Ⅳ-2　交通事故訴訟の減少の理由として考えられるものは何か。

4-1-2　「運行供用者」概念

（1）（判例）は、「運行支配」（自動車の運転・管理状況……危険責任）、「運行利益」（雇用関係などの密接な関係……報償責任）の両側面から論ずる二元説を採る（最判昭和39.2.11民集18巻2号315頁〔無断運転の事例。農協の運転手の〔組合所有車の〕相撲大会参加のため、最寄りの駅まで運転し、翌日自宅に戻る途中での事故。組合の運行供用者責任を肯定した。自賠法の立法趣旨、民715条の判例法の推移から、雇用関係など密接な関係、日常の自動車の運転・管理状況等からと述べ、「外形理論」を適用する〕）。

＊「外形理論」は、民715条の解釈理論で後述するが、（判例）では「取引的不法行為」のみならず、「物理的不法行為」にまでその射程は及んでいる。しかし、学説から批判があるように、「表見法理」（民110条など）がそうで

---

(41)　平井宜雄「現代法律学の課題」同編・法律学（日本評論社、1979）。

第1部　不法行為法

　　あるように、本来「取引的不法行為」に親和的な法理であるとのみ、ここでは述べておく。

　……・立法者は、自賠法3条は、民715条の特別規定だとする（我妻、加藤（一）・注民（19）272頁）。
　　　・ドイツ法〔1909年自動車交通法→1952年道路交通法〕が母法。そして、「自動車保有者（Halter）」につき、ドイツでも二元的説明がなされ（Esser（1960）S.942〔タームは、Betriebsinteresse, Betriebsgewalt〕）、受け継がれたわけである。

Cf. わが国の「保有者」概念（自賠2条3項。11条により、自賠責保険と結びつく）は、従来「運行供用者」概念より狭い。最近、広げた判決も出ている（最判平成9.10.31民集51巻9号3962頁【交通30】（運転代行業者もこれに当たるとしている））。──責任保険との関係で、近年の（判例）は、やや無理をしてこの概念を拡張して、「運行供用者」と等値させているように思われる（保険法からの影響の例）。ともかく、「保有者」概念の範囲をどこまで拡げられるかは、今後クローズアップさせる問題であろう（吉田。【損保49】吉田解説も参照）。

　これに対して、（学説）では、「運行支配」ないし危険責任論だけで一元的に論ずるべきだとする（川井論文[42]以降）。（実務家）からも、内部事情の立証の困難さ回避のため、被害者保護の見地から、「一元説」（ないし「抽象説」「抗弁（間接反証）説」）が主張される（茅沼、荒井、薦田論文（1972））。とくに、吉岡論文（1969年）[43]。──その後も、「運行供用者」概念については、諸説出されている（例えば、危険性関連（石田（穣））、保有者管理地位（伊藤高義）、事故防止決定可能性（高崎）、人的物的管理（前田）など）が、「運行支配」を核とする判例基準に代替する程に成功していないし、それほど大差ないであろう（吉田。同旨、宮

---

(42)　川井健「運行供用者責任の根本理念──自賠法3条と民法715条との非連続性」判タ212号（1967）〔同・現代不法行為研究（日本評論社、1978）に所収〕。
(43)　吉岡進「交通事故訴訟の課題」実務民訴講座3（日本評論社、1969）20頁。さらに、宮川博史「運行供用者責任──総論」新・現代損害賠償法講座5（日本評論社、1997）も参照。

川論文 18 頁参照)。
- すなわち、(判例) も、今なお二元説を維持するごとくだが、かなり一元説的になっており、一元説と大差ないのである。──「運行利益」の稀薄化、形骸化。
- (ex.) 最判昭和 50.11.28 民集 29 巻 10 号 1818 頁【交通 5】(所有者〔20 歳の息子〕から依頼されて、登録名義人となった父親の責任の肯定。息子が運転。一元説的判示をする)、同昭和 58．9．6 民集 37 巻 7 号 901 頁【交通 67】(使用者による無断運転で、所有者たる被用者の責任を肯定する。二元説による。なお、本件の主たる論点は、弁護士費用の賠償の付遅滞時)。

(2) 具体例

- 「運行供用者責任」については、従来、かなり広く認められる。
- (e.g.) ・無断運転──肯定。
  - 泥棒運転──やや微妙で、立場が分かれる。すなわち、上級審(判例)は、運行支配・運行利益を否定して、運行供用者責任を否定する(最判昭和 48.12.20 民集 27 巻 11 号 1611 頁【交通 8】〔タクシー会社で、当番乗務員が無断欠勤し、朝からドアに鍵をかけずに、エンジンキーを差し込んだままであった。そして、当日深夜にそれを窃取した者が大阪市内でタクシー営業をしていて、翌日に交通事故を起こしたという事案〕。──民 715 条の責任も否定する。窃取者の民 709 条の責任は認められるが、無力である)(この点、吉村 246 頁は、不正確である)。

    ＊泥棒運転に関する下級審の状況。

    下級審の中には、キーを差し込んだままにしていた盗難車で、所有者の運行供用者責任を認めたものがある(札幌地判昭和 55．2．5 交通民集 13 巻 1 号 186 頁、判タ 419 号 144 頁〔所有者は、滝川市の妹宅を訪れ、その家の前にドアに施錠せず、且エンジンキーを差し込んで駐車していた。それを窃取した者が約 1 時間後に事故を起こしたという事案。所有者は、まだ運行支配を失っていないとする(窃取者は、所有者から追尾を受けているとの感覚にとらわれて逃走して交通事故を起こしたと述べる)。X は、右目を失明しており、労働能力の 45％を喪失しているとされた〕。なお、盛岡地判昭和 61.12.22 判時 1224 号 104 頁〔盗難直後の逃走中の死亡事故。

第1部　不法行為法

運行供用者責任は否定されるが、管理上の過失を肯定する（任意保険が付保されていれば、ここから支払われる）〕）。

（検　討）

被害者保護の要請はわかるが、「運行支配」があるとするのは、フィクションであろう。ともかく、行為規範として、「キーの差し忘れ」には、要注意である。

Cf. その後の下級審は、否定例も多い（東京地判平成3.11.14 交通民集24巻6号1426頁〔盗難2週間後、パトカーによる追跡中の死亡事故。運行支配を失っており（自賠法3条の責任否定）、また管理上の過失との間の相当因果関係もないとする（民709条の責任否定）〕、名古屋地判平成2.8.8 交通民集23巻4号980頁〔会社敷地内の施錠されていないアコーディオンカーテン扉（閉じてフックもかける）の内側の駐車場内の、エンジンキー付の自動車窃取。数分後に、1.1 km離れたところで、追突事故。相当因果関係なしとして不法行為責任を否定した〕）。

・賃貸借――ドライブクラブ、レンタカー業者の責任は肯定されている（最判昭和46.11.19民集25巻8号1160頁、同50.5.29判時783号116頁【交通4】）。
・使用貸借――肯定。
・運転代行業者――肯定（前述）。

・「運行」もかなり広い（自賠法2条2項）。
　(ex.) 牽引車からの子供の飛び降り（最判昭和43.10.8民集22巻10号2125頁）、クレーンの操作中（同52.11.24民集31巻6号918頁【交通13】）、ロープによる牽引中で、静止ダンプへのブルドーザー後退（同57.1.19民集36巻1号1頁【交通16】は、静止車の運行によるとする）。Cf. 停止中のフォークリフトへの衝突は、射程外（最判昭和63.6.16民集42巻5号414頁）。

Q Ⅳ－3　自賠法3条の「運行供用者責任」に関する二元的な判断枠組みを批判的に検討しなさい。

4−1−3 「他人」性の有無

（判例）では、運行供用者と運転手（運転補助者を含む）を除く、それ以外の者という定式化がなされる。問題事例は、以下のとおりである。

(1) 近親者——親族間事故

最判昭和47．5．30民集26巻4号898頁【交通32】（「妻も他人」判決）で、保険実務の転換（なお、慰謝料は、2分の1とする）。

(2) 好意同乗者

・比較法的には、特別規定がある。
　　アメリカ……故意・重過失についてのみ責任を負うとする（guest statute）。
　　ドイツ道交法……有償の場合に限定する（§8a）。無償の場合（Geffälig-keitsfahrt）には、民法による。
・わが（判例）は、「他人」であるとしつつ、慰謝料減額している（最判昭和42．9．29判時497号41頁【交通35】〔泥酔状態で無理に乗り込み、狸寝入りして降りなかったケース〕）。その他、下級審では、過失相殺、一般条項（信義則）、割合的責任等で減額している。
・減額の理由づけ——① 同乗者に対しては、他人性ないし運行供用者性が減少するから、割合的責任になるとするのが、実務家では、有力であるが[44]、② （内田413頁）は、「好意関係」ゆえに、帰責性の低さを問題とする。

(3) 共同運行供用者論[45]

近年は、交通事故の局面として、「走る凶器」型場面から、「走る棺桶」型側面に、問題状況がシフトしており（ないしは、従来議論があまりなかったこととして前面に出ており）、被害者たる同乗運行供用者については、「他人性」を否定し、責任限定（否定）をはかる法理として、クローズアップされてきている。

・（判例）は、運行支配の程度が、直接的・顕在的・具体的—— Cf. 間接・潜

---

[44]　吉岡・前掲論文24頁、倉田卓次「無償同乗論」交通事故賠償の諸相（日本評論社、1976）48‐50頁など。
[45]　加藤新太郎「共同運行供用者と自賠法3条の他人性」裁判実務大系8（青林書院、1985）。

第1部　不法行為法

　　　在・抽象──ならば、「他人」ではないとする（最判昭和50.11.4民集29巻10号1501頁【交通28】（会社代表取締役の次男（取締役）が、トルコ風呂に行くために、会社所有の車を用いて、事故直前まで運転していた事例。──責任否定）。
・その後、「特段の事情」がない限り、同乗被害者の運行支配の程度は、運転者のそれに比し、「優るとも劣らない」とされる（最判昭和57.11.26民集36巻11号2318頁【交通29】（飲酒後、自己所有の自動車を友人に委ねて同乗していて死亡事故にあったというケース。──責任を認めていた原審を破棄差し戻した。同人は、事故防止につき中心的責任を負うからともされる）。
　　……従来の「運行供用者」概念の拡張が両刃の剣となって、被害者保護に不利に作用している（判例の前提として、「運行供用者」と「他人」とは両立しないという把握がある）。
・なお、運転代行業者に依頼した場合には、同乗保有者は「他人」だとするのが、（判例）の立場である（最判平成9.10.31前掲）。

　（吉田）昭和57年のケースで、責任否定となると、他の処理ともバランスを失し、やや「正義感覚」ともずれるのではないか。被害者保護のためには、広く「他人」としてほうがよい（福永論文[46]はこの立場）。──(a)車外の被害者との関係で「共同運行供用者」と認定された者でも、(b)同乗者との関係では「他人」となるということはありえないか。問題となる紛争場面・法律関係ごとに概念を使い分ける（概念の相対性）ということは、「利益考量」アプローチでは、しばしばなされたことである。
　しかし、これは被害者保護が先にたっており、かかる概念機能分析的アプローチはよろしくないと考えるかというディレンマがここにはある（機能性 v. 体系性の問題）((a)(b)どちらか一方の紛争ならば、個別具体的にやればよいが、両方が請求された場合には、厄介になる）。

Q Ⅳ-4　自賠責保険制度は、「他人」「保有者」等の概念にいかなる影響を及ぼしているかを論じなさい。

Q Ⅳ-5　共同運行供用者に関する判例法理を批判的に検討しなさい。

4-1-4　素因（原因）競合の問題　→　因果関係、過失相殺類推適用の問題（前述、後述）。
(ex.)　鞭打ち症——心因的素因で損害の長期化
　　　医療過誤との競合
近時は、減責的解決で実務上は固まりつつあるが、異論もある。

4-2　（その2）医療過誤

・物理的損害。——有用な医的侵襲行為による。
・注目度は、増大しており（破棄判決の多さ！）、「過失」論、「損害」論、「因果関係」論で、不法行為理論に新局面を拓きつつある。

4-2-1　特色[47]及び訴訟の増加の背景

1. 医師・患者の両者の地位、知識、能力は隔絶しており、対等でないもの同士の紛争（従って、情報提供義務の意義の大きさ——(ex.)インフォームド・コンセント、説明義務、カルテ開示の法制化などの議論——に繋がる）。
2. 背後に医師集団という社会的勢力が存在する。→　判決の将来的影響は大きい。——不法行為訴訟による「行為規範」（Cf. 裁判規範）設定という側面も大きい。
　　(e.g.)　問診義務、麻酔の行い方、光凝固法の実施、説明義務及びそのやり方
　　　　・「医療慣行」や医療提供システムなどとも関係する。
3. 医療行為は、生命・身体の侵害（医的侵襲）という高度の危険性がある一方で、生命・健康の維持のために、必要で有用な行為である（危険性と有用性）。——両者のバランスが必要となる。

---

(46)　福永政彦「共同運行供用者について」交通法研究17号（1988）は、この立場であり、損害論レベルで過失相殺の処理をする。
(47)　唄孝一「現代医療による事故と過誤訴訟」現代損害賠償法講座4（日本評論社、1974）。また、吉田邦彦「近時のインフォームド・コンセント論への一疑問(1)(2・完)」民商法雑誌110巻2号、3号（1994）、同「自己決定、インフォームド・コンセントと診療情報開示に関する一考察」北大法学50巻6号（2000）、同「インフォームド・コンセントを巡る環境の変化と今後の課題」年報医事法学16号（2001）〔同・契約法・医事法の関係的展開（有斐閣、2003）第6章以下に所収〕。

4．しかし、「有用性」があろうと、患者の自律性の理念から、「侵襲」「医療方法」に関する患者の同意権、自己決定権の必要性がある。——インフォームド・コンセント論（場合によっては、延命医療に対する再考を迫る）。

＊患者の「承諾・同意」の法的位置

　それがあっても、責任否定にはならないが（同旨、瀬川・民法典の百年Ⅲ591頁）、逆にない場合には、それゆえの別枠の責任〔自己決定権侵害（4－2－4参照）〕が生ずる。

5．しかも、試験的要素があり（なぜならば、①対象の個体差、②治療措置の多様性・流動性、③病変の進行性ゆえである）、自由裁量性を伴う（医療債務が、原則として「手段債務」とされるのもそれゆえである）。——あまりに厳格なルール化には、なじまないところがあり、また、厳格な責任を課すると、「萎縮診療」「防衛（保身）診療」を招き（(e.g.) 過剰検査、産婦人科における帝王切開志向など）、それが医療費の無駄使いという別の問題を招致するということも考えなければいけない。

6．医療保障制度との相関でみていく必要がある。
・限られた医療資源の効率的配分の政策的要請（良質で安価な医療）と、時に相克する。
・医療保障制度は、日米で大きく異なり、わが国では、厚生労働省からの集権的規制が強く、それゆえに日本の医療実務の「忙しさ」にも留意する必要がある。
　Cf. 丁寧な説明義務

＊日米の医療保障制度の差異

　インフォームド・コンセントの母国であるアメリカでは、契約自由の原則の市場主義をベースとしており（これに対して、日本では、応招義務という契約強制がある〔医師法19条1項〕のとは異なるわけである）、基本的に私保険で賄い、その状況は「持てる者」か「持たざる者」かによって、大きく異なっている（無保険者が、4,000万人以上もいるのである）（最近は、マネジドケアという団体的規制は強まって、多少わが国に近づいている

が、基本的になお大きく違っている)。これに対して、日本では、包括的医療保険が存在しており、医療の「単価」が診療報酬点数という形で設定されており、アメリカに比べて、平等主義的に集権的規制が強いと言えるわけである。

> Ⅳ-6 医療過誤問題の特質を列挙して説明しなさい。

・訴訟の増加（第1審未済係属件数：1970年308件、1984年1,250余件、1994年2,100件余り、1997年2,500件余り）。
（原因）
 1．権利意識（医療における患者の人権）についての関心の高まり。
 2．医師と患者の信頼関係の喪失、医療ミスの露呈。←都市化の進行、大病院での診療
 3．他の不法行為訴訟・理論の影響。
Cf. 他方で、個人主義的な医療責任の追及が果たして医療を良くするかということは、別途考える必要がある。

4-2-2　法律構成[48]——請求権競合論

・かつては、過失の立証責任を巡って、不法行為と債務不履行のいずれが妥当かという議論があった。→　これに対して、債務不履行も不法行為も、立証の負担は大差ないと、指摘され（中野論文[49]）、実務では、不法行為と債務不履行と併せて主張されたり、不法行為だけが主張されたりすることも多い（詳細は、債権総論の帰責事由論で）。
・なお、（中野）に対しては、反論もあり（新堂教授[50]）、診療債務は「手段

---

(48)　さしあたり、吉田邦彦「債権の各種──『帰責事由』論の再検討」民法講座別巻2（有斐閣、1990）〔同・契約法・医事法の関係的展開（有斐閣、2003）第1章52頁以下参照〕。
(49)　中野貞一郎「診療債務の不完全履行と証明責任」現代損害賠償法講座4（日本評論社、1974）。
(50)　新堂幸司「診療債務の再検討──医者の弁明義務を手がかりとして」東京弁護士会・昭和50年度秋季講習会講義録（1976）。

第 1 部　不法行為法

債務」として割り切れず、予想外の結果をもたらさない点、また診療後の経過報告（民645条類適）などは、一種の「結果債務」であるとして、立証責任軽減の点で、債務不履行構成を見直す説があり、これは示唆的である（吉田）。

> Q Ⅳ-7　医療過誤における「過失」の立証は、債務不履行構成か不法行為構成かで大差ないといわれることがあるが、どういうことかを説明し、論評しなさい。なお、その際に、「手段債務」「結果債務」の言葉の意味を明らかにして用いること。

4-2-3　過失の認定

・高度の注意義務——場合によっては、医療慣行とずれても、課される（最判昭和36.2.16民集15巻2号244頁【医療41】〔梅毒輸血事件〕、同平成8.1.23民集50巻1号1頁【医療37】〔虫垂炎麻酔事件〕）。

・医療水準論——多数の未熟児網膜症事例を通じて、「医学水準」と区別して、形成されてきた。しばらく前までは、責任否定的に作用していた（例えば、最判平成4.6.8判時1450号70頁【78】（4版）——緻密で真摯かつ誠実な医療を尽くすべき義務までを負わないとする。もっとも、最判昭和60.3.26民集39巻2号124頁では、既に、転医義務を要求する厳しい判断もしていた）。しかしその後最近は、柔軟化して、個別具体的に当該の医療機関における医療水準を問題にしようとしている（最判平成7.6.9民集49巻6号1499頁【76】（姫路日赤病院事例）
←　最判昭和63.1.19判時1265号759頁の伊藤正己補足意見。最判平成8.1.23前掲）。

・具体的認定例——場合により、過失の推定、ないし「一歩手前の義務違反」から、過失が認定されている。

①　問診義務（最判昭和36前掲）。

②　予防接種禁忌者の識別義務（そのための問診義務）（最判昭和51.9.30民集30巻8号816頁〔インフルエンザ〕、同平成3.4.19民集45巻4号367頁【医療49】〔種痘〕）。

③　癌の告知義務——債務不履行事例だが、否定する（最判平成7.4.25民集

49 巻 4 号 1163 頁)。しかしその後、家族との関係で、告知義務を認めている（最判平成 14.9.24 判時 1803 号 28 頁〔家族等の協力・配慮は、患者本人にとって法的保護に値する利益だとする〕）。

④　説明義務（後述。近時のものとして、最判平成 13.11.27 民集 55 巻 6 号 1154 頁〔乳癌患者に対しての乳房温存療法に関する説明義務違反〕、同平成 17.9.8 判時 1912 号 16 頁〔帝王切開手術による分娩を希望する夫婦に対し、経膣分娩を勧めた医師の経膣分娩の危険性に関する説明義務違反〕）

⑤　癌の早期発見義務（最判平成 11.2.25 前掲、最判平成 16.1.15 判時 1853 号 85 頁〔スキルス胃癌による死亡。胃の適切な内視鏡（再）検査をすれば、その死亡の時点で生存していた相当程度の可能性があったとする〕）。

⑥　転医・転送義務違反（最判昭和 60.3.26 前掲、同平成 15.11.11 民集 57 巻 10 号 1466 頁〔開業医の転送義務違反。急性脳症の事例（予後不良で、その良否は、早期適切な治療の有無による）〕。Cf. 最判平成 19.4.3 判時 1969 号 57 頁〔精神科病院に入院中の患者の消化管出血による吐血の際の吐物誤嚥による窒息死。原審では、担当医に転送義務違反があったとしていたが、破棄差戻し〕）。

Q Ⅳ-8
(1) 近時の判例で、「医療水準」として論じられる具体例及びその動向について論じなさい。
(2) (1)と過失の一般的定義（「予見可能性を前提とした結果回避義務違反」）との異同を分析しなさい。

4-2-4　説明義務[51]

・被侵害利益ないし損害論のサイドから捉えれば、「自己決定権侵害」ということになる。

---

[51] 唄孝一「治療行為における患者の意思と医師の説明」契約法大系Ⅶ（有斐閣、1965）が嚆矢（同・医事法学への歩み（岩波書店、1970）に所収）。③については、吉田邦彦「信仰に基づく輸血拒否と医療」新・裁判実務大系 1 医療過誤訴訟法（青林書院、2000）〔同・契約法・医事法の関係的展開（有斐閣、2003）第 10 章参照〕。

第1部　不法行為法

- 専門家の付随義務として、情報提供義務が、委任契約（ないし準委任契約）において近時注目を集めているが（例えば、不動産売買仲介業者、弁護士の場合）、医師の場合もその典型例である。──情報量の格差、隔絶ゆえに。
- また、この背後には、患者は、自己の病状、治療、診断、検査内容について知る権利があり、さらには、**医的侵襲**（ärztliche Eingriff）に対する**患者の承諾**、つまり、自己の生命・健康に関する個人の自律性（自己決定権）がある。──これを意義あらしめるために、説明義務を課し、不十分な説明の場合には、医師には、不法行為ないし債務不履行の損賠責任があるとされるのである。

＊「自己決定権」ないし「医療における選択権」が意味ある場合。

　患者には、必ずしも医療の決定ができるわけではなく、むしろそれについては、医者側にイニシアティヴ、裁量権があるといえる。それでは、患者に医療選択させる意味がある場合とはいかなる場合であろうか。その例としては、──

① 末期医療の場合──「限られた生」をどう生きるか（quality of life）に関わる「死の医学」の問題である（柳田邦男氏の言葉）。そのためには、論理的に、告知には積極論になることになるが、そのためには、事後的なサポート体制や本人の成熟度も関係する（吉田）。

② 任意的医療の場合──容姿、ライフスタイルなど、プライベートな事柄に関わる。……美容整形手術、性転換など。

③ 関連問題として、（必要的）医療と信仰〔宗教上の信念〕とが相克する問題として、「エホバの証人」における輸血許否問題がある。

　　（判例）は、「輸血を伴う可能性がある本件手術を受けるか否かにつき、意思決定する権利を奪い、人格権侵害になる」とする（最判平成12. 2. 29民集54巻2号582頁〔肝臓癌の患者本人が信者の事例で、明示的に輸血拒否の意思を表明していたケース〕は、慰謝料50万円を肯定した原審を肯定している）。Cf. 黙示的拒否の場合。親が信者で子供を死なせるような場合。

　　……平成12年の事例は、一番問題がないケース。しかし、「**救命義務**」（**生命の尊厳**）を重視するサイドからは、異論もありうる（法学者の大多数は、判例を支持する）。

（加藤尚武）は、「愚行権」なるタームを用いる。
・末期医療とは異なるから、「死ぬ権利」（尊厳死）とも性格が異なり、むしろ、「宗教的理念ゆえの自殺の権利」というほうが、実態に近い。

＊「エホバの証人」輸血問題対処の日米の相違とその根拠
・リベラリズムの両面として、「自己決定」「自由意思」の尊重とともに、「生命保護」という側面もある（わが国では、伝統的に侵害への配慮が弱い）。従って、ここでも「自己決定」の限界の問題がある。
Cf. 数多くの実例が蓄積するアメリカにおいては、かなり裁判所の「輸血命令」が出されていることに注意を要する。

④　先端的医療──複数の療法がある場合。Cf. 保存的医療
⑤　さらには、臨床実験的医療の場合。また遺伝子解析のための細胞利用においては、インフォームド・コンセントの必要性は高い。

(N. B.)
1．患者の自己決定権の過度の強調が、法学者サイドには、まま見受けられるが（例えば、新美、浦川教授など）、それが、(i)現実の「医師・患者」関係や具体的な患者像とも適合的ではなく、(ii)インフォームド・コンセントの手続を詳細にすることが、必ずしも「良質の医療」に繋がるわけではなく、また、(iii)日本の医療の実態に沿うものではないことも、近年意識されるにいたっている（とくに医師による論文[52]）。

2．医療過誤に関する説明義務違反といってもさまざまな場合があり、類型的に見ていく必要がある（吉田論文。これに対して、従来のアメリカに模した、学説で議論された、①合理的患者説、②合理的医師説、③具体的患者説、④二重基準説〔具体的患者・合理的医師説〕など（新美・民法の争点（1978）など参照）は、一般的に過ぎる）。例えば、──

---
[52]　浅井登美彦「過失認定の一環としての説明と承諾について」ジュリスト745号（1981）、星野一正・医療の倫理（岩波新書）（岩波書店、1991）、森岡恭彦・インフォームド・コンセント（NHKブックス）（日本放送出版協会、1994）及び吉田・民商法雑誌論文〔前掲書6章〕も参照。

第1部　不法行為法

(1)　癌告知事例……①癌告知の実態、社会的受け止め方、告知後のケアシステムの整備状況にもよる。②本人にはともかく、家族には告知すべきか（これは、日本的発想で、欧米では、まず本人への告知を考える）（近時の下級審判例では、家族への告知義務を肯定するものが出ている〔東京地判平成6．3．30判時1522号104頁、仙台高裁秋田支部判決平成10．3．9判時1679号40頁、大阪地判平成10.12.18判タ1021号201頁。そして、最判平成14．9．24前掲が、仙台高判の立場を支持した（もっとも、正確には、「告知の適否を検討し、告知が適当な場合には、その診断結果を説明する義務を負う」とする）]）。③「告知されたくない権利」をどう考えるか。他方で、家族の「嘘をつきとおす」ことをどう考えるか。④偽名を告げて、患者が、治療・手術を拒んだ場合に、医師側は、どのように説得するか、どのくらいフォローアップする必要があるのかという厄介な問題もある（最判平成7．4．25民集49巻4号1163頁前掲〔胆のう癌であることを告知せず、胆石症と家族にも告げていたというケース〕は、ややデリケートな事例）。

(検　討)　前述「死の医学」の見地からは、積極論となろう（吉田）。医療現場の状況も流動的で、積極論に流れつつある（かつては、日米の相違は顕著だったが）。

Cf.　なお、③で、家族への告知を前面に出すのは、日本的で、それにより（告知しない）「家族から配慮される法的利益」があるというならば（平成14年最判）、（告知しない）「医師から配慮される法的利益」もあるということにならないか。

(2)　美容整形手術などの事例では、ヨリ高度の説明義務が課される。——容姿、ライフスタイルなどプライベートな事柄に関わる。しかし、賠償額もそれほど多くはない。

(3)　最先端の手術（試行的治療）ないし複数の療法がある場合、デリケートだが、外科的医療で、侵襲の程度が大きい場合には、慎重な説明義務が課される。

(ex.)　AVM（脳動静脈奇形に対する人工的塞栓術で、保存的療法もありうる）事例である、新潟地判平成6．2．10判時1503号119頁など。

第4章　現代的不法行為の諸場合の類型的検討

＊また、(2)とも関係するものとして、①乳房温存療法がまだ未確立でも、少なからぬ医療機関で実施され、当該患者に適応可能性があり、患者にその関心があり、それらについて医師が認識していたような場合には、説明義務があったとしたものとして、最判平成13.11.27前掲（破棄差し戻し。胸筋温存乳房切除術がなされたもの）が——医療水準論との関係でも——注目されよう。また、②経腟分娩の危険性を告げずに行った説明義務違反事例（最判平成17.9.8前掲）は、通常のリスク回避的な医療行動とは、逆であろう（むしろ、そうしなくてもよいものを安易に帝王切開する事例が増えていると指摘されている）。

Cf. これに対して、(4)ルーティン的医療（注射、麻酔、造影剤注入、生検（バイオプシー）における例外的副作用の場合、(5)難しい手術の失敗の場合については、説明義務は課しにくいであろう（他方で、単純ミスの場合には、「結果債務」的責任を負わせてよいだろう）。

　また、(6)緊急手術のときにも同様であろう（最判昭和56.6.19判時1011号54頁【医療1】〔頭蓋骨陥没骨折の開頭手術〕には、そのような事情がある）。

3．なお、説明義務違反が認められる場合に、何が損害なのか。——「知るべき情報を告げられないこと」が損害で、それによる精神的損害ということになるのか。（吉田）自己決定権侵害を損害としていいだろう。実際にも慰謝料賠償が多く、大抵の場合、それほど多額にはならない。

Cf. 身体的・物理的損害との間では、（法的）因果関係は否定されうる。

Q Ⅳ-9
(1) いわゆる「患者の自己決定権」論には、実際にはどのような限界があるか。
(2) 他方で、「自己決定」が有意義な医療場面を具体的に説明しなさい。

4-2-5　期待権侵害・延命利益論（「その時の死」論）——一見因果関係の

第 1 部　不法行為法

　　　　　認定が微妙な場合（他方で杜撰な医療がなされた場合）
・下級審裁判例では、この法理により、慰謝料賠償を認めるものがかなり存在している（額は、100 万〜300 万円。最近は、少し高めか）。
　……「適切な治療を受けることへの、患者の期待権」侵害。——疾患について生じた結果と相当因果関係が認められなくとも。
　　または、「延命利益の侵害」として。——「生命侵害」とまで言えなくとも（それとの間に（相当）因果関係がないから）。
(ex.) 東京地判昭和 60.9.17 判時 1201 号 105 頁（肺癌を肺炎と誤診した（定期健診で看過される）事例。しかし、救命することは不可能であったとする。延命利益も否定されたが、60 万円の慰謝料を肯定する）。

　　大阪地判平成 4.1.29 判時 1427 号 111 頁（肝硬変で、AFP 検査〔α フェトプロテイン検査〕不実施による肝癌の発見が遅れた事例。延命利益侵害だとする。生存可能期間は、1〜2 年程度だとして、慰謝料 200 万円を肯定する）。

　　富山地判平成 6.6.1 判時 1539 号 118 頁（肺癌を結核と誤診。延命利益侵害による慰謝料 400 万円を肯定する。逸失利益を損害とする X の主張は退ける）。

・最近、この種の事案について、最高裁の（判例）が出ているが、下級審とは異なる法律構成を採っていることに注意が必要である。

　　最判平成 11.2.25 前掲【78】（肝癌の早期発見義務違反の事例）では、「延命利益」「期待権侵害」構成は採らず、過失診療と「その時の死」との因果関係を問題にする（そして、後は、賠償額算定の問題として処理するアプローチをする）。……これは、実質的に、どちらかといえば、下級審の「延命利益」アプローチに近い。いずれも、生命短縮を損害と見ていると解されるからである（吉田）（この点で比較法〔フランス、アメリカ〕的には、確率的な損害論が採られていることを、付言しておく）（これらについては、判時 1688 号（判評 490 号）吉田邦彦評釈（1999）参照）。

　　さらに、最判平成 12.9.22 民集 54 巻 7 号 2574 頁（狭心症発作患者に対する、急性膵炎用の薬の点滴。その 15 分後に、致命的不整脈により死亡したとい

うもの。医療水準にかなう医療であれば、「その死亡時での生存の相当程度の可能性あり」とする）。……平成11年判決では、高度の蓋然性ありとしていたのを緩めたものであり（同旨、大塚直「不作為医療過誤による患者の死亡と損害・因果関係論」ジュリスト1199号（2001）14頁）、かなり「期待権侵害」アプローチに接近するが、全く延命利益がない極限の場合には対処できないのではないか（吉田）。

（検　討）
1．ここでの問題の特殊性は、──従来通例観念されている損害論（死亡、後遺症それ自体）と過失診療との間には、因果関係（相当因果関係）がないところである。そのため、「延命利益」ないし「そのときの死」論では、損害に時間的要素を織り込ませて、「命の短縮」を損害と見て、因果関係を認めようとする努力の表れと解しうる。
2．またさらに、「期待権侵害」論では、それすらなくとも損害賠償を認めようとする法理と位置づけうる。すなわち、ここでは、結果的損害から解放されて、「適切な医療を早期に受ける機会を逸したこと」ないし「適切な説明・指示を受けなかったこと」による精神的損害が、「権利侵害」ないし「損害」ということになる。
3．期待権侵害論に対しては、消極的見解もあるが（被侵害利益の曖昧さ、因果関係の否定を根拠とする）、上記のように損害を理解すれば、因果関係は否定されるわけではなく、積極的な評価を下しうる（吉田）。──しかも、「結果不法」的に、結果損害との因果関係の煩雑な問題にかかずらうことなく、「行為不法」的に、「杜撰な医療を問責する」という事態に適合的な法律構成だと評することもできよう。すなわちここでは、過失の捉え方の変化とも連動している。
4．これに対して、なぜ、最高裁では、実質的に「延命利益」構成をとったのかを考えてみると、その場合には、慰謝料以外に、逸失利益などの財産的損害についても請求しうるというメリットがあろうとも思われる。しかし、多少死期が延びた場合に、慰謝料賠償を超えて果たしてどれだけ余分の財産的損害賠償を請求しうるかは怪しいところがあろう。少なくとも大きな差異ではないであろう。……末期癌のような場合に、逆に介護費用が

第1部　不法行為法

　　かかるならば、それを逸失利益から控除（損益相殺）しなければいけないだろうし、また「延命」により、余計に苦痛を味わうことになるならばそれも差し引くのかというおかしな議論になってしまわないか。
5．医療リスクには、不確実性が付き物であり、結果損害との因果関係を回避できるという意味で、新たなリスク責任の問い方としても注目されるといえよう。

Q Ⅳ-10　進行癌で死亡した患者の遺族は、医師の杜撰な医療の責任（早期発見義務違反など）を問いたいと考えている。しかし、患者が医師を訪ねたときには、すでに手遅れのときには、問責は難しいのであろうか。従来の下級審判決と最高裁のアプローチの仕方の異同及び諸外国での状況にも触れつつ論じなさい。また、このような場合に、「損害」をどのように捉えるべきかについても考えてみなさい。

4-2-6　責任主体――病院責任論・システム責任論のアプローチ
・従来は、医師個人の責任を追及し、ないしはそれを通じて病院の責任が問責された。
（ex.）梅毒輸血事件（昭和36年最判）
　　　 未熟児網膜症事件（昭和60年最判）
・これに対する批判
1．こうしたアプローチが果たして、複数の医師が関与する――医療内容が専門分化され、グループによるチーム医療がなされる――医療実態に適合的かという問題がある（近時の在宅医療においては、看護婦〔看護師〕の役割（「療養上の世話」保助看法5条）もクローズアップされている）。
2．また、病院の管理態勢が問われるべき場合もある。――民715条的にではなく、民709条による病院の組織体自体の責任、または民415条による責任（履行補助者の法理）がヨリ適合的だともいいうる（唄・判例評釈〔法協81巻5号〕、前掲論文参照）。

第4章　現代的不法行為の諸場合の類型的検討

＊アメリカにおける団体責任追及の動き

　アメリカでは、元来医師の個人主義的な色彩が強く、伝統的には、病院の団体責任はおよそ認められてこなかった（いわゆる団体的医療（corporate practice of medicine）禁止の判例法理）。しかし近年目覚しい医療の組織的再編に対応して、近時は、HMO〔医療機関と保険会社とが合体したもの〕の責任を追及する動きも出てきているのである。

3．さらに、医療における物的要素が増大し、医療機器の瑕疵に関わる危険責任問責の必要性もあろう——器具・施設の設置、管理上の病院の責任追及である（民717条の類推適用。リースの場合には、占有者の責任のみということになろうか）（これについては、錦織成史「医療機器事故に基づく民事責任（1）（2・完）」論叢112巻6号、115巻6号（1983～84））。

4．もっと根本的な問題として、医療事故防止システム構築の見地[53]からは、組織責任アプローチのほうが望ましいともいえる。——すなわち、医療経営学上、いかに望ましい医療供給システムを構築するかという角度から、個人責任には限界があるとも考えられる。従来の個人責任手法〔「悪いりんご」アプローチ——悪いりんごをもぐらたたき的に見つけ出すというもの〕では問題事実の隠蔽のインセンティブが生じてしまい、システム改善にはつながらず、CQI〔continuous quality improvement〕のためには、まず事故報告〔インシデント・リポート〕が前提となり、それを萎縮、抑止させる責任法ではなく、別途「損害填補制度」を設ける必要があるとされる（Berwick）。

・またこの見地からは、地域医療のネットワーク作りに向けた「転医義務」などの行為義務的再検討も求められるであろう。

＊カルテ開示、セカンド・オピニオン、同僚審査制、医師免許の更新制度、医療施設評価制度〔アメリカでは、JCAHO（Joint Commission on Accreditation of Healthcare Organization）が重要な役割を演じている〕など多面的な制度的改善への努力が必要であろう。

---

(53)　吉田邦彦・契約法・医事法の関係的展開（有斐閣、2003）第7章、8章、同「『麻酔事故と医療水準論』に関する一考察（下）」ジュリスト1106号（1997）。

第 1 部　不法行為法

> Q Ⅳ − 11　病院の組織責任の法律構成を論じ（複数者の不法行為が終わってからでもよい）、そうした議論が出てくる背景をいくつか検討しなさい。

4 − 3　（その 3）公害・環境破壊

企業の事業活動に伴う広範囲の被害を生ずるもので、多くの人の健康被害をもたらし、環境汚染を伴う。従って、原告は多数になる。
　Cf. 生活妨害・市街的公害（日照妨害、騒音問題など）。

4 − 3 − 1　状況の推移及び今日的課題——環境不法行為の方途[54]

昭和 30 年代から、経済の高度成長に伴い、深刻な公害が顕在化する。→企業責任の追及。国の政策・対策の要求。住民運動（反公害運動）。
　・公害立法
昭和 42(1967)年　公害対策基本法〔→平成 5 (1993)年　環境基本法に代替・
　　　　　　　　　拡充される。〕
昭和 45(1970)年　公害国会
　　　大気汚染防止法（1968 年制定）25 条、水質汚濁防止法 19 条（昭和 47 (1972)年に無過失責任規定）。その他、公害紛争処理法、公害罪法（人の健康に係る公害犯罪の処罰に関する法律）など。
昭和 48(1973)年　公害健康被害補償法〔公健法〕——指定地域における指定疾病につき、補償金給付。←賦課金から。
　　　……こうした公的補償システムは、「因果関係要件」からの解放という意
　　　　義がある。

〔第 1 期：1970 年代〕
　こうして、事後より事前の救済——環境保護行政——に、力点が置かれるようになる。
　＊環境庁（1971 年 7 月〜）→環境省（2001 年 1 月〜）。

---

[54]　阿部泰隆＝淡路剛久編・環境法（有斐閣、1995）第 1 章〔淡路執筆〕。

第 4 章　現代的不法行為の諸場合の類型的検討

・公害訴訟（四大公害訴訟）
訴訟は、「社会批判の場」としての役割を持つ。
① イタイイタイ病事件（カドミウム）（名古屋高裁金沢支判昭和 47．8．9 判時 674 号 25 頁【環 18】（鉱業法 109 条の責任が問われている））
② 新潟水俣病事件（有機水銀）（新潟地判昭和 46．9．29 下民集 22 巻 9＝10 合併号 1 頁【環 17】)
③ 四日市喘息事件（硫黄酸化物）（津地裁四日市支部判昭和 47．7．24 判時 672 号 30 頁【環 3】）
④ 熊本水俣病事件（有機水銀）（熊本地判昭和 48．3．20 判時 696 号 15 頁【環 19】）
……このような深刻なものは、今後あまり起こらず、むしろ「市街的公害」（騒音、振動・通風、日照など）が、主要な紛争事例となろう。「豊かな社会」に移行することにより、紛争の性格も変わり、消費者保護・被害者保護一辺倒ではなくなり、デリケートなものとなるともされている（瀬川論文・法の科学 19 号（1991））。

〔第 2 期：1980 年代以降〕
・もっとも、——かつてのものほど深刻な被害ではないが——大気汚染、騒音に関しては、大規模な訴訟が続いている（その際に、過去の損害についての損賠はかなり認められるが、差止めは種々の理由からまず認められていない）。

(1)　（大気汚染事例）……工場からの煤煙もさることながら、むしろ道路大気汚染公害の方に、シフトしてきている。二酸化硫黄（亜硫酸ガス SO2）、二酸化窒素（NO2）、浮遊粒子状物質（DEP）（とくに最近はこれが注目される）による健康被害が問題とされる。
⑤ 千葉川鉄訴訟（千葉地判昭和 63.11.17 判時臨増号（平成元・8・5）161 頁【環 12】)
⑥ 西淀川訴訟（(第 1 次）大阪地判平成 3.3.29 判時 1383 号 22 頁【環 13】、(第 2～4 次）（道路管理者に対する請求）大阪地判平成 7.7.5 判時 1538 号 17 頁【環 14】)
⑦ 川崎訴訟（(第 1 次）横浜地裁川崎支部判平成 6.1.25 判時 1481 号 19 頁、(第 2～4 次）横浜地裁川崎支部判平成 10.8.5 判時 1658 号 3 頁（道路公害にかかわる国道 1 号線、首都高速道路訴訟（横浜）))
⑧ 倉敷訴訟（岡山地判平成 6.3.23 判時 1494 号 3 頁）

第1部　不法行為法

　⑤～⑦は、企業との関係では、高裁段階で訴訟上の和解がなされている（また、⑥、⑦、⑨は、道路管理者との間でも和解が成立している）。

(2)　（道路公害事例）（一部、(1)でも触れている）……騒音、粉塵の問題であり、⑨⑩では、ディーゼル排気微粒子（DEP）に注目されている。
⑨　尼崎訴訟（神戸地判平成12.1.31判時1726号20頁）（対道路管理者）
⑩　名古屋南部訴訟（名古屋地判平成12.11.27判時1746号3頁【環15】）（対工場、道路管理者）
⑪　国道43号線、阪神高速道路訴訟（最判平成7.7.7民集49巻7号2599頁（差止め否定）Cf. 民集49巻7号1870頁（損賠）【環43】）

(3)　（空港騒音公害）
⑫　大阪国際空港訴訟（最大判昭和56.12.16民集35巻10号1369頁【環36】【環37】）
⑬　厚木基地訴訟（最判平成5.2.25民集47巻2号643頁（WECPNL値〔加重等価継続感覚触音レベル〕80を超えると受忍限度を超えるとしている）【環41】）
⑭　横田基地訴訟（同上・判時1456号53頁【環42】）
⑮　福岡空港訴訟（最判平成6.1.20判時1502号98頁）

・非特異的疾患〔呼吸器疾患＝慢性気管支炎、慢性閉塞性肺疾患〕であり、主張する損害が満額認められているわけではない（勝訴といっても）。因果関係の認定に厄介な問題が出る（喫煙、非排気型ストーブ使用、遺伝的素質、他の疾患など別原因も考えられる）。また、公健法の制度を前提とした上乗せ部分の損害賠償が求められている。

Q Ⅳ-12　1980年代以降の大気汚染公害訴訟と、いわゆる四大公害訴訟とを対比し、その特色を論じたうえで、不法行為法上の論点を列挙しなさい。

Q Ⅳ-13　公害の場合の損害論は、交通事故の場合と違って、どのような展開を示しているかについて論じなさい。

〔第3期：(第2期とオーバーラップして) 1990年代以降（とくに後半以降）〕[55]
(1) 環境（生態系）侵害型不法行為（？）の問題への注目

- グローバルな環境問題（広域の環境被害）が深刻化しており、その方面の立法も増大している。——平成5 (1993) 年には、環境基本法、同9 (1997) 年には、環境影響評価法、同12 (2000) 年には、廃棄物問題の深刻化にかんがみて、循環型社会（リサイクル）に向けての諸立法が制定されている。

- 従来型の公害訴訟では、個人的被害が前面に出ていたが、ここでは環境それ自体の保護——例えば、①大気圏の問題として、オゾン層の破壊、酸性雨、CO_2などの温暖化ガスの増加（地球温暖化）、②森林（熱帯雨林）の減少、③湿地帯の減少、④水の取り合い（ex. トルコのユーフラテス川のアタチュルクダムの問題〔シリアとの対立〕、黄河下流の枯渇）、⑤水産資源の枯渇（ex. モロッコの蛸の激減、カナダ沖グランドバンクスにおけるカラスガレイの争奪。Cf. 秋田沖のハタハタ〔鰰〕の再生）——が重要課題となっており、国際法とも密接に関わる。しかし、こうした国際的にグローバルな環境問題については、まだまだ関心が低いようである。

- 問題は、従来の私法（民法）の体系〔個人主義、人間中心主義〕との間にギャップがあり、それを如何に克服するかにある[56]。——つまりここでは、第1に、世代を超えた倫理が問われ、第2に、地球全体を見据えた地球規模大の意思決定、共同体主義的コントロールが求められており、従来の個

---

(55) 淡路剛久「公害環境訴訟の課題」淡路＝原田編・公害環境法理論の新たな展開（日本評論社、1997）77頁以下。同「環境法の課題と環境法学」大塚ほか編・環境法学の挑戦（日本評論社、2002）17頁以下。吉田邦彦「環境権と所有理論の新展開」新・現代損害賠償法講座2（日本評論社、1998）〔同・民法解釈と揺れ動く所有論（有斐閣、2000）第8章に所収〕。吉村良一・公害・環境私法の展開と今日的課題（法律文化社、2002）69頁以下。

　　また、環境倫理観の転換の必要性については、藤原保信・自然観の構造と環境倫理学（御茶の水書房、1991）154頁以下。

(56) この点、例えば、大塚直・環境法（有斐閣、2002）50頁では、(地球益と対比される) 人類益を法制度として目的とするとされており、問題の所在を理解されているのか、よくわからない。

第1部　不法行為法

　　人主義・個人主義的所有権〔その自由な使用・収益・処分（民206条）及びその延長線上の公共工事優先的発想〕とは相克することが、見通されなければならない。

　　この点、身近には、北大キャンパスにおける自然破壊の問題を考えてみよ(57)。

・具体的方策としては、さしあたり以下のものがある。

　① 環境権に基づく差止め──（判例）は、否定的（ex. 長良川河口堰訴訟（岐阜地判平成6.7.20判時1508号29頁））。

　② 住民訴訟（地方自治法242条の2 I①（1号請求））の活用──公金支出の差止めによる開発行為の差止めで、ここには、原告適格の制約はない（ex. 織田が浜事件（最判平成5.9.7判時1473号38頁【公・環77】））。

　Cf. 抗告訴訟（行訴法9条）──例えば、土地収用裁決の取消（札幌地判平成9.3.27判時1598号33頁【環83】）。

　③ 手続的保護の重視──環境アセスメントや住民の同意とリンクさせて差止めを認める（これについては、【環2】の吉田解説参照）。

＊環境的不法行為の展望については、後述する。

＊司法的規制はともかく、ここでは、行政的規制がきわめて重要であろうが、この点で日米の環境保護行政には、大きな開きがある（アメリカのEPAや草の根運動の動きには、目を見張るものがある。これに対する日本の土建国家的体質）。

・「環境的正義（environmental justice）」は、重要課題であり、国際的には、既に「南北問題」と絡み合ってきている。

・ともすると、わが国（日本人）は、功利主義的──実益主義的──に行動して、そのために「環境破壊」が進むばかりで（いわゆる「コモンズの悲劇（tragedy of the commons）」の問題）、全体的（holistic）な視点が弱い。わが国で過剰反応的にアレルギーが強い「共同体的規制」は、かかる場面でこそ真剣に議論していくべきであろう。Cf. 個人主義を抑圧する共同体主義

---

(57)　これについては、吉田邦彦「営造物責任と自然環境保護──北大ポプラ伐採問題を手がかりに」ジュリスト1205号（2001）参照。

(N. B.)
「環境的不法行為」の特性と限界
① 公害以上に、不特定多数の加害者と不特定多数の被害者に関わる。近年のグローバライゼーションは、それに拍車をかける。→「因果関係」は、しばしば、否ほとんど常に錯綜してくる。
②「損害」は、個々の行為をとれば、微量だが、それが広範囲にかつ反復的に蓄積・累積されるので、深刻かつ広範なものとなりうる。また、地域により、損害の大小に相違がある（環境的不正義）。
③ 生態系ないしエコロジーの破壊には、不可逆的な事態も多いので、事前の「差止め」が重要である（ex. ダム建設、河口堰の建設の差し止め）。
④「権利侵害」との関連でも、権利は従来、人間中心主義的にできているので、自然環境保護の利益を反映しにくい。——「人格権」アプローチの限界。
⑤ 加害行為には、過失のないことも多い（ex. 自動車走行それ自体、木材の伐採、焼き畑農業）。
⑥ 責任主体としては、ad hoc に責任を賦課するだけでよいのか。どのように賦課するかに際して、「富の分配状況」（貧富の格差）を政策的に考慮するか考えなければならないし、そもそも個人ベースの問題ではないともいえる。

（吉田）従って、環境不法行為責任の余地を認めてもよいが（吉田論文参照）、限界がある。むしろ、行政的規制が、国際法的に——地球規模的に——考案されるべきである。
・国際的な、共同体的コントロールが必要である。しかし、その実効性が確保されていないので、「資本主義経済」の暗黒面のコントロールは至難のことであろう（21 世紀秩序の隘路である）。
・損害賠償制度というよりも、「所有権行使の共同体的制限」の問題である（property rule の問題）。——これに対して、金銭を支払えば、「汚染」「環境破壊」してよいという liability rule を安易に説くのはおかしい。「排出権取引」などの経済的インセンティブ論は、わが国の環境経済学者・法学者に有力であるが、それは、次善の策であり、金銭換価ですむ問題ではないことを押えておく必要があるであろう。

- 貧困地域・階層で、環境破壊・劣悪化が進んでいることに留意が必要である。世界的に視野を広げてみると、わが国の第1期のような深刻な公害問題がとくに南側には広がっていることに注意を要する（いわゆる「水俣病の世界化」[58]）（例えば、カナダ・インディアン居留地、アマゾン川、中国吉林省、アフリカ・タンザニア湖）。

> **Q Ⅳ－14** 環境破壊の問題に、不法行為法理を適用しようとすると、そのような難点・限界が生じるだろうか。「因果関係」「損害」「被侵害利益」「過失」などの要件論及び責任の効果（責任主体論）に即して論じなさい。

(2)（しかし他方での）従来の延長線上での環境汚染型不法行為の新局面の展開ないし学理的議論の進化

- 他方で、環境汚染型不法行為は、この時期も継続しており、さらにこの時期になり、深刻に前面に出てきたものがある。例えば、それは、①長期間の潜伏的な蓄積的損害、しかし発現すれば、きわめて重篤・不可逆的であるような汚染の場合（塵肺の後続としてのアスベスト被害がそれ[59]）、さらに②一旦発現すると、広範囲かつ不可逆的・（世代を超えて）致命的な損害をもたらす場合（原子力損害）などである。
- そして学理的にも、この時期には、こうした環境汚染型不法行為に焦点を当てて、これまで何故か基礎的詰めが甘かった（民709条が過失責任規定であることによる影響があるのだろう）**無過失の環境危険責任**の理論的検討を行う研究も出されるに至っている（橋本論文[60]）。――すなわち、

---

(58) これについては、さしあたり、原田正純「世界の水銀汚染と水俣病」同編・水俣学講義（日本評論社、2004）259頁以下参照。

(59) アスベスト問題については、さしあたり、吉田邦彦・多文化時代と所有・居住福祉・補償問題（有斐閣、2006）10章参照。

(60) 橋本佳幸「環境危険責任の基本構造(1)～(6・完)――公害無過失責任の再構成」論叢151巻1～6号（2002）同・責任法の多元的構造（有斐閣、2006）153頁以下。ドイツの危険責任論（環境危険責任論）の展開をヒントとするものである。なお、同書161頁注1によれば、ドイツでは、前記（1）に扱った環境

(i) これは、制御不可能な、高度の環境危険物質の保有ということを根拠として、危険責任（無過失責任）の理論的詰めを図るものであり[61]、

(ii) そうすることにより、(a)一見高度の過失責任と大差ないように見えても、原告の主張・立証の負担の点では、相違があり、そのプロセスを省くことによる手続き迅速化の意義があり（淡路教授[62]）、(b) 過失の判断プロセス（ハンドの定式）として、馴れっこになっている「加害行為の有用性」の考慮をカテゴリカルに排することにより、類型的にそれとは違う重い責任を課することの意義も認めることができよう（吉田）。

(iii) またそうしても、製造物責任の開発危険の抗弁（後述）とは違い、この類型では、リスクの低さゆえに活動阻害の程度も低いことも付随的根拠とされる（橋本教授[63]）。これにより、少量・継続的な、しかし深刻・重大な（不可逆的）不法行為の特性に正面から光が当てられることになったともいえよう。——かかる場合には、事前的抑制の重要性から、行政的規制が通常問題となろうが、理論的に民事賠償の特性に即した議論の必要性は減じられないであろう。

☆（教師のモノローグ（自省））刈羽原発被災地で考える[64]

周知のように、2007年7月の新潟中越沖地震により、震源まで20キロメートル強の間近で、東京電力の刈羽原発は被災し、想定する最大のガル（地震による地盤・建物などの揺れの大きさを示す加速度単位（cm/sec^2））の数倍を超える揺れに見舞われた（つまり同地震のもととなる活断層の認識に関して、十分想定して、原発が建設されたとも言えないということである）。3号機の変圧器の火災、6号機の燃料プールの水の放出という事態はあったが、「不幸中の幸い」でチェルノブイリ的事態になるのは避けられたが、そうなってもおかしくない激震であった。例えば、1・2号機の排水ダクトは、壊れたの

不法行為は、生態系損害（oekologischer Schaden）として議論されていて、環境損害（Umweltschaden）とは区別されているとのことである。

(61) 橋本・前掲書278頁、292頁参照。
(62) 淡路剛久・公害賠償の理論（有斐閣、1978）167頁参照。
(63) 橋本・同書286頁。
(64) さしあたり、原子力資料情報室・原発は地震に耐えられるか（同室、2008）参照。

であり、秒速80トンもの大量の海水で蒸気を冷却させているのであり、それに核分裂により熱せられた蒸気が漏れだしたら、どうなっただろうか、また核分裂の核心部分（制御棒部分）が破壊されたらどうなったか、などと考えるとぞっとする。

こうした事態に、①同地には、原発施設は作り得ないほどの震災危険地域であり、廃炉を求める反対論がある反面で、②石油資源の払底、その価格の高騰から、原子力発電に頼ることは不可避であり（目下わが国では、15％近く依存している）、東電の値上げ理由として、最大出力の刈羽原発の稼働停止があると書かれると、その地域以外に住む住民は、業界側の議論に乗りやすいだろう（ハンドの定式との関係でいえば、「加害行為（リスク行為）の有用性」のファクターに引きずられやすいということである）。

しかし、この際に、原発事故の不法行為の損害の世代を超えた甚大さ、深刻さを踏まえた、この不法行為の特性に根ざした法理の究明は必要であろう。これを契機に、数は増大する原発問題ないしそれに関する行政訴訟（例えば、伊方原発、敦賀原発（もんじゅ）、浜岡原発（静岡）、女川原発と宮城沖地震、山口上関原発など。また、青森の核燃料廃棄物の再処理工場の問題）などの全体を踏まえて、安易な現状追認にならないような、広範な生命被害の甚大さを踏まえた安全対策の徹底に向けた再検討を痛感させられる。なぜか、原発については、最近は民法では語られることも少なく、環境サミットでも正面から扱われないようだが、問題の重要性・喫緊性は否定しがたいだろう。かくいう私も、この講義ではこれまで原子力問題の扱い方は、手薄で、反省の弁である。

Q Ⅳ－15　21世紀にはいって深刻化する環境汚染型不法行為に即して、危険責任（無過失責任）としての扱いが要請される理論的意義を考察しなさい。

4－3－2　不法行為法に対する影響・意義
1．因果関係論[65]
・事実的因果関係論──疫学的因果関係（①、③、⑤～⑧、⑨（千葉大調査、動

物実験などから)、⑩、⑪)、因果関係の推定（②）。
・最近の大気汚染訴訟では、疫学的（集団的）因果関係と個別的因果関係との関係につき、スタンスが分かれる。)──すなわち、⑤（千葉川鉄）、⑥′（西淀第2～4次訴訟）、⑦′（川崎第2～4次訴訟）、⑧（倉敷）では、公健法上の公害病認定から、個別的因果関係を推定しているのに対し、⑥（西淀）、⑦（川崎）では、個別に認定して因果関係を否定したりしている（カルテ、診断書不提出の場合）。しかし、他方で、前者では、損害賠償額は比較的低く抑えられている。

2．過失論

・予見可能性説か、回避可能性説かの議論。──ともかく、高度の注意義務が課される。
　　(ex.) ②：最高の分析検知の技術を用いた調査。最高技術の設備でも危害が及ぶおそれがあるときには、企業の操業短縮・操業停止も要請される。
　　　　　④：安全性に疑義が生じた場合には、直ちに操業を中止するなどして、必要最大限の防止措置を講ずる。
・「公共性」を考慮することには、(学説)の批判が強いが（西原・ジュリスト761号、淡路・同左、沢井など）、(判例)は考慮している。もっとも、それほど重視しているわけではない（⑪、⑬参照）。

3．損害論

・交通事故事例では、「個別算定方式」が定着しているが、公害事例では別の様相を示す。──集団訴訟の特性として、被害者間の衡平への配慮が出る（淡路・スモン事件と法（有斐閣、1981）6-7頁、15頁）。
・普通とは異なり、慰謝料の形で、「一律請求」を認めることが多い（①、③、④、⑦′）。また近時の大気汚染判決では、⑤がこの立場だが、⑥～⑧は、財産的・精神的損害という二分法に従わず、包括請求〔包括慰謝料請求とも言う〕を認めている（スモン判決のやり方である）（ともあれ、一律請求。

---

(65) 森島昭夫「最近の大気汚染訴訟判決の動向と課題」判タ850号（1994）、ジュリスト981号、同「因果関係の認定と賠償額の減額」加藤古稀上（有斐閣、1992）。

第1部　不法行為法

　　⑤は低額）。──ランク別（「類型別一律方式」）。
・「治療・リハビリ保障費」「生活保障費」など、人間らしい生活回復を重視する新たな項目化の主張もなされている（吉村良一・人身損害賠償の研究（日本評論社、1990）138頁以下、吉村146頁）。

4．共同不法行為論→後述（7－4参照）（とくに、③、⑥、⑦、⑧、⑨（国道43号線と大阪西宮線につき、民719条1項前段適用（他は、独立的不法行為とする））。

5．差止め論→後述（8－2参照）（とくに、騒音、振動公害の場合）。
・あまり、捗捗しく差止めが認められてはいない。しかし、最近では差止め命令が認められている（⑨、⑩）。──身体権の絶対的保護が強調される（⑩では、加害行為の態様として、継続的調査の懈怠にも言及される）⁽⁶⁶⁾。
・消極的判断の理由付けはいろいろ。
(1)　空港管理権、航空行政権不可分論──そして、後者の優位論。行政処分に関する取消訴訟（抗告訴訟）によるべきであり、差止請求は、不適法却下されるとする。……空港騒音ケース（⑫（昭和56年大法廷判決）、⑮、⑬（不適法却下）、⑭（米軍基地に関して、支配の及ばない第三者の行為の差止請求だとして、棄却する）。
　　（学説）は、ほとんど反対している。
(2)　抽象的不作為請求〔「NO2を、……ppmを超えて、侵入させない」「……ホン以上の騒音を侵入させない」などというもの〕は、不適法だとされる。……大気汚染判決（⑤～⑧〔昭和63～平成6年〕）──その理由として、(i)差止め内容、作為義務内容の特定の必要性、(ii)執行機関による違反状態の認識の困難さを挙げる。
　　Cf. しかし、近時、とくに平成一桁後半以降〔平成7年判決以降〕は、適法説が有力になっている（淡路・前掲10頁も、「適法性」肯定が近年の傾向だとする）。──訴訟物として特定されており、測定方法も具体化できるとする。……早いものとして、新幹線訴訟（名古屋高判昭和60.4.12判

---

(66)　⑨⑩両判決については、淡路剛久「大気汚染訴訟と差止論」法時73巻3号（2001）。

時1150号30頁【環38】）があり、近年のものとしては、⑥′（西淀第2〜4次訴訟）、⑪〔以上平成7年〕、⑦′（川崎第2〜4次訴訟）〔同10年〕、⑨⑩〔同12年〕がある。

(3) 賠償違法と差止め違法とは、相違があるとする（違法性段階説）（⑪。⑩もそうである）。道路による便益、公共性を、損賠よりも強く出す（これに対する批判として、沢井教授ら[67]）。

(4) 訴訟物として、適法としつつも、本案判断として、環境基準をそのまま差止め基準にはできず、受忍限度内だとする。

Q Ⅳ-16 公害・環境被害における「差止め」の意義について、論じなさい。また、判例はなぜ差止めについて消極的なのか、さらには、その際の判例の理由付けについて検討しなさい。

4-3-3 附――市街的公害（とくに、景観侵害の不法行為）

これについては、効果論（とくに差し止め）のところで扱うが、市街的公害、つまり、日照権侵害、眺望権侵害、騒音問題、そして近時は、景観侵害の問題について、議論が高まっている。そして、従来はこの部類の不法行為については、違法性の基準として、受忍限度論が説かれたが（最判昭和47.6.27民集26巻5号1067頁（日照・通風侵害の事例）、景観に関する「国立（くにたち）景観訴訟」（最判平成18.3.30民集60巻3号948頁）[68]では、景観利益は法的に保護に値すると言いつつ、その判断枠組みは、相関関係説的にシフトして、「違法侵害と言えるためには、刑罰法規・行政法規違反、公序良俗違反、権利濫用など、侵害行為の態様・程度で社会的相当性を欠くことが必要である」として（当該事件では、高さ43mのマンション建築には違法性がないとする）、実質的に違法性の判断基準は制限的になっているように思われる（これに対して、第1審（東京地判平成

---

[67] 沢井・公害差止の法理（日本評論社、1976）115頁以下、淡路剛久・前掲論文13頁、同・公害賠償の理論（有斐閣、1978）238頁以下。

[68] 文献は多いが、例えば、長谷川貴陽史・都市コミュニティと法――建築協定・地区計画による公共空間の形成（東京大学出版会、2005）、また、平成18年最判については、法時79巻1号吉村、ジュリスト1323号大塚など参照。

14.12.18判時1829号36頁（富岡章裁判長）は、高さ20mを超える部分の撤去、及びそれまでの慰謝料を肯定していて（良好な景観を相互に求める利益の侵害があったとする）、注目された）。——景観については、景観法（平成16（2004）年法律110号）も定められたが（地域的相違もあり、京都などでは、条例による制限は厳しい）、これは、都市再開発に関わることでもあり、マンションの建替えに関する規制緩和などと緊張関係があることに留意する必要があろう。

4－4 （その4）製造物責任
4－4－1 社会的状況の変化と法制の推移

欠陥商品についての製造者（流通関係者も）が負う責任であり、消費者保護とも関係する。

　(ex.) 従来、食品・薬品が重要な二大事例。

　　　　近年は、家電・自動車などについても、依然として問題が出続けている（ごく最近も、三菱自動車（ふそうトレーラー）のタイヤ脱輪問題がある。その他、裁判例として、ガス器具カビ取り剤（東京高判平成6．7．6判タ856号227頁）、松下テレビ発火事件（大阪地判平成6．3．29判時1493号29頁））

1955　森永砒素ドライミルク事件——乳化安定剤〔第二燐酸ソーダ〕に砒素が混入。患者数1万2368人（死者693人）

1958-63　サリドマイド事件（睡眠薬）——奇形児の出産

1960年代　・スモン（SMON〔亜急性脊髄視神経症（Subacute Myelo-Optico-Neuropathy）〕——キノホルム剤（整腸剤）による運動・視覚障害、知覚障害（しびれ、激痛）（1万1000人あまりの被害者）

　　　　　・ストレプトマイシン（肺結核治療）——全聾

　　　　　・クロロキン（リウマチ、癲癇（てんかん）、腎疾患に使用された）——網膜症

1968　カネミ油症事件（米ぬかからの食用油製造過程で、PCB〔熱媒体のポリ塩化ビフェニール（脱臭のための合成化学物質）〕が混入）。——顔が黒ずむ疾病

などにより、クローズアップされてきて、今後とも重要な類型である（近年は、エイズなどの重要問題がある）。

・法規制のあり方として、かつては、産業合理化・輸出振興のために品質向上を目的とする行政規制が拡充されていたが（1960年代）、近時は、むしろ製造業者の主体的責任、品質管理責任（ex. 自己認証制度——国の認証に代わり、事業者の自主的検定の届出、表示）を前提とする司法的規制に重心がシフトしたとされる（瀬川論文[69]）。

　（吉田）は、行政的規制から司法的規制という図式には、乗らず、今でも行政規制は重要であると考える。つまり、市場的規制もあってもよいと思うが、安易に「規制緩和の波」に乗らないわけである。

（背 景）
・70年代以降の「豊かな社会」「消費社会」現象の進展、及び80年代以降の規制緩和の動き。——とくに、大量消費社会の形成と結びついているだろう。
・「消費社会」の特徴としては、(1)規格品の大量生産・販売、連鎖型流通機構の充実、(2)高度な科学技術、複雑な工程による製造。→製品の危険性についての情報量の格差、判断能力の相違ゆえに、消費者保護の強化、責任の厳格化の要請が出る。また、事業者の品質管理能力の向上により、製造者にリスクを負担させてもおかしくなく、責任を厳格化しても対処できる態勢ができてきたといえる。

　(3)「あると便利、なくても困らない」商品が増大したため、事故が生ずると需給量は激減するという現象が出て、その意味で、市場的抑止力、ないしマスコミを介した消費者行動の抑止力は、損害賠償のそれよりもはるかに大きいともいえる（例えば、かつてのカイワレダイコン（O-157）騒動、雪印の牛乳食中毒を想起せよ。もっとも、最近の吉野家の牛丼消滅問題（BSE問題）のメカニズムは、同様ではない）。
　……規制緩和に乗らなくとも、商品は、多様化して、リスク規制のあり方も多様化し、事前の画一的な基準では対応できず、製造者・消費者間

---

[69]　瀬川信久「消費社会の構造と製造物責任法」岩波講座現代の法13 消費生活と法（岩波書店、1997）。

の——自律的規制を前提とする——司法的な解決への依存度は、高まるであろう。これは、リスクの一律監視の難しさゆえに、分権的規制にゆだねざるをえないという、環境問題とも通ずる「ポスト・モダン」的現象であるともいえるのである。だから、「行為規範」の設定としてのPL法の要請という議論が出されることがあるが、自体はそう単純ではないだろう（吉田）。

Cf. なお、医薬品については、必需品的性格が強く、そうした一定のミニマムの規制については慎重な取り扱いが必要であり、その意味でも簡単に行政規制を排してよいということにはならない（例えば、血液製剤におけるエイズ汚染の問題を考えてみよ）。

Q Ⅳ-17　高度経済成長後の「大衆消費社会」の特質について留意しながら、製造物責任論が前面に出てきた背景を論じなさい。

4－4－2　法律構成——契約責任か、不法行為責任か

◇皮切りになったのは、卵豆腐事件（岐阜地裁大垣支判昭和48.12.27判時725号19頁、判タ307号87頁、田口＝林・自由と正義28巻13号）。……集団食中毒——サルモネラ菌。

M→D1→D2→U（多数）

(1) 対小売業者——契約責任

・不完全履行（民415条）か、瑕疵担保責任（民570条）かの議論。→契約各論参照。

（問題点）

・広範な被害者救済の必要性——損害額〔請求額〕は莫大で、小売業者では資力不足である。→資力あるメーカーへの追及の必要性があり、またメーカー品購入〔ブランド名への信頼〕という実態からも。

・免責特約がある場合。

・被害者が、買主ではない場合。

(2) 対メーカー（製造業者）——不法行為責任
（問題点）
・過失の立証の困難さ——消費者の地位・情報量は劣位。→ 責任の「厳格化」の必要性があり、後述の立法化の動きが出る。
……法律構成として、契約責任構成、不法行為構成の両様から模索される。
（契約責任）：① 品質保証責任（黙示の保証論）（注民（19）132頁（加藤（一））、② 瑕疵担保責任（直接ないしは代位行使による）（この場合には、賠償範囲の限定の問題もあるが）（フランスでは、かかる場合にも瑕疵担保責任が拡張して用いられている）。

（不法行為）：③ 民717条の類推適用（有泉）（この場合には、「土地の工作物」という文言上の制約がある）、④ 過失の事実上の推定（判例。後述する）。
（判例）は、不法行為責任とするものが大勢である。

> Q Ⅳ - 18 消費者が、欠陥商品を購入して被害を受けたため、損害賠償請求をしようとしている。この場合に、製造物責任法がなければ、どのような法律構成が考えられるかを検討しなさい。

4 - 4 - 3 判例法理の展開、特色——カネミ・スモン事件[70]
昭和52 - 53（1978 - 79）に重要判決が出される。

1．因果関係論
・因果関係の推定——これは学説として説かれる（川井教授[71]、また試案6条）ほど、実際には適用例はそれほど多くはない（例えば、大阪地判平成6．3．29前掲〔松下カラーテレビ発火事件〕）。
・疫学的立証は、有効に機能している。——スモン事件。
東京地判昭和53．8．3判時899号48頁は、ウィルス説を否定し、疫学的見地から、キノホルムを唯一の原因物質だとする。← コッホの4条件

---

[70] 淡路剛久「製造物責任の内容——責任要件」消費者法講座2（日本評論社、1985）、浅見行弘「製造物責任法理」安田総研・製造物責任（有斐閣、1989）。
[71] 川井健・製造物責任の研究（日本評論社、1979）106頁以下。

〔① その因子がすべての（またはそれに近い）患者に存在する。② 分離培養できる。③ 感受性ある動物が、同じ（近い）病気を起こす。④ その動物から分離・培養できる。〕から、スモン疫学4原則として、(i) 先行因子性、(ii) 服用と発症との関連性、(iii) 医学理論と矛盾しない、(iv) 量と反応との関係が説かれる。

Cf. 金沢判決（金沢地判昭和53.3.1判時879号26頁）では、ウィルスも病因たりうるとする。

- 因果関係の中断──鐘化〔鐘淵化学〕の責任の成否（後述）

因果関係の経路とも関係し、鐘化側は、昭和54年10月から、工作ミス説〔カネミの鉄工係がカネクロール蛇管を熔融させたとする〕を主張する。しかし、鐘化には、指示警告義務違反〔PCBの推奨販売における過失〕があるとされた（福岡地判昭和52.10.5判時866号21頁）。──PCBの金属腐食性ゆえに、腐食孔（ピンホール）ができたとするピンホール説〔九大鑑定〕が、その前提にある。

＊アメリカでは、タバコ訴訟が製造物責任訴訟の代表的な巨額賠償訴訟になってきているが、従来、喫煙者の製造物責任追及には、ここに見た「因果関係」上の難点があった。しかし、近時は、この点で、裁判所のスタンスが変わり、警告上の欠陥があるとされているのである[72]。

2．過失論

- 平井説同様の、「損害の予見可能性を前提とした結果回避義務違反」という定式化〔過失の客観化、高度化〕が、東京スモン前掲判決以降出され、カネミ訴訟でも同様である。

同旨、筋短縮症〔抗生物質製剤、複合抗生物質製剤などの筋肉注射による〕訴訟（福島地裁白河支部判昭和58.3.30判時1075号28頁、東京地判昭和60.3.27判時1148号3頁、名古屋地判昭和60.5.28判時1155号33頁など）。

- 立証の負担軽減のために、過失の推定（推認）。

(1)「欠陥」から、過失認定（福岡地判昭和52.10.5前掲（カネミ油症）、同昭和

---

[72] 吉田邦彦「たばこ問題と現代型訴訟」ジュリスト1149号〔同・契約法・医事法の関係的展開（有斐閣、2003）に所収〕。

53.11.14 判時 910 号 33 頁（福岡スモン））。
　　Cf. なお、他のカネミ訴訟では、積極的に過失が認定されており（福岡地裁小倉支部判昭和 53．3．10 判時 881 号 17 頁、福岡高判 59．3．16 判時 1109 号 27 頁、44 頁）、推定法理を用いるまでもないとされたからであろうと言われる（森島【基 37】解説）。
　(2)　予見可能性の推定（金沢地判昭和 53．3．1 前掲（金沢スモン訴訟））。
＊（学説）上は、さらに、立証責任の転換（危険領域説）まで主張されている（浜上・判タ 312 号、植木・民法学 6）。

(N. B.)
(1)　かなり高度の注意義務が認められている。但し、無過失責任というアプローチ（スモン訴訟、大腿四頭筋訴訟では、主張されていた）ではなく、民 709 条の過失責任の枠内で処理している。——条文重視の姿勢（「法規実証主義」）（淡路教授の指摘[73]）。
(2)　製造物責任の二分化の必要性の主張がある（植木教授など[74]）。——(i) 合成化学物質型（薬品、食品添加物など、大量、広範に頒布され、消費者側では、危険回避できないもの）と (ii) 機械製品型（自動車安全金具、ガスストーブなど。使用目的・方法は明確で、指示に従えば、被害は少なく、被害者側にも、責任（過失）があるもの）とに分け、前者（(i)）では高度の義務が課され、後者（(ii)）では通常の義務が課されるにとどまるとする。
　　（吉田）対象物によるこの類型化は、有意義であろう。

3．責任主体論
・法律構成とも関係する。——（不法行為）ならば、誰に対しても、責任追及できる。
・行政責任論　→　詳細は、行政法で。
　　スモン訴訟では、医薬品安全性確保義務を肯定し、国の責任を認める（カネミ訴訟でも、一部肯定したものがある）。——積極行政論。Cf. 警察取締り行政

───────
(73)　淡路・スモン事件と法（有斐閣、1981）166 - 69 頁。
(74)　植木哲・別冊 NBL 3 号（1978）51 - 52 頁、民法の争点 [163]。

第1部　不法行為法

*これは、薬事行政にもインパクトを与え、薬事法（昭和23年法、35年法）は、昭和54（1979）年に、全面改正された。

さらに、近時のエイズ薬害訴訟でも、国の責任がクローズアップされている（平成7（1995）年10月7日に、東京地裁・大阪地裁による和解勧告がなされ（1人あたり、4,500万円で、国4、会社6の割合で支払うというもの）、さらに、翌8（1996）年3月8日には、第2次和解案が示され、同年3月末に和解が成立した（月額15万円））。

Cf. しかし近年は、国の責任を認めることに消極的である。

(ex.) 最判昭和58.10.20民集37巻8号1148頁（バトミントン・ラケット事件。税関長の責任否定を説いて、破棄差し戻し〔原審では、製造業者・輸入業者同様に肯定されていた〕）。

クロロキン控訴審（東京高判昭和63.3.11判時1271号3頁、同平成6.9.13判タ862号159頁）、さらに筋拘縮症訴訟などでも、国の責任は否定されている。

（吉田）ある程度は、やむを得ないかもしれないが（製造業者の自己責任本位に考えるのが筋であろう。Cf. わが国では、従来、国賠責任への依存度が大きすぎた）、逆にあまりに行政責任を軽く考えるのにも問題がある（同旨、淡路教授[75]）。

4．共同不法行為論（後述）

・カネミ第3陣訴訟（福岡地裁小倉支部判昭和60.2.13判時1144号18頁）は、鐘化の責任を民719条により根拠付ける（客観的関連共同）。→　しかしその後、因果関係の中断ないし工作ミス説〔前述したPCB混入に関する原因理解に関するピンホール説から工作ミス説への変化である〕による因果関係の稀薄化がある（第2陣控訴審（福岡高判昭和61.5.15判時1191号28頁）では、鐘化の責任を否定し、最高裁でも同様の理解から訴訟上の和解（昭和62.3.20）がなされている）が、このような理解には、疑問が残るとの見解がある（淡路教授[76]）。

---

(75)　淡路・前掲論文258頁。
(76)　淡路・同論文260頁。

（吉田）因果関係が弱まることは確かであろうが、それを補う——被害者保護をはかる——ものとして、民719条が使われることで対処すべきではないか。鐘化は、現に前記和解では、見舞金を払っているのであり（1人あたり300万円）、同社は、PCBにつき、食品衛生に関わる前記(i)的な厳格な保証責任（杜撰な食物オイル製造業者に警告する義務違反）があるとできないか。

・筋拘縮症訴訟では、民719条1項後段を適用する。

Cf. なお、カネミ第1陣訴訟（福岡地裁小倉支部判昭和53.3.10前掲）、スモン金沢判決（金沢地判昭和53.3.1前掲）でも、民719条に言及されるが、これは独立的不法行為（民709条、国賠1条）の競合というべきものである（東京スモン判決以降はこの立場である）。

5．損害論→　公害のところを参照。

> Q Ⅳ-19　カネミ・スモン事件による判例法理の意義を考えなさい。

4-4-4　製造物責任立法及び被害者救済制度

Cf. 比較法的にみて、諸外国では、無過失責任が採用されている。

（米）：　1960年代に厳格責任の判例。
　　→　1965　第2次不法行為リステイトメント§402Aで採用。
　　　　1979　基準明確化のために、モデル法作成（Model Uniform Product Liability Act）。
　　　　賠償額高額化による「製造物責任危機」（P. L. Crisis）。——1980年代は、賠償額押さえ込みの努力（ミラー論文[77]参照）。

（仏）：　厳格責任（契約責任——瑕疵担保責任の拡張）

（独）：　1976　薬事法改正により、医薬品副作用被害につき、製薬業者の無過失責任。

（英）：　1978　王立委員会（ピアソン委員会）で、厳格責任提案。

・そして、ヨーロッパでは、1985.7.25欠陥製造物についての責任に関する

---

[77] R. ミラー「アメリカ合衆国における不法行為法改革の動向（上）（下）」判タ621号、622号（1987）。

第1部　不法行為法

EC指令が出されて（無過失責任〔1条〕）（これにつき、好美・判タ673号（1988）参照）、イギリス（1988.3）、イタリア（1988.5）、ルクセンブルク（1989.4）、デンマーク（1989.6）、ポルトガル（1989.10）、（西）ドイツ（1989.12）などで、国内法化されている。

・わが国でも、従来から議論がある。

製造物責任研究会による製造物責任法要綱試案（1975）（ジュリスト597号、私法38号）。

なお、医薬品副作用被害基金法（1979年法55号）――救済基金による補償。無過失責任的に機能するが、なお限界がある（制癌剤・血液製剤などは、除外されているし、死亡・重症の場合に限定されている）。

Cf. 消費生活用製品安全法（1973）――SGマーク製品（国の基準適合製品）につき、「生産物賠償責任保険」（民法の過失責任が前提）――製品安全協会（同法63条1項②―④号）。

予防接種法（1976年改正）――予防接種健康被害救済制度の導入。

・1980年代半ばのEC指令をバックに、規制緩和の要望も相俟って、立法論再燃。また、欠陥事故も続発（1985年AT車暴走、石油ファンヒーター事件、1987年　辛子蓮根事件、1989年　欠陥車リコール事件）。

Cf. 石材カッター事件（高松高判昭和55.11.28判時1015号109頁）

発火テレビ事件（大阪地判平成6.3.29判時1493号29頁（製造上の欠陥推定））。

・1990年以降、幾つかの法案が出される[78]。

（論点）は、①開発上のリスク、②立証責任、③賦課金の導入（？）、④期間制限（EC指令では、3年）、⑤損賠の範囲であった。

・1994年7月　製造物責任法成立（1995年7月施行）

（N.B.）

1. 過失要件がなくなったという意味では、無過失責任であるが、「欠陥」概念〔通常有すべき安全性の欠如（2Ⅲ）〕はあり、それは過失責任と連続的であり、従来の実務と大差があるわけではない。

---

(78) これについては、私法53号（1991）、製造物責任の論点（商事法務研究会、1991）参照。

Cf. もっとも、このような特別法を制定したことによる消費者保護に向けた政治的意義はあるかもしれないが（任意の製造物責任保険も増えているとのことである）。

　また、本法施行により、アナウンスメント効果として、裁判外の紛争解決制度（とくにインフォーマルな苦情相談）が充実したとされる（加藤（雅）教授[79]）。

・「欠陥」の分類（「欠陥の態様」によるもの──ドイツ法からといわれる）[80]

　　ａ．製造上の欠陥──「はずれ玉」など。……製造上の不備。
　　ｂ．設計上の欠陥──製品すべてに、副作用があるというような場合。
　　ｃ．警告上の欠陥──医薬品、タバコ（米では）など、副作用の警告がなされていないような場合。
　　ｄ．開発危険上の欠陥

（瀬川）は、歴史的にみて、ａからｂに移行してきており、ａについては、厳格に保証責任的なものを課してもよい（製造者の品質基準に反するもの）が、ｂについては、危険効用基準──すなわち、使用者〔消費者〕側の効用・便益も考量する不法行為責任の判断枠組み（結果回避義務違反）（代替設計と比較しつつ行う、スモン判決的判断枠組みである）──が妥当するとされる。

（吉田）ｂでも、厳格責任を課すべき場合はあるのではないか。ｂにカテゴリックに、「有用性」との衡量をはかることは問題であり、「対象物」と組み合わせて考えるべきであろう。すなわち、① 前記(i)（合成化学物質型）の場合には、慎重に考えるべきであろう（ｂの欠陥がなくても、ｃの欠陥があるとして考えるべき場合もあろう）──消費者は、充分に、リスク・ベネフィットの衡量の熟慮の上に、服用・摂取したとは限らないからである。② 他方で、前記(ii)（機械製品型）の場合には、ｂ的なものが多いであろうが、ａもあるであろう。

---

[79]　加藤雅信「製造物責任法の特色」新・現代損害賠償法講座Ⅲ（日本評論社、1997）19 - 24 頁参照。

[80]　北川善太郎＝植木哲「製造物責任の諸問題──責任の性質」現代損害賠償法講座 4（日本評論社、1974）、瀬川信久・前掲論文、同「欠陥、開発危険の抗弁と製造物責任の特質」ジュリスト 1051 号（1994）。

第 1 部　不法行為法

◇「欠陥」の存在時期
　3 条からは、引渡時（出荷時）に存在していることが必要と解されている（内田 482 頁）。
　しかし、EC 指令にあるような、事故発生時に欠陥があれば、出荷時の欠陥を推定するような規定はない（企業サイドの反対による）。……わが国の立法過程の保守化の変化の前駆であり、こうした傾向は、消費者契約法になるとますます顕著になる。
　　Cf. 前述要綱試案でも、適正な使用にもかかわらず、通常生じない損害が生ずれば、欠陥の存在を推定していた（試案 5 条 1 項）。
　その分、（判例）による事実上の推定などによる積極的な本法の適用が求められる（同旨、吉村 254 頁）。
　(ex.) 名古屋地判平成 11．6．30 判時 1682 号 106 頁（ファースト・フード店のジュースを飲み、吐血した事案につき欠陥を肯定する）

2．開発危険の抗弁（法 4 条①号）（アメリカ法的な考え方）
・あまり広く認めると──単に、危険の認識可能性の欠如とすると──「無過失責任」も尻抜けになってしまう。→「科学・技術の高度知識を基準とする認識可能性がない」の意味に解する必要がある（同旨、瀬川、吉村 254 頁）。
・フランスは、この点で、EC 指令〔7 条(e)項〕に批判的であった。
・アメリカでも、思いがけない危険について、厳格責任的に賠償責任を肯定する──危険分散する──考え方も有力である（Harper, James & Gray, p546）。
・「科学又は技術に関する知見」（4 条①号）の解釈とも関係する。── state of the art（到達水準）ということで、「欠陥」存否判定のメルクマールとなり、これを超えるなら、開発危険となる。……比較法的に、アメリカは、危険効用基準をとり、ヨーロッパは、それより高度である[81]。

---

(81)　この点については、さしあたり、小林秀之＝吉田元子「開発危険の抗弁」新・現代損害賠償法講座 3（日本評論社、1997）131‐32 頁。

3．損害論など。

- わが国の場合、諸外国に比して、射程が広く、経済的損害（営業損害）まで賠償対象となる。他方で、「欠陥不動産」を対象としない（法2条1項）（これは、EC指令と同様である）ことについては、欠陥動産と区別する合理性はないとされる。Cf. 欠陥住宅の問題──別途、特別法（住宅品質確保促進法）で保護される。──ややアンバランス。
- 「加工」（法2条1項参照）は、広く解する（吉村252頁、内田483頁）。
- 法は、いわゆる「拡大損害」のみを対象とする（法3条但書）。──製造物それ自体の損害は、契約責任によるべきだという考え方による（拡大損害が生ずれば、それも含めて賠償対象となることになる）（文言解釈）（同旨、内田485頁）。
  （吉田）どうもすっきりしない。契約関係がなければ、民423条によれということか。

4．短期消滅時効（法5条）

- 損害、賠償義務者を知ってから、3年。──民724条と同様。
- 製造物引渡から、10年。──EC指令によったもの。
  Cf. 蓄積・遅発損害については、損害が生じたときから（法5条2項）。

Q Ⅳ－20　製造物責任法の意義及び限界を検討しなさい。

Q Ⅳ－21　(1)　製造物責任は、どのように類型的に考えたらよいか。
(2)　それに関連して、「欠陥」（製造物責任法2条2項，3条）の分類を考察しなさい。

4－5　(その5)　取引的不法行為──債権侵害を中心に（関係的不法行為その1）

4－5－1　債権侵害（契約侵害）論[82]

(1)　問題状況

- 取引行為による不法行為（Cf. 従来の不法行為──物理行為による）だが、現

---

(82)　吉田邦彦・債権侵害論再考（有斐閣、1991）（初出、1985～88）。簡単には、

代的には、重要である。しかし、わが国では、1980年代半ばまでは、この領域の法理の展開が未熟であった。——比較法的にも特殊の地位を占めていた。
- 従来は、わが国では安易な「自由競争」原理（他人の債権・契約を侵害する自由？——こんなことは、他国では通用しない）が強調され、その帰結として、競争の関する秩序・倫理・公平さへの関心が欠落していた。——債権侵害の不法行為が一般的に認められるとしながら、実例的に最も重要な、（従来の類型論における）「給付侵害で債権が消滅しない場合」については、原則として違法性は認められないとされていたのである。……その理由付けとしては、前記の①「自由競争論」の他に、②「債権に排他性がない」とか、③「債権者平等の原則」とか、④「債権は弱い権利である」（従って、相関関係理論からは、違法性が認められるためには、悪性の高い侵害態様が要求されることになる）とか、⑤「債務者の主体性」とかが、説かれたが、それぞれに根拠不十分で論駁できる。
- アメリカでは、法経済学者により、功利主義（「富の社会的最大化」）の見地から、「契約を破る自由」が説かれて、わが国でも一部にもてはやされているが（樋口）、それは、彼地で判例上定着している契約侵害法理と対置される対抗原理であることに留意すべきである（わが国には、このバックグラウンドがないから）。

→ このような状況に対して、（吉田）が、契約の対第三者保護——関係的利益（取引関係）の不法行為法上の保護——を強調して、「自由競争」における取引倫理、公平さ（フェアプレイのあり方）をクローズアップさせた。

(2) 批判的見解（吉田）のポイント

1．従来の要件論〔原則として、違法性がないとされ、債権侵害が不法行為となるためには、故意（しかも通謀・教唆）があり、かつ良俗違反の態様を要求するのが通例だった〕をゆるめて、広く債権侵害を認めるべきことを説いた。しかしそれでも、取引活動の自由の要請があるから（取引的不

民法の争点Ⅱ（有斐閣、1985）でも書いているが、著書のほうが、わかりやすいであろう。なお、この講義で述べることは、新版・民法の争点（有斐閣、2007）でも書いた。

法行為の特性である)、原則として、被侵害契約及び損害の認識の意味での故意は必要であろう（なお、大村208頁（2版208頁）は、拙著を引用して、〔吉田〕は、契約存在の予見可能性としての過失に還元しようとするとまとめるが、誤解である。拙著を読まれているのであろうか）。

Cf.（平井120頁）（内田・民法Ⅲ175‐76頁〔2版183頁〕）などでは、「故意」の意味を狭く解して、過失不法行為の枠内だとする。——これは、フランス式の用法なのかも知れないが、実質的立場として大差はなく、混乱を避ける意味でも、英米式に故意不法行為（intentional tort）だと考えておきたい（吉田）。

2．しかし他方で、過失不法行為の類型も存在している。
(1) 第1は、取引上の地位の特殊性から、特別の情報提供義務、説明義務を負う場合である。例えば、① 企業の業績・資産状況につき照会された銀行の責任——わが国の（判例）は、否定的である。② 融資者責任（レンダーライアビリティ）[83]——バブルに関連して、幾つか事例〔銀行（Y）が紹介した請負業者や不動産業者（A）が倒産したために、それと契約したXが損害を受けたという事例〕が出ている（名古屋地判平成6.9.26判時1523号114頁（○）、東京高判平成7.12.26金法1445号49頁（×）〔東京地判平成7.2.23判時1550号40頁（○）〕）。Cf. 直接の二当事者の事例——変額保険、ワラント証券に関するもの。さらに、近時議論が多いのは、③ 住宅欠陥建物問題との関連での設計士・工事監理士の責任である（契約各論参照）。——（判例）は、最高裁レベルでこの責任について積極的になっている（最判平成15.11.14民集57巻10号1561頁〔建築士の「名義貸し」がなされた事例〕、同平成19.7.6民集61巻5号1769頁〔建築に携わる設計者、施工者及び工事監理者は、契約関係に立たない居住者等に対する関係でも、建物の基本的安全性が欠けないように配慮する注意義務を負い、同基本的安全性を損なう瑕疵があり、それにより居住者等の生命・身体・財産が侵害された場合には、——買主（原告〔被害者〕）が、瑕疵の存在を知りつつこれを前提に建物を買い受けた等特段の事情がない限り——これにより生じた損害につき、不法行為責任を負うとする。これに対して、原審（福岡高判平成16.12.16

---

[83] 詳しくは、吉田邦彦「融資者責任と債権侵害」NBL598号、599号（1996）。

判タ1180号209頁）では、建物に瑕疵があっても、設計士・工事監理士などに当然に不法行為責任が成立せず、違法性が強度の場合、請負人に侵害の意図があり、瑕疵内容が、反社会性・反倫理性がある場合、重大で目的物の存在自体が、社会的に危険な場合に限られるとしていた〕）。……イギリスなどでも議論が多いところであり[84]、支持すべき動きであるが、遅きに失したと言えなくもない。

(2) 第2に、いわゆる企業損害、間接損害（間接被害者）の問題〔会社の重鎮が交通事故に遭い、その会社が、関連して受けた損害を交通事故加害者に請求するような場合〕も、債権侵害の一環で語りうるが、これは、物理的不法行為〔事実的不法行為〕（交通事故）における「損害賠償の範囲」の問題である（因果関係論ないし義務射程論）である（同旨、平井185頁）。……営業損害についても、賠償させるべきかどうかの法政策判断にかかる。付保の状況（VIP保険など）も間接的に判断に影響する。

　　（判例）は、個人会社、非代替性、経済的一体関係を要求している（最判昭和43.11.15民集22巻12号2614頁【93】）。
　Cf. ドイツ的議論——直接的被害者に、賠償請求権者を限定するやや硬直した見方（徳本解説参照）（吉村112 - 14頁、近時の平野裕之・間接被害者の判例総合解説（信山社、2005）136頁もドイツ的である）。

＊間接侵害（企業侵害）に関する近時の実務の強固な制限的理解とその反省の必要性

　　企業損害に関する近時の実務の基準は、ドイツ的に絞り込み、原則的に企業の固有損害の賠償を否定しようとする傾向が、その後も強固で（昭和43年最判に対する可部調査官解説でもドイツ的理解が示されていた。貴重な例外として、夏目明徳「間接被害者の損害」新・裁判実務大系5交通損害訴訟法（青林書院、2003）参照）、ある意味で柔軟化してきた学界以上であって、今日的な再度の再考が必要であろう。

　　すなわち、第1に、企業損害で物的施設の損害と人的施設の損害とを峻別して、後者の要保護性を否定する制度的必然性はないこと（この点で、引き抜きなどの債権侵害類型もやはり人的施設に関わる企業損害であるが、こ

---

(84) 吉田・前掲債権侵害論再考388頁以下参照。

れに関する積極的な近時の傾向（後述する）は、この損害類型を一律に否定することの硬直さを示している。なお同類型で、要件が絞られるのは、侵害態様が取引行為であること、労働者の職業選択の自由への配慮による）、第2に、構造改革（リストラ）が進行する昨今の中小企業の実態として、ぎりぎりの人的資源で運用しており、非代替的労働者の死傷による企業損害は生じていること、また、そうした企業ではVIP保険などの普及もあまりないこと、第3に、経営努力の必要から、企業のモラルハザードを防ぎ、損害拡大抑止義務を課する必要はあるとしても、それは、過失相殺ないし逸失利益の期間限定という形で反映させるべきであり、加害者の矯正的正義との関係でも、直ちに企業損害の賠償否定をアプリオリに導くことは硬直ではないかということ、等を考慮して、フランス法的ないし日本法の賠償範囲論という法律構成に即したヨリ積極的な結論が模索されるべきではないか。——法的構成としては、前記3要件〔すなわち、個人会社、非代替性、経済的一体関係〕をすべての場合に要求するのは、硬直であり、場合によっては、①「非代替性」要件だけで足りるとし（そのような下級審裁判例も例外的に存在する。例えば、名古屋地判昭和55．9．26交民集13巻5号1203頁〔控訴審で取り消された〕、東京地判平成4．9．11交民集25巻5号1123頁、大阪地判平成16．8．31交民集37巻4号859頁）、②「規模の多い死傷」（例えば、大津地判昭和54．10．1判時943号28頁〔慰安旅行での多数の従業員の受傷。控訴審で取り消された〕）であっても、企業損害を認めるに足りると考えるべきである（吉田）。

3．具体的類型論
Cf. 従来の分類論……実例に即しておらず、わかりにくい。

「帰属侵害」と「給付侵害」に分け、さらに後者を「債権が消滅する場合」と「債権が消滅しない場合」とに分ける。——しかし、①ほとんどの実例は、「給付侵害で債権が消滅しない場合」であることに、留意する必要がある。また、②「帰属侵害」の場合には、過失で足りるとされるのだが、その例として挙げられるのは、債権の準占有者に対する弁済（民478条）の関係での不法行為者とされるが、このような実例はほとんどなく（ドイツでも）、またあるとしても、故意の準占有者が多いであろう。さら

第1部　不法行為法

に考えると、債権侵害法理による保護は、債権の帰属の保護であり、「給付侵害」であっても、「帰属侵害」であると思われる（吉田）。

(1) 二重譲渡事例(85)

……民177条、民424条類推適用、民709条――これらの運用を、総合的にみていく必要がある。

・（判例）の要件は狭い（最判昭和30.5.31民集9巻6号774頁）。
・民177条の悪意の「第三者」をどう考えるかという問題である。――わが国の場合、不法行為の効果は、原則として金銭賠償に限られるので、原状回復（現物返還）的効果は、民177条の解釈問題になる。
・単なる過失者でも、責任を負うとするのは、行き過ぎである。逆に悪意者ならば、公示制度で保護される「第三者」とは考えない。……かねて、好美教授の好論文があるが、近年は状況が動きつつあり、議論も多い。かつては、民177条だけを孤立的に考えてきたふしがあるが、フランス法と同様に、公示原則を不法行為法理と融合的に考えていく必要があろう。

(2) 引き抜き――競業避止義務違反事例(86)

・最近は、幾つか下級審判決も出されている。――①学習塾の塾講師の引き抜き事例（大阪地判平成元.12.5判時1363号104頁（×）、東京地判平成2.4.17判時1369号112頁（○）、東京地判平成5.8.25判時1497号86頁（×）、②英語教材販売会社による引き抜き（東京地判平成3.2.25判時1399号69頁（○）（不意打ち的な集団移籍計画があった事例））。
・近時の労働市場の流動化、そして競業避止義務ないし守秘義務への関心の高まりぶり（不正競争防止法の平成2年改正により、営業秘密保護の規定が新設された後も随時強化され、平成15年改正では立証上の負担の緩和が図られる（5条、6条）。また、平成14年の知的財産基本法2条1項でも、営業秘密は「知的財産」と明記される）は、かつての議論の不在と比較すれば隔世の感が

---

(85)　吉田・前掲書570頁以下のほかに、好美清光「Jus ad remとその発展的消滅」一橋大学研究年報法学研究3（1961）、磯村保「二重売買と債権侵害(1)～(3・完)」神戸法学雑誌35巻2号、36巻1号、2号（1985～86）。
(86)　吉田・前掲書604-605頁のほか、さしあたり、土田道夫「労働市場の流動化をめぐる法律問題（上）」ジュリスト1040号（1994）参照。

ある。
- この場合の判断として指摘しておくべきことは、一方で近時急速に光が当てられている「企業秘密ないし人的資本への投下コストの保護」がある反面で、被用者の「転職（職業選択）の自由」（憲法22条1項）の保護（競業避止義務にはその制約の側面がある）にも配慮する必要があることであり、両者の慎重な考量が求めることである（同旨、土田教授）。──その意味で、近時の裁判例が営業秘密に関わらない競業避止義務について、「必要最小限であり、充分な代償措置がなされている必要がある」として要件を付加している（東京地決平成7.10.16判時1556号83頁〔司法試験予備校の看板講師の競業避止義務に違反した同種予備校の新設・営業の差止請求。前記要件を充たしていない競業避止義務は公序違反として無効とし、また秘密保持違反またはそのおそれはないとして差止請求を棄却する〕以降である）のは、頷けよう。

(3) **取引先行者の取引侵害**──条件付取引違反誘致[87]

   X（先行者）─────　A　←─────　Y（後行者）

……排他的契約、一手販売権侵害──その契約自体、競争制限的である。
- 静的な（static な）競争秩序保護。→　場合によっては、取引閉塞的に、取引後行者を市場から排除する形で作用するから、この不法行為法上の保護には、慎重を要する。
- ヨーロッパでは、1930年代戦間期に数多く見られた事例である（販売協定、排他的契約、価格協定（再販価格指定）に関する）。

(4) **取引後行者の取引侵害**──独禁法の「不公正な取引方法」規制（とくに、一般指定15項）ともリンクしており、取引の自由（自由な市場）の実質的確保のためにも、重要な類型である。

   Y（先行者）→　───　A　───X（後行者。例えば、並行輸入者）

……並行輸入妨害、間接取引拒絶（指定2項、11項）。
- これに関する一般指定15項は、アメリカ法における不正競争に関する不

---

[87] (3)(4)については、吉田邦彦「不正競争に関する一管見」ジュリスト1088号（1996）〔同・民法解釈と揺れ動く所有論（有斐閣、2000）10章〕。

法行為法理（取引的不法行為）を前提としている。
- わが国では、従来流通系列化が強く見られるから（それゆえに、かつてはあまり、不正競争に関する債権侵害事例が見られなかったとも考えられる）、この取引秩序を動的な（dynamic な）競争秩序にシフトさせていくためには、この類型の不法行為法理が、公取委の行政規制とともに重要であろう。——もっとも、目下この流通系列化は、流動期にある（崩壊しつつあるというより、ヨリ巨大な流通系列化に取って代わられているのではないか）。その意味で、中小の媒介業者の弱体化・消滅という問題とともに、郊外の大規模店舗・チェーン店による市街地の空洞化・ゴーストタウン化という、「街づくり問題」とも関わっている。

(5) **労働争議事例** → 労働法

＊これについては、イギリス法では、実にたくさんの事例が蓄積されており、債権侵害（契約侵害）が、労働争議ないし同情スト（二次的争議行為）を弾圧する使用者側の法理として使われたこと、そして、同国では、既に20世紀初頭から、労働者の争議権の保護のために、保護立法が積み重ねられていることに注意が必要である。——わが国では、労組法8条で、イギリス法の保護立法が継受されて、免責規定がおかれた（しかし、その前提の債権侵害法理は、民法のほうでは未成熟という奇妙な状況であった）。

(6) **責任財産侵害事例**（金銭債権侵害事例）——民424条とのバランスが問題になるし、ここでは、金銭債権の特性として、債権者平等（債権競合の許容）の考慮から、不法行為要件は絞られることになる。

Q Ⅳ−22 「債権侵害の不法行為」に関する制限的見解（従来の伝統的通説など）が説く論拠をできるだけ多く論じて、その各々について、批判をしてみなさい。

Q Ⅳ−23 不動産の二重譲渡事例において、第二の買主が悪意で先に登記を経由した場合の第一買主の救済方法としてはどのようなものが考えられるか（債権総論の勉強が終わった後に、復習してみること）。

> Q Ⅳ-24　不正競争に関わる債権侵害（契約侵害）は、従来（そして近年）そのような具体的場面で問題とされてきたか。諸外国の状況も踏まえて論じ、さらに独禁法的に分析をしなさい。
>
> Q Ⅳ-25　いわゆる「企業損害」の問題には、どのような法的処理をしたらよいのであろうか。判例・学説の状況について論じなさい。
>
> Q Ⅳ-26　債権侵害的な融資者責任（レンダー・ライアビリティー）は認められるかについて、検討しなさい。

4-5-2　その他の営業侵害（不正競争）

　債権侵害よりも、不法行為の要件は絞られてくる。——競争減殺とか、不当需要喚起とかいう要件が求められ、独禁法、不正競争防止法で、個別に関連規定があるし、さらに、商標法も、不正競争の不法行為の一分野であるが、現代的に相当量の議論が蓄積されている。

　事例としては、大学湯事件（大判大正14.11.28民集4巻670頁前掲）もこの事例。また、最近、地元のパチンコ業者が、新規参入のパチンコ業者の進出阻止のために、風俗営業に関する規制（風営法）を使って、児童遊園用地を社会福祉法人に寄付する行為は、営業侵害の不法行為になるとする判決例が出された（最判平成19.3.20判時1968号124頁〔稚内の事例。許される自由競争の範囲を逸脱して、営業の自由を侵害する違法な不法行為だとして、破棄差戻し〕）。……一般的には、この判示は、支持されているのかも知れないが、注意を要する。債権侵害の類型的考察(3)(4)で示したように、侵害態様には、先行者によるものと、後行者によるものと両様あり、本件でも両側面が併存していると考えられるからである（進出するパチンコ屋が、大手企業で、その進出・新規参入を認めると、従来の稚内の地元パチンコ企業が、大損害を被るとするならば、「営業侵害」は、双方向的に生ずるのであり、その調整は容易ではないことにも気付かれるべきであろう）（吉田）。——(3)の後行者による侵害の場面にわれわれが鈍感なのは、欧米では、伝統的なこの侵害類型をわれわれが経験してこなかったことによるのであろうか。この問題は、日本の多くの地方都市などで進行している郊外型大手スーパーの進出による伝統的商店街の空洞化の問題とも関係している。

第1部　不法行為法

詳細は、不正競争防止法、商標法の講義に譲るが、ここで言及した街の空洞化とのすり合わせ作業は、未だどの分野でもきちんと詰められていない喫緊の課題である。

> Ⅳ－27　地方都市の中心市街地の空洞化、それによる居住福祉環境の悪化と自由競争政策との関係を検討してみなさい。

4－6　（その6）性関係に関する不法行為（関係的不法行為その2）
4－6－1　婚姻侵害　→　詳しくは、家族法（親族法）参照。
不法行為により、家族関係は保護されるのかという問題であり、家族倫理観、婚姻道徳観が、この種の不法行為論には、反映する。

　　　　♀（原告）＝♂──♀（被告）　　Cf.　♂（原告）＝♀──♂（被告）
　　　　（X）　　　（A）　　（Y）

かつては、夫が不法行為責任を追及する場合が多かったが、近年は、妻からの請求という類型にシフトしているとされる（瀬川・前掲論文）。

① 戦前は、男女不平等。──妻の姦通のみ犯罪とされ、民事上も、夫の貞操義務違反はあまり問題とされなかった（Cf. 大決大正15. 7. 20刑集5巻318頁（男子貞操義務判決──これは、夫の名誉毀損補償的機能を持った））。
② 戦後になり、（多数説）は、妻も（夫も）、第三者に慰謝料賠償請求ができることを強調した（中川（善）・判評52号ほか）。
　　（判例）は、これに沿っている（最判昭和54. 3. 30民集33巻2号303頁【94】（4版）（妻からの請求を肯定し、子どもからの請求を否定する。──監護を阻止する等特段の事情があれば別だとする）。Cf. 最判平成8. 3. 26民集50巻4号993頁（不貞（不倫）時に、婚姻関係がすでに破綻していれば、不法行為責任を負わないとする））。
③ しかし、近時は、この法理に批判的見解が有力となっている（水野解説参照。加藤（一）の改説（家族法判百（第3版）(1980)）あたりから）。──家族法においては、「個人の自由意思」を最優先させるべきだということなら

第4章　現代的不法行為の諸場合の類型的検討

ば、（不倫による）家庭の崩壊について、不法行為法は容喙すべきではないこととなる（水野ほか。潮見64頁も）。

(N. B.)
1．筋としては、婚姻当事者間で問題処理すべきだということになろうが、従来の離婚給付の不十分さを補充する機能を、この不法行為は営んだとも推測される。とくに、この観点からは、子の救済の必要性があり、54年判決は、逆の判断が示されていて、疑問を投じうる（沢井143頁参照）。

2．しかし、親子または夫婦間の扶養の補充を「不法行為法理」によって行うのは、必ずしも本来的機能ではなく、実際にもそのような機能はあまりないとも指摘される（また、54年判決の事案でも、かなりの給付をもらっているようである）。

3．それでは、どのような論理から、近時の有力説のようにここでの不法行為責任を否定したらいいのであろうか。

(吉田) 結論的に消極説でもいいが、理屈付けが異なる。すなわち、——
(1) 当事者の「自由意思」は、家族法の理念としては尊重すべきであろうが、必ずしも現実を反映しているわけではないことにも留意が必要である（＊わが家族法論者は、「自由意志」「自己決定」を、ともすると非現実的なまでに強調する嫌いがある）。
(2) むしろ、フェミニズム（ジェンダー）の視点から、A男—Y女の権力関係（抑圧・服従的関係）の背景事情に注意して、Yの侵害態様に注目して、Yが女性の場合に、誘引のイニシアティブは、Aにあることが多く、Yには、通例「不法行為性」（判例のタームだと「違法性」）が否定されると解する（Cf. 民708条〔不法原因給付〕但し書きにおける不法性の比較）。——なお、逆の場合、「美人局（つつもたせ）」〔妻（A）が夫（X）と示し合わせて、不倫をして、言いがかりとして、男（Y）を脅す〕的場合であっても、X、Aの共同帰責性があるから、Yとの関係でAのほうに、イニシアティブがあって、やはりY（男）の不法行為性は、否定されることになる。
(3) このような解釈は、平成8年判決のような、「被侵害利益」の観点からの免責法理とも両立する。

第1部 不法行為法

(4) また、過失を問責しないという意味では、——家族法上の行動の自由への配慮ゆえに——ここでも要件は絞られて、故意不法行為ということになる。

> **Q Ⅳ－28** 婚姻侵害の不法行為〔第三者による婚姻破綻の誘致〕の判断枠組みをどう考えたらよいか。また、近時の有力な学説が説く「自由意思・自由恋愛」論の当否をも批判的に論じなさい（Q Ⅳ－29と同様に、フェミニズム理論にも留意すること）。

4－6－2 セクハラ問題[88]

近年は、①職場における使用関係、上司・部下の関係、あるいは、②大学における教授と院生という関係、③政治家と秘書との関係などを利用・濫用して、男性が女性に性関係を強要したり、性的嫌がらせをする（体を触ったり、性的に粗暴な言辞を吐いたりする）ことにつき、女性の性的自由を侵害し、セクハラの不法行為とする下級審裁判例が続出している。——①の例として、静岡地裁沼津支部判平成2.12.20判タ745号238頁（ホテル勤務）、大阪地判平成8.4.26判時1589号92頁（勤務先会長から、デートへの誘い）、神戸地判平成9.7.29判時1637号85頁（国立病院）、津地判平成9.11.5判時1648号125頁（上司看護士の看護婦に対するセクハラ。病院経営者の職場環境配慮義務違反も肯定される）、東京地判平成11.10.27判時1706号146頁（銀行支店長のセクハラ。300万円の賠償）。②の例として、仙台地判平成11.5.24判時1705号135頁（東北大学ケース。性的冗談、執拗な電話、肉体関係。論文指導上の報復。750万円の慰謝料肯定）——②類型では、高額傾向がある。Cf. 通常は、100万～300万円。③の例として、東京地判平成9.12.24判時1640号138頁、大阪地判平成11.12.13判時1735号96頁（1,100万円の賠償肯定で、過去最高額である。そのうち、慰謝料は1,000万で、根拠は、名誉毀損とセクハラで、後者については200万円

---

[88] 林弘子「アメリカにおけるセクシャル・ハラスメント法理の再検討」日本労働法学会94号（1999）、中窪裕也「アメリカにおけるセクシャル・ハラスメント法理の新展開」ジュリスト1147号（1998）、水谷英夫・セクシャル・ハラスメントの実態と法理（信山社、2001）のほかに、和田美江「セクシャル・ハラスメントの不法行為評価(1)(2・完)」北大法学53巻5号、6号（2003）。

が認められている）がある。

- 立法的にも、男女雇用機会均等法が改正され（平成9（1997）年法律92号、同11（1999）年4月施行）（21条）、職場における性的言動に関わる問題についての雇用管理上の配慮が規定される。また、人事院規則10－10（公務労働職員のセクハラ行為禁止義務）も参照。

（検 討）

1．このような問題の分析に当たっては、「自由意思論」「恋愛自由論」は、ここでもセクハラ不法行為評価につき、消極的に作用することに注意を要する。──セクハラをした男性側〔Y側〕が、抗弁として主張することが多い。Cf. 諸外国（例えば、フランス）では、女性側のイニシアティブのセクハラもあるようだが、わが国では、まだそこまで行っていない（過般の判事妻のストーカー的な電話がその例か）。……こうなると、なかなか後述の「権力関係」の認定は難しくなる。

2．（吉田）のアプローチの仕方としては、当事者の社会的関係に即した「権力関係」──支配服従関係──に留意して、故意不法行為たるセクシュアル・ハラスメントを、敏感に認定していく必要があると考える。──この背後には、フェミニズム理論が控えており、フーコー的な権力関係分析的なフェミニズムに影響を受けているわけである。

＊フェミニズム理論のタイプ──わが国では、いまだに十分つめられていないが、単一ではない。大別して、(i) 男性中心的フェミニズム（androcentric feminism）、(ii) 女性中心的フェミニズム（gynocentric feminism）、(iii) 権力分析的フェミニズムに三分できよう[89]。

→こうした分類によるならば、例えば、セクハラ提訴は、女性の甘えであり、その場で騒ぎ、平手打ちなどして、自力で解決すべきだというコメント（曽野綾子、上坂冬子両氏の横山ノック問責決議に関するもの）は、(iii) に対する理解がなく、(i) のタイプであろうと思われる。また、水野解説

---

[89] これについては、吉田邦彦・民法解釈と揺れ動く所有論（有斐閣、2000）366頁以下参照。

（【94】）も、あまりフェミニズム理論の知見は窺えないが、(i)なのであろう（それにしても、自身の立場だけが「リトマス試験紙」をパスする望ましいもので、他の立場は危険だというような論の進め方は、いかがなものかと思う。法律家は、絶えず、多元的に——謙虚に——考えていかなければいけないからである）。

3．セクハラの分類として、「対価型」（quid pro quo としての経済的不利益がある場合）と「環境型」（雇用環境（condition of work）の阻害）があるとされたりする（さらにそれを超えるものとして、「性差別的行動」（gender harassment）がある）。また、当事者のみならず、管理者の使用者責任が問われることも時々ある。——前段の分類は、マッキノン（Catherine MacKinnon）によるものであり、当初 1964 年公民権法第 7 編の適用が、前者のみにあったことに由来しているが、今日では、これを分ける実益はあまりない（林論文、水谷著 88 - 89 頁注（30）、90 頁注（40）参照。また、同書 61 頁では、1980 年雇用機会均等委員会（Equal Employment Opportunity Commission [EEOC]）による「環境型」セクハラへの拡充があったわけで、これが、わが国の 1997 年の機会均等法改正 21 条に影響していることが述べられる）。

4．因みに、アメリカ法で、注目すべきこととして（水谷・前掲書 66 - 70 頁参照）、第 1 に、懲罰的損害賠償の採用により、事件数が増加したこと（1991 年公民権法 7 編改正による）、第 2 に、企業の厳格責任の採用である（1998 年判決により、EEOC ガイドライン〔代理人のセクハラについての使用者の厳格責任を定める〕が一般化されて、両類型を問わず適用され、これが新ガイドライン（1999 年 6 月）になっている）（これらについては、中窪論文参照）。

5．密室内の不法行為[90]——例えば、いじめ、懲戒、家族内部の battered women, child abuse, marital rape——は、わが国ではいまだ十分に掘り起こされていない分野である。——平成 13（2001）年には、「配偶者からの暴力の防止及び被害者の保護に関する法律」が議員立法として成立した（保護

---

[90] これについては、小島妙子・ドメスティック・バイオレンスの法——アメリカ法と日本法の挑戦（信山社、2002）が詳しい。See also, Elizabeth Schneider, Battered Women & Feminist Lawmaking（Yale U.P., 2000）。

命令制度の創設（10条以下）、相談支援センター創設（3～5条））ものの、まだ不法行為法のこの領域の状況は貧しい（夫婦間の損害賠償請求は、従来離婚慰謝料の場合に限られてきたし、いわゆる「妻も他人」判決（最判昭和47.5.30民集26巻4号898頁）では、「（夫婦間の）の損害賠償請求権の行使が、夫婦間の生活共同体を破綻する場合には、権利の濫用として許されない」などとしていた。なお、大阪高判平成12.3.8判時1744号91頁は、離婚慰謝料の事例であるが、夫の暴行に関する損害賠償に関して、原審の賠償額を高めていて、注目される)[91]。——小島弁護士が、「法は家庭に入らず」「夫婦間の紛争は、夫婦間の自律に委ねる」（これは、前述フェミニズム類型では、(i)の部類であり、家族法に不法行為を持ちこむことを否定する家族法学者の議論に通ずることに注意せよ！）という理由から、夫婦間の損害賠償を否定するのは、DVの実態ないし前記DV法の制定に鑑みて、支持されるものではないとされる[92]ことには、（吉田）も全面的に賛成である。

Q Ⅳ－29
(1) いわゆるセクハラの不法行為が問題となる具体的場面に即しつつ、「対価型」「環境型」セクハラのそれぞれについて、説明しなさい。
(2) セクハラ問題の分析と各種フェミニズム理論との関係について、論じなさい。
(3) さらに、その分析の相違は、DV問題へのアプローチにもどのように影響するかを考察しなさい。

4－7 （その7）言論・表現に関する不法行為——名誉毀損（民723条）・プライバシー侵害

・「表現の自由」への配慮から、免責事由が広く認められているために（後述する）、この部類の不法行為は、原則的に故意不法行為（意図的不法行為）と見うる。近年裁判例が、増加して注目されている類型である。

---

[91] 判例の状況については、藤岡康宏「配偶者間の不法行為」現代家族法大系2（有斐閣、1980）、小島・前掲書342頁以下参照。
[92] 小島・前掲書346-347頁。

第1部　不法行為法

- 人格的利益に関する不法行為の中心。——被害者の人権感覚、アイデンティティ、プライド、自己意識（自己認識）、差別感覚が変わると、この「不法行為」のあり方も変化してくる。——次述（4-8）の「民族間の不法行為」とも関係する。しばしば、「意識変革（consciousness raising）」がなされるまでに、長期間が経過していることがある。

  (ex.) アイヌ人格権訴訟（札幌地判平成 14.6.27 未公表——梅毒記述問題）、従軍慰安婦訴訟（例えば、東京高判平成 12.11.30 判時 1741 号 40 頁〔1 審は、旧行政裁判法 16 条により、「国家無答責」としたが、控訴審は、民 715 条 2 項の監督者責任の余地を認めつつ、民 724 条の除斥期間で消滅したとする〕）。——謝罪請求もなされることが多い。

＊人格権不法行為と人権感覚

　　金融取引法などでは、細かな経済的利益考量に関わるのに対して、不法行為法では、政策問題にもかかわることが多く、とくに人格権に関する場合には、個人主義の前提をなす、人格的利益に関するから、解釈者の人権感覚や差別問題に対する敏感さなどが問われることも多い（すでに見た、フェミニズムの問題もそうである）。とくにわが国では、同質主義的な社会編成原理が濃厚であるので、その反面このような人権感覚はウィークポイントであり、それに関わる 21 世紀の司法の役割は大きいといえるであろう。

- 人格権は、財産権中心の「近代市民法」に対するアンチテーゼ的な意味を持つとして、かねて注目されているところである（西原博士[93]）。
- この種の紛争の特質——①価値紛争。②慰謝料ないし謝罪という効果が注目される。③個人主義の前提をなす人間の尊厳に関わる（同質主義的な性格が強い日本社会においては、多文化主義的に「異なる他者」への配慮の弱さは、大きな弱点である）。④「訴訟」的解決の重要性が残る類型であろう。和解をするにしても、裁判所の勧告の意義が大きい。また、⑤無造作にそれに関わる損害賠償、少なくとも人格権侵害の原状回復的効果でもある

---

[93]　西原道雄「現代損害賠償法と人格権」立命館法学 121 = 124 合併号（1975）637 頁。

謝罪などに時効を適用することへの消極論も出る。

* ＊アメリカでは、「表現の自由」万能ではなく、フェミニズム（女性蔑視的ポルノ）、人種偏見的ヘイトスピーチなどを巡り、規制の方向への動きもある（デリケートな問題であり、いろいろ議論がある）。
* ・情報化社会の今日では、注目されているし、サイバースペースとの関係でも、多くの議論がある。——とくに、個人の利益と表現の自由（憲法21条）との調和の問題がある。
* ・マスコミ報道の見方にも関わる（Cf. プライバシー感覚）。
* ・近時の誹謗中傷の例を見るにつけ、一般市民レベルでの「表現の自由」のモラルは、まだまだ未成熟であると思われる。

QⅣ-30 近年流動的に提起されつつある名誉毀損の具体例をいくつか挙げて、その背後に潜む日本社会の問題状況を論じなさい。

QⅣ-31 名誉毀損に代表される人格的利益に関わる不法行為の特質を指摘し、従来の「近代市民法」との関係で持つ意義を論じなさい。

4-7-1　名誉毀損

民723条の「名誉毀損」＝他者の人格的価値の客観的評価（社会的名誉）を低下させる行為。——これに対して、自身の人格的価値について有する主観的評価（名誉感情）は、含まれないとされる（判例。最判昭和45.12.18民集24巻13号2151頁〔自民党推薦の大阪市長選挙立候補者への委嘱状がX（共産党員）に送付されたという事例〕）。

* ・もっとも、「名誉感情」でも、その侵害につき慰謝料賠償請求はできるとされる（下級審裁判例）。Cf. 名誉回復処分
* ・五十嵐博士[94]は、さらに、民723条の類推により、場合により、原状回復を認めるべきだとする（謝罪広告はともかく、少なくとも取消文の掲載要求

---

(94)　五十嵐清・人格権論（一粒社、1989）14頁、同・人格権法概説（有斐閣、2003）267頁。

第 1 部　不法行為法

　　は考慮に値するとされる）。
　　　（吉田）両者〔社会的名誉と名誉感情〕の区別は、流動的なところがあるのではないか。
・社会的評価の低下は、一般の読者、視聴者の普通の注意と読書（視聴）の仕方を基準とするとされる（判例。最判平成15.10.16民集57巻9号1075頁〔ダイオキシン汚染を巡るテレビ報道に関する〕）。

（問題点）
1．免責事由が、表現の自由（報道の自由、国民の「知る権利」）との関係で、広く認められるのが、本不法行為の特徴である。
　〔1〕　真実性の証明による免責（事実摘示の場合）(95)
　　（判例）は、刑法230条の2なども参酌して、①公共の利害に関する事実に係り、②もっぱら公益を図る目的に出た場合には、③摘示された事実が真実であることが証明されれば、「違法性」がない。——真実であることが示されなくとも、行為者がその事実を真実であると信ずるについての相当の理由があるときには、故意・過失はなく、不法行為は成立しないとする（いわゆる「相当性」理論）（最判昭和41.6.23民集20巻5号1118頁【87】（4版）神田、【マ19】三島、法協84巻5号・加藤（一）〔衆議院議員立候補者（X）に対する「署名狂やら殺人前科」という記事に関する〕）。
・さらに、その後、③について、「主要な部分・重要部分」で真実ならよいとする（最判昭和58.10.20判時1112号44頁）。
　　もっとも、三浦事件（ロス疑惑事件〔妻の殺人疑惑事件〕）に関する最判平成9.9.9民集51巻8号3804頁【85】、同平成14.1.29民集56巻1号185頁（共同通信の配信をそのまま掲載したもの）はともに、真実と信ずる合理性を否定する（なお、平成9年最判の原審では、意見表明の問題として扱っていた）。
　　また、ニュースステーション（1999年）の所沢ダイオキシン訴訟（「ほうれん草をメインとする所沢産の葉っぱもの」のダイオキシン汚染と報道されたが、実は煎茶であることをその後明らかにした事例）（最判平成15.10.16前掲）

---

(95)　三島宗彦「真実の証明と人格権侵害」損害賠償法講座2（日本評論社、1972）。

では、一般の視聴者の注意と視聴の仕方を基準とし、対象（摘示事実）を野菜一般ではなく「葉っぱもの」に絞り込み、重要部分の真実性の証明はなかったとする。Cf. 同事例の下級審では、所沢産白菜からのダイオキシン検出から、重要部分の真実性の証明はあったとしていたし、1審（さいたま地判平成13.5.15判タ1063号277頁）は、付加要件（「人身攻撃に及ぶなど逸脱がない限り」とする）を課して、フェアコメントの法理的であった（後述参照）。……平成15年最判がなぜ分析的に摘示事実を限定するか、よくわからないところがあり、やや疑問がある。廃棄物焼却、土壌汚染はあり、さらに、他の野菜の高濃度汚染はあり、本報道の問題提起的意味はあったのではないか（吉田。結果同旨、紙谷判例批評[96]）。

Cf. 刑法230条の2（昭和22年改正で追加）——上述の立場は、これよりも免責を広く認めている。……言論の自由への配慮から。

（吉田）定式化はやや広すぎないか。適用として絞ったものがあるのは、マスコミへの慎重な情報収集を促す要請もあるからであろう。Cf. 最判昭和47.11.16民集26巻9号1633頁は、「相当の理由」を否定する（捜査当局の正式発表前に、解剖医・刑務官への取材で情報取得して、記事を作成した事例）。さらに、前述平成9年、14年、15年最判など参照。

・（学説）では、誤信の場合の免責につき、慎重な立場をとる見解も有力である（三島教授ら[97]）。
＊英米でも、この場合に減責を認めるにとどまっている。

〔2〕「公正な論評（fair comment）」の法理による免責（意見表明の場合）
　（判例）は、①公共の利害に関し（一般公衆の関心事で）、②公益を図る目

---

(96) 紙谷雅子・民商130巻4＝5合併号868頁では、本件報道は、所沢産のほうれん草などの安全性の信頼を失わせたが、農家の社会的評価を低下させ、名誉毀損が成立するとしてよいかは、疑問であるとする。

(97) 三島解説。神田解説183頁も「なんらかの補償の可能性」を説く。同旨、五十嵐＝田宮・名誉とプライバシー（有斐閣双書、1968）103頁。これに対して、加藤（一）評釈は、「言論の自由との釣り合い」から、41年判決を支持している。この間で、能見評釈・法協91巻5号（1974）は、「公共性」の程度と「真実性」とを相関的に捉えようとする（101頁）。

第1部　不法行為法

的からの論評であり、しかも、③論評が前提とする事実が、主要部分において（後述最判平成9年では、重要部分とする）、真実か、真実と信ずるにつき相当の理由があれば、不法行為は成立しないとする（東京地判昭和47.7.12判時688号79頁〔女子プロレス協会に対する論評。内紛、ワンマンシステムについて〕、東京地決昭和49.5.14判時739号49頁【49重判】五十嵐（サンケイ新聞意見広告事件）〔自民党が共産党を揶揄した意見広告を産経新聞に掲載したもの。仮処分申請を却下。本件名誉毀損行為は、違法性を欠くとする〕、東京地判昭和52.7.13判時857号30頁）。
——そして、昭和49年決定では、X側に、③の立証責任を課する。すなわち、虚偽の事実を前提にすることなどを積極的に主張・立証することを求めるわけである（現実的悪意の法理）。
……〔1〕の場合よりも、ヨリ表現の自由に配慮しているということができ、多く（浦部教授など）はこれを支持している(98)。

　同旨、最判昭和62.4.24民集41巻3号490頁（サンケイ新聞事件）……もっとも、先の立場に対し、①〜③とも、Y側に立証責任があるとして、負担を軽減しているように読める（つまり、相当性理論によっていることになる）（後述の最判昭和61年を引用する）。
　最判平成9.9.9前掲（三浦和義ロス疑惑事件）……ここでは、さらに、④人身攻撃に及ぶなど「その域を逸脱したものでない限り」という形で、「現実的悪意」の過重要件を規定する（その立証は、Y側か）。

Cf. なお、最判平成16.7.15民集58巻5号1615頁（『脱ゴーマニズム宣言』に対する批判に対する小林善範氏の反論（自身の漫画を採録し批判することは、著作権法違反をいい、Xの著作はドロボー本だとし、泥棒の格好をしたXの漫画を描く）が問題になった事例）に対する責任限定的基準の適用にはやや問題があるか。……最高裁は、「法的見解の表明は、意見・論評の表明の範疇である」として、前記④の要件を満たさないから、Xへの反論としての意見・論評の域を逸脱していないとする（これに対して、原審では、採録の可否は意見・論評の表明ではない（それを問題にすることは論外ということで

---

(98) 浦部法穂・憲法学教室Ⅰ（日本評論社、1999）195-200頁。また、藤岡・民法講座6（有斐閣、1985）400頁も、事前抑制的差止めは、より厳格な要件によるべきだとして支持している。

第 4 章　現代的不法行為の諸場合の類型的検討

あろう）として、損害賠償を一部肯定していた）。

　たしかに、窪田教授も指摘するように[99]、Y の論ずること自体（X による Y の漫画の採録が、ドロボー（著作権侵害）か否か）が、「公共の利益」に関する事実で、目的がもっぱら公益を図ることにあることなのか、疑問を投じることができるだろう（彼の漫画の対象は、慰安婦ないし戦後責任問題で、公共問題だが）。通常ならば、問題にしないことを言い立てているだけではないか。さらには、法的見解の表明の仕方・態様の問題も考慮しなくてよいのかという疑問も出る（吉田）。

　……つまり、〔2〕のプロトタイプとしては、不法行為の認め方は、〔1〕よりも限定的であったが（平井教授もそれに批判的ではないだろう[100]）、近時の最上級審のスタンスは、不法行為認定に積極的で、〔1〕と大差なくなっているごとくだが、ケース・バイ・ケースというべきなのだろうか（前述平成 16 年最判など参照）。

＊アメリカ法における「現実的悪意の法理」
　アメリカでは、公人（public figure）か否かで区別して、前者ならば、「現実的悪意（actual malice）を要求する（後者ならば、「過失」で足りるとしている）（New York Times v. Sullivan, 376 U.S. 254（1964）以来である）。

　日本の判例とは、適用基準が違うわけであるが、松井教授は、アメリカ式に、「表現による対抗（反論）」の可能性ということから、名誉毀損された人の地位に即して考えるべきだとしている[101]。

＊最近の判例の安易なマスコミ報道への批判的スタンス
　なお、最近は、前記③につき（「相当の理由」につき）、やや厳格に解して

---

(99)　窪田充見・平成 16 年度重要判例解説【民法 7】81 頁参照。これに対して、中村也寸志・ジュリスト 1285 号 120 頁では、原審の立場では、法的意見を表明する自由が認められなくなるとしている。
(100)　なおこの点で、佐伯仁志＝道垣内弘人・民法と刑法との対話（有斐閣、2001）307 頁〔道垣内発言〕では、平井 50-51 頁の叙述は、「免責事由」の拡大に批判的だともされたりするが、読み込みすぎで、そんなことはないであろう。
(101)　松井茂記「名誉毀損と表現の自由」新・現代損害賠償法講座 2（日本評論社、1998）110 頁。

第1部　不法行為法

いる傾向があり、例えば、犯罪の嫌疑が社会的に広く知れ渡っていても、そこから直ちに「相当の理由」ありとはできないとし（前掲最判平成9.9.9）、また、一定の通信社からの配信記事の場合でも、事実の信頼性が確立しているわけではなく、直ちに真実と信ずる相当の理由があるとは言えないとしたりして（前掲最判平成14.1.29）、（名誉毀損の不法行為を否定した）原審を、破棄差し戻している。こうした動きに対して、（学説）は概して批判的である（五十嵐博士、浜田教授など[102]）。——ともあれ、報道の自由について、かつてのように憲法21条から正当化するだけではなく、名誉毀損法から、批判的にアプローチしていくという傾向が窺えることには、注目しておきたい。どのような「知る権利」があるかなどその限界論も今後は議論を進めていくべきであろう。

＊インターネットと名誉毀損

近年は、インターネットないしパソコン通信上の名誉毀損も問題となっている（東京地判平成9.5.26判時1610号22頁は、それを削除しなかったプロバイダーの責任も問われる〔もっとも、控訴審東京高判平成13.9.5判タ1088号94頁は、発言の削除義務をやや限定的に解し、本件シスオペの責任も否定した〕）。——反論へのアクセスという見地からは、規制に謙抑的に考えてもよいことになろうが、他方で情報の品質管理責任をどう考えるかも、難しい課題である。

2．効果論——救済方法

(1)　慰謝料（民710条）……これが低額だとの主張は以前から有力である（田中＝竹内両教授ら[103]）。

・近時の慰謝料の低さへの不満、その抑止力への期待の背後には、悪質な報道に対するチェック志向の高まりがあろう。かつては、100万円

---

(102)　五十嵐・私判リ17号（平成9年最判の評釈）66頁は、言論の自由への配慮から批判的であるし、浜田純一・新聞研究609号（平成14年最判の評釈）は、配信記事利用に対する萎縮効果、地方紙読者の「知る権利」を害するという点から批判的である。

(103)　田中英夫＝竹内昭夫・法の実現における私人の役割（東京大学出版会、1987）146頁以下、224頁以下、加藤（雅）「名誉・プライバシー侵害の救済論」ジュリスト1038号（1994）61頁（抑止力にならないとする）。

程度が相場であったが、近時は高額のものも登場している（例えば、清原選手の自主トレ取材に関する東京地判平成 13.3.27 判タ 1055 号 29 頁〔1000 万円の慰謝料肯定〕。もっとも、控訴審（東京高判平成 13.12.26 判時 1778 号 73 頁）では高額に過ぎるとして、600 万円に減額する）[104]。

Cf. ・旧民法では、財産的賠償に限定していた。
　　・ドイツ法も、消極的である（§847）。
　　　1958 年人格と名誉の保護に関する参事官草案で、慰謝料肯定。

(2) 名誉回復処分 (民 723 条)

「名誉を回復するに適当なる処分」── 一種の原状回復である。
……名誉保護のためには、「巨額ノ賠償」も完全とはいえないからとされる（民法修正案理由書 722 条の箇所〔624 - 25 頁〕）。
(ex.) 謝罪広告、取消広告、陳謝文の広告など。
・裁判所が、「適当な処分」を判断する。

（論　点）

① 良心の自由（憲法 19 条）との関係

（学説）上は、良心の自由（憲法 19 条）との関連で、違憲になるとの見解が有力である（幾代教授〔同教授は、裁判所名での広告（Y の行為が不法行為になる旨の裁判所の判断の広告）を提案する〕ら）[105]。

・わが国において、「謝罪」のもつ意味の大きさに鑑みて、傾聴に値する見解だが、（判例）実務は、謝罪広告を認めることに定着している（最大判昭和 31.7.4 民集 10 巻 7 号 785 頁以降である）。

＊ドイツでは、言説の取消〔取消広告〕(Widerruf) であるが、類似の議論がある。

---

(104)　近時の高額化については、五十嵐・前掲人格権法概説 253 - 55 頁、また、浜田敬子「名誉の値段が急騰中」アエラ 702 号（2001）など参照。
(105)　幾代通「名誉毀損につき謝罪広告を命ずる一判決」我妻還暦（上）（有斐閣、1957）、同「謝罪広告」損害賠償法講座 2 （日本評論社、1972）260 頁、264 頁。さらに、三島・人格権の保護（有斐閣、1965）286 頁、305 頁。また、四宮 473 頁も、方法として不適切だとし（違憲でなくとも）、平井 104 頁は、論評の場合に、違憲だとする。

第1部　不法行為法

　（吉田）「謝罪」への要請が大きい東洋文化の反映する論点だが、しかし、それを「強いる」ことが許されるのかというのが、ここでの問題である。「沈黙の自由」を強調する（幾代）の考え方は、ある意味で西洋的に個人主義的な、強制への拒否反応という意味合いがあろう。

② 謝罪広告と賠償請求との要件の異同

　（判例）は、名誉棄損事例で、謝罪広告の要件を慰謝料のそれよりも厳しく考えているふしもある。——南京大虐殺の犠牲者の事例につき、その証言者を偽りとする書籍による名誉棄損が問われたものとして、最判平成17.1.20判例集未登載（李秀英さん訴訟。150万円の賠償〔120万の慰謝料と30万の弁護士費用の賠償〕のみ肯定）、同平成20.5.21判例集未登載（夏淑琴さん訴訟。400万円の賠償〔350万の慰謝料と50万の弁護士費用の賠償〕のみ肯定）（いずれにおいても、謝罪広告も請求されていたが、これは、特に必要性が高い場合に限り認められるとしている）参照[106]。

　しかし、集団的不法行為ないし虐殺事例における不法行為の「償い機能」の大きさに鑑みて、（そしてそれとの関連での）謝罪（広告）の効果の意義の大きさ[107]との関係で、無造作にその要件を絞ることには問題があるのではないか（損害賠償と差止めとの関係とは、違った意味合いがあるのである）（吉田）。

③ 反論権（反駁権）の可否——民723条の原状回復処分として、認められるが、さらに進んで、一般的に認められるかという問題。

　・（学説）上は、これを認めると、言論の自由が損なわれる——公共的問題

---

[106]　これらの事件ないし関係者の被害の状況については、さしあたり、本多勝一・南京への道（朝日文庫）（朝日新聞社、1989）197頁以下、笠原十九司・体験者27人が語る南京事件——虐殺の「その時」とその後の人生（高文研、2006）132頁以下、259頁以下、さらに本多勝一ほか・南京大虐殺歴史改竄派の敗北——李秀英名誉棄損裁判から未来へ（教育史料出版会、2003）を参照。

[107]　例えば、中国南京在住の夏淑琴さんは、一番求めていたのは、法廷へ被告が現れてそこで謝罪することであり、被告が現れるまでは、夏さんは、中国に帰らないと述べていた（2008年8月の筆者の夏さんの聞き取り調査による）ことにも、そのことは表れていると思われる（因みに、同事件では、被告は一度も法廷に現れていない）。

につき、民主的で自由な討議を萎縮させ、また、批判的記事の掲載を躊躇させ、憲法の保障する間接的に表現の自由を侵す——という有力説（幾代）がある。→ サンケイ新聞判決（最判昭和62年前掲）〔人格権・条理に基づく反論文の掲載請求権の否定。Cf. 不法行為の成否〕にも影響している。
・しかし、比較法的には、反論権は広く認められる方向にある[108]。

　（吉田）なぜ、反論を認めると、表現の自由が害されるのかが、今ひとつよくわからない。反論・再反論の機会は、もっとあってよいのではないか[109]。幾代博士の立場は、マスコミの表現の自由の過剰保護ではないか。

④ 事前差止めの許否
　（判例）は、肯定する（最大判昭和61.6.11民集40巻4号872頁【Ⅰ3】（北方ジャーナル事件）ジュリスト867号五十嵐、竹田）——(i) 人格権としての名誉権に基づき、侵害行為の差し止めができる（物権と同様、排他性を有する）。(ii) しかし、表現行為に対する事前差止めは、原則として許されない（表現の自由（憲法21条）との調整）。ただ、(a) 表現内容が真実でなく又は専ら公益を図るものでないことが明白であり、かつ、(b) 被害者の重大にして著しく回復困難な損害を被る虞があるときには、例外的に許されるとされる。……通常よりも、（事前）差止めされる場合はかなり絞られる（もっとも、事案の解決としては、当該北方ジャーナルの印刷、製本、頒布の禁止の仮処分（の執行）は認められており、本件は、それに関わる損賠請求を棄却している）。またその後、下級審の本判決の踏襲状況は、そこそこの差止めが認められ、一見するほど厳しいものではなく、悪質の人格権侵害に対しては人格権保護がなされているとされる（五十嵐・前掲人格権法概説278頁参照）。

---

[108]　フランスでは、かねて反論権（droit de réponse）があって、意見についての反論を認めるし（特別法である1881年新聞紙法13条〔1919.9.20年法で改正〕がある。これについては、山口俊夫「反駁権——フランス法を中心として」現代損害賠償法講座2（日本評論社、1972））、ドイツでも、事実の誤りに対しては、反論を認めていて、ヨーロッパにおける主流となりつつある（安次富哲雄「ドイツ法における反論請求権（4・完）」琉大法学36号（1985）。

[109]　和田真一「名誉毀損の特定的救済」新・現代賠償法講座2（日本評論社、1998）139-40頁でも、民法の救済の不十分さを説く。

第1部　不法行為法

(3) 権利主体論

・団体の名誉毀損——無形損害の賠償——も、認められている（判例。最判昭和39.1.28民集18巻1号136頁）。

・死者の名誉毀損

　　（判例）は、遺族（の敬愛追慕の情の侵害）に対する不法行為という構成をとる（例えば、東京地判昭和52.7.19判時857号65頁、東京高判昭和54.3.14高民集32巻1号33頁【マ新22】藤岡（『落日燃ゆ』事件〔主人公元首相広田弘毅のライバル佐分利貞男氏の女性関係の記述〕）。さらにその後も、大阪地判平成元.12.27判時1341号53頁（エイズ・プライバシー訴訟〔わが国初のエイズ患者（昭和62年1月死亡）を『フォーカス』誌が盗み撮りをしたというもの〕）など）。

　　（学説）上は、それに対して、死者に対する不法行為が成立すると構成する有力説（直接保護説）がある（五十嵐博士(110)）。

・これに対して、幾代博士は、（判例）を支持して、遺族がいない場合に、情報の誤謬を司法作用で是正すべきではなく、訴訟外の自由な言論・表現の応酬にゆだねるほうがよいとする(111)。

　　（吉田）しかし、遺族がいないところで、死者の名誉毀損はあまり問題にならないであろう。

・幾代博士の立場は、ここでは実益論的だが、背後に「言論の自由」に対する強い信頼がある（五十嵐博士は、オールド・リベラリストという）(112)。

---

(110)　五十嵐清・ジュリスト653号（1977）55頁以下〔同・前掲人格権論160頁以下（著作者の死亡後もその人格的利益が（権利といえなくも）残り、その侵害につき、遺族・被指定者が著作者の利益代行をすると述べる〔169頁〕）〕。もっとも、同博士は、近時は、判例の立場も支持するとされる（前掲人格権法概説42頁）、折衷説に変わられたというべきか。さらに、斉藤・判評228号147頁。藤岡解説57頁でも、仮に（判例）の立場をとっても、効果面で考慮して、死者固有の名誉毀損が目的の場合には、名誉回復措置に傾くとする。

(111)　幾代通「死者の名誉を毀損する言説と不法行為責任」名大法政論集88号（1981）。

(112)　五十嵐清「幾代通教授と名誉毀損法」幾代追悼・財産法学の新展開（有斐閣、1993）453頁。

第4章　現代的不法行為の諸場合の類型的検討

──反論権のところなどは、ややマスコミを保護しすぎではないかと思う（吉田）。デリケートな問題であるが、アメリカなどでは、従来型の「表現の自由」絶対（absolutist）の「アイデアの市場（market place of ideas）」の考え方から、もう少し、言論の質をチェックして、不法行為被害者をも考慮する方向への揺り戻し（メディアへの警戒）も有力になっているなっているように思われる（前述）。

・他方で、「一般市民」の「表現の自由」「自由な声（voice）」をいかに支援し、確保していくかという検討は必要であろう。

Q Ⅳ-32
(1) 名誉毀損の免責事由に関する判例法理を──事実摘示、意見表明の各々の場合について──述べなさい。
(2) (1)に関連して、「相当性理論」と「現実的悪意（actual malice）の法理」との異同、およびそれと「表現の自由」（憲法21条）との関係について論じなさい。

Q Ⅳ-33　パソコン通信・インターネットを巡る名誉毀損の特色はどのように考えたらよいか。

Q Ⅳ-34
(1) マスコミの表現の自由（報道の自由）に配慮して、名誉毀損の不法行為に謙抑的なスタンスを示す幾代説を具体的に整理しなさい（例えば、(a) 謝罪広告の可否、(b) 反論権の認否、(c) 死者の名誉毀損）。
(2) その上で、現代社会におけるメディア報道のあり方、一般市民の「表現の自由」、人格・プライバシー保護の行方を展望しつつ、それをコメントしなさい。

4-7-2　プライバシー侵害など
(1)　プライバシー侵害

私生活をみだりに公開されない権利（後述「宴のあと」判決）。──アメリカの Warren & Brandeis の論文（1890年）により提唱され、20世紀に承認された

第1部　不法行為法

（その嚆矢的研究は、既に、末延博士のものがある[113]）。戦後本格的に、わが国にも輸入された。

・もっとも、アメリカでは、abortion（妊娠中絶）、contraception（避妊）などを巡り、この権利は、実生活に定着しているが、わが国ではその実態はかなり異なる。日本人は、概して、プライバシーの観念に鈍感ではないか。
・近時は、「自己の情報をコントロールする権利」として捉えるべきだとする説が有力である（堀部ほか[114]）。……国民総背番号制の問題、戸籍公開の問題——同和問題がらみ（これについては家族法参照）、エイズの問題、コンピューター関連の問題など。

（判例）上、確立したのは、①東京地判昭和39.9.28下民集15巻9号2317頁【マ新61】（『宴のあと』事件——三島由紀夫のモデル小説（『宴のあと』）で、元外務大臣有田八郎氏〔昭和34年東京都知事選で、社会党より推薦されて出たが惜敗〕と料亭「般若苑」の女将畔上との関係（接吻、同衾、足蹴にしたこと）が描かれる）——80万円の慰謝料を肯定する。謝罪広告も請求されたが、容れられなかった。

＊プライバシー侵害と謝罪広告

（学説）では、謝罪広告も、認めるものが有力である[115]。

・その後、めぼしいものとして以下の判決例がある。
　②東京高決昭和45.4.13判時587号31頁【マ新63】（「エロス＋虐殺」事件〔大正5年、旅館「日蔭茶屋」における刃傷事件。大杉栄を巡る3人の女性の愛憎の葛藤・破綻の一齣が問題になる。抗告人〔神近市子さん〕が大杉を殺す場面が強調され、打算的言辞を弄し、恋愛の敗北者として描かれる〕）
　　　——求められた映画上映禁止の仮処分は、却下された。
　③最判昭和56.4.14民集35巻3号620頁（弁護士法23条の2による前科及

---

[113]　末延三次「英米法に於ける秘密の保護——いわゆる Right to Privacy について」法協53巻11号、12号（1935）。
[114]　堀部政男・現代のプライバシー（岩波新書）（1980）、同・プライバシーと高度情報化社会（岩波新書）（1988）。
[115]　竹田稔「名誉毀損に基づく訴訟」実務民事訴訟講座10巻（日本評論社、1970）241頁、五十嵐解説、また、五十嵐「人格権侵害と原状回復」札幌法学4巻1＝2合併号（1993）40頁。

び犯罪経歴の照会）——国賠1条の責任肯定。伊藤正己補足意見で、最高裁として初めて、プライバシー権を承認した。

④ 最判平成6.2.8民集48巻2号149頁（『逆転』事件〔昭和39年の米兵死傷事件で、傷害罪で有罪（懲役3年）とされ、昭和41年に仮出獄した者を扱う〕）（第1審は、東京地判昭和62.11.20判時1258号22頁）——ノンフィクションの自由との関係が問われ、慰謝料50万円を認めた第1審を支持する。

⑤ 最判平成14.9.24判時1802号60頁（『石に泳ぐ魚』事件〔在日の人の顔面の大きな腫瘍、その父親の犯罪歴の叙述が問題とされた〕）——原審を支持して、プライバシー、名誉、名誉感情の侵害を認め、130万円の慰謝料（それでも少額だとする）、出版差止めを肯定する。

⑥ 最判平成15.3.14民集57巻3号229頁（週刊文春・長良川リンチ殺人報道事件〔犯行当時18歳のものによる〕）——仮名報道事件による名誉毀損・プライバシー侵害、少年法61条（未成年の同一性を推知させる報道の禁止）違反が問題となり、同条違反を否定し（同条との関係では、面識のない不特定多数の一般人を基準とする）、また、特定のものの推知を肯定し、名誉毀損・プライバシー侵害の余地を認めるが、61条との関係で明らかに社会的利益を擁護する要請が強く優先される特段の事情がある場合に限り違法性阻却されるという構成はとるべきではない（もっと広く違法性阻却される）とする。……やや、少年法61条を骨抜きにする解釈で、この背後には、「少年被疑者に対する消極的見方」、他方で「犯罪報道に対する配慮」があるのか。反面で、「プライバシー感覚・被疑者の人権感覚」が問われる問題であろう（吉田）。

⑦ 最判平成15.9.12民集57巻8号973頁（早大での江沢民中国国家主席講演会に参加申し込みした学生の氏名・住所などのプライバシー情報の保護）——大学が無断で警察に開示するのは、参加申し込み者の事前の承諾を求めることが困難であった特別事情がうかがい知れない事実関係では、プライバシー侵害の不法行為になるとして、破棄差戻し。

・このような、私的生活利益——平穏な社会生活を送る利益——の保護は、とくにわが国においては、もっと強調されてよい。

第1部　不法行為法

＊プライバシー侵害の不法行為の特色——名誉毀損との相違
1．必ずしも、社会的評価の低下を要しない。
2．公表事実が真実であっても、プライバシー侵害は生ずる。
3．差止めも問題となりうる点では同様だが、やはり言論の自由との関連で、高度の違法性ある場合に限られる（ないし比較衡量を行うこととなる）。——これは、効果における唯一の相違点ということになろうが、果たして区別できるのかどうか疑問であるし、モデル小説に対する評価も同列に論じうるかという問題もある（吉田）。……「石に泳ぐ魚」事件に関して言えば、①著名人（public figure）か否かで区別すべきだと言えるし、②プライバシー侵害の方が、名誉棄損以上に、事前救済としての差し止めの必要があるとする見解もあり（滝澤教授(116)）、さらに、③事実報道と「モデル小説」とでは、表現の自由の考慮の仕方が異なり（前者における考慮は分かるが、後者は同列ではないとする）、モデル小説によるプライバシー問題には、積極的に不法行為論を考えてもよいとする見解も現れており（和田評釈(117)）（これに対して、モデル小説表現に好意的なものとして、東京地判平成7．5．19判時1550号49頁〔「名もなき道を」事件〕があり、フィクションについては、原則としてプライバシー侵害はないとする見解も有力である（五十嵐博士)(118)）、差し止めに対して積極的に捉える見方も増えていると言えよう。

・場合によっては、名誉毀損との境界線は、不分明である。……（ex.）高知地判平成4．3．30判時1456号135頁（被差別部落出身であることの事実の指摘が問題とされた）——プライバシー侵害として損賠肯定。Cf. 社会的評価の低下

---

(116)　滝澤孝臣・NBL814号90 - 91頁。また、大塚・2002年度判例セレクト【民法1】15頁は、当該の叙述が公共の利害に関しない以上、差し止めが認められやすくなっても致しかたないとする。これに対して、大石泰彦・平成14年度重要判例解説【憲法4】14頁が、芸術表現の司法的事前抑制の「氾濫」を招くおそれがないか、心許ないとされるのは、従来式の表現の自由重視の見方か。

(117)　和田美江・北大法学論集58巻2号（2007）（平成14年最判の評釈）980頁以下。

(118)　五十嵐清「フィクションによるプライバシーの侵害」（西原古稀）現代民事法学の理論（信山社、2002）259頁以下。

第4章　現代的不法行為の諸場合の類型的検討

(2)　氏名権侵害

　(判例)では、人格権の一内容として、不法行為法上の保護を受けるが、ことさら不正確な呼称をしたか、害意など特段の事情がなければ、「違法性」はないとする(最判昭和 63. 2. 16 民集 42 巻 2 号 27 頁〔韓国人氏名「崔昌華(チェチャンホア)」の日本語読みの事例。——1 円の慰謝料請求がなされたが、請求棄却。これは、昭和 56 (1981) 年の事件であったが、外務省は、同 58 (1983) 年から、相互主義で韓国語読みをすることにした〕)。

(3)　肖像権侵害

著名人の肖像は、経済的価値を持ち、それは、「パブリシティの権利」といわれる。

　(判例)は、財産的権利の侵害として、無断のカレンダー、テレホンカードへの使用につき、損賠・差止めを認めている(例えば、東京地決昭和 53. 10. 2 判タ 372 号 97 頁〔野球選手(王選手)のメダル〕、東京地決昭和 61. 10. 6 判時 1212 号 142 頁〔歌手(おニャン子クラブ)のテレホンカード〕、東京高判平成 3. 9. 26 判時 1400 号 3 頁〔やはり、おニャン子クラブ事件の本案控訴審——侵害差止め及び使用料相当の一人 15 万円の損賠肯定〕、東京地判平成 12. 2. 29 判時 1715 号 76 頁(控訴審東京高判平成 12. 12. 25 判時 1743 号 130 頁)〔サッカー選手(中田英寿選手)の生い立ちの書籍に関する。——いずれも、差止め・損賠の請求棄却〕)。

　(内田 351 頁)も、通常の許諾を得たら、支払われたであろう対価分の損賠だとしている。

(4)　静穏・平穏生活権

例えば、①電話などによる嫌がらせ、非難攻撃からの保護(最判平成元. 12. 21 民集 43 巻 12 号 2252 頁)、②地下鉄における商業宣伝放送の差し止め(最判昭和 63. 12. 20 判時 1302 号 94 頁)〔請求棄却。もっとも、伊藤補足意見のみ、「静謐を乱されない利益」をいう。公共の場では、プライバシー侵害問題は生じないとする〕。また、下級審のものとして、③性関係を巡る執拗なストーカー行為の事例もある(東京地判平成 10. 11. 26 判タ 1040 号 242 頁)。(判例)では、人格的利益の侵害とされる。

　他方で、④信教の自由(静謐な宗教的環境の下で信仰生活を送るべき利益、何

第1部　不法行為法

人かを信仰の対象とし、自己の信仰する宗教により何人かを追慕しその魂の安らぎを求めるなどの宗教的行為をする自由）は、ただちに法的利益と認めることはできないとされた（最大判昭和63.6.1民集42巻5号277頁（山口県自衛隊合祀訴訟）法学教室96号、97号星野。なお本判決には、少数者の思想・信条の保護を強調し、心の静穏を説く伊藤正巳裁判官の反対意見がある）。

なお、佐藤教授は、「情報プライバシー」のほかに、「静謐のプライバシー」「人権的自律のプライバシー」を説いており[119]、本場合は、第二番目のものとなろう。そして、その不法行為性評価としては、個別事情に即した判断が問われようが、「表現の自由」との関係での考量枠組み外のことが多く、名誉毀損とは事情が異なり、また、プライバシー侵害一般よりも保護の必要性もあると思われる（吉田）。

Q Ⅳ - 35　名誉毀損とプライバシー侵害との異同を述べなさい。

Q Ⅳ - 36　プライバシー概念の諸種の現代的展開を具体的に論じなさい（例えば、「情報」「静穏」「人格的自律」のプライバシー）。

---

4 - 8　（その8）人種・民族抗争に関わる不法行為──とくに、強制連行・労働の場合

(1)　概況と本不法行為の特色[120]

1．1990年代になってから、ようやくこの問題への意識が高まる。──民族

---

[119]　佐藤幸治「法における新しい人間像──憲法学の領域からの管見」基本法学1（岩波書店、1983）310 - 11頁。

[120]　吉田邦彦「在日外国人問題と時効法学・戦後補償（6・完）──いわゆる『強制連行・労働』問題の民法的考察」ジュリスト1220号（2002）、同「いわゆる『補償』問題へのアプローチに関する一考察（上）（下）──民族間抗争の不法行為の救済方法（日米比較を中心として）」法律時報76巻1号、2号（2004）〔同・多文化時代と所有・居住福祉・補償問題（有斐閣、2006）6章、8章に所収〕。また、同「戦後補償の民法的諸問題（上）（下）──補償理論及び掘り起こし被害者の視点からの再検討」判時1976号、1977号（2007）、同「日韓補償問題と民法（不法行為法・時効法）(1)〜(3・完)」書斎の窓575 〜 577号（2008）

第4章　現代的不法行為の諸場合の類型的検討

抗争に関わる（主権国家を超える）不法行為は、集団的不法行為であり、その規模・程度も深刻なものであり、近年にいたるまであまり議論されなかったのは、不思議ともいえるが、その理由として以下のことが考えられる。Cf. ミクロ的な家庭内・密室内における不法行為の閑却。

……① 不法行為のサイズが、かくもマクロになると、もはや民法（不法行為法）のテリトリーではないと考えられたふしがある。——しかしそう考えねばならぬ必然性はなく、不法行為責任を問題にしないことのほうが妙である。

② 人種・民族に関わる紛争は、国家間の紛争になることも多く、これは、国家間の規律に関わる国際法の問題とされたりもした。——しかし、国際法の領域でも、その関心のユニットとして、従来のように国家次元から個人次元に、重心が移されるようになり（いわゆる「国際人権法」の領域の形成）、そうなると、国際法は、必然的に民法とオーバーラップしてくることになる。

③ 日本の場合、戦争被害国（アジア隣国）が、従来、開発途上国であったり、軍事独裁政権であったりしたという事情もあって、事実上訴訟提起できる状況ではなく、責任問題を議論できるほど、権利意識も生成されていなかった。——近年は、隣国民の自由度が高まっている。

④ 戦争終結、国交回復の際の条約において、しばしば賠償問題も取りあげられるが（例えば、ドイツの場合）、わが国においては、条約（例えば、1965年日韓条約）では、「経済協力」方式がとられ、それと同時に、賠償請求権を放棄するという方式がとられ、従来は、もはや責任の問題はないとされた（今でも日本政府の見解はこの立場である）。——しかし、(i) 実は「賠償問題・責任問題」には、わが国は向き合ってこなかったし、(ii) 隣国国民（被害者）は、「経済協力」の利益の均霑をあまり受けてこなかった。(iii) さらに、国家間の交渉と市民間の法的問題は、別次元のことという考え方が広まってきた（これは、外務省も認めている）。

2．従って、この種の不法行為は、国際法とも密接に繋がり、戦後責任政策も参照。

に関わるいわゆる「政策志向型訴訟」である。——そのことの帰結として、① (判例) の立場は、必然的に政治的な意味を持つ (裁判官の主観的意識として、それを回避して、消極的司法をしていても、それ自体やはり、政治的判断と見られることは免れない)。② またそれゆえに、判決の象徴的意味・教育的意義も大きい。③ ただ、集団的不法行為であるので、司法による解決には限界があり、どこかで、立法・行政による戦後責任に対する政策的「仕切り直し」が求められるであろう (そのためのインパクトをもたらすものとして、司法判断には、政策的意義が認められる)。

3．長年月を経て、問題が噴出しているので、時効・除斥期間の問題がクローズアップされ、また、因果関係の立証の困難、当事者の変遷、貨幣価値の変化に対してどう考えるかなども問題も浮上する。

4．人種・民族相互の関係改善というマクロ的問題にも関わり、それに向けての不法行為法の救済方法の意義を考え直す必要があろう (吉田論文参照)。——すなわち、民族抗争における復讐・関係悪化モードを転換させ、友好関係モードに変えていくために、「被害者による赦し」というプロセスが重要となり、これが、「人間の条件」ともされる (アレント)。そのためには、加害者による不法行為責任の承認・伝達が必要になる。——そのこととの関連で、救済方法について、以下のことが指摘されるべきであろう。① 通常、不法行為法では、ほとんど「金銭賠償」が問題とされるが、責任の自認・告白という意味で、「謝罪」のほうが、関係改善・被害者の赦しに繋がりやすいともいえる。② 不法行為責任の承認のためにも、歴史的事実をよく知ることが不可欠である (それがないと、被害者が何について怒っているかすらわからないという現象が出てくる。ただでさえ、長年月の経過ゆえに、加害者側は、忘却現象に陥りやすい)。こうしてみると、「歴史教育」の問題も、広い意味での救済方法として、連続的に捉えられることになる (これは、「自虐史観」でもなんでもなくて、「矯正的正義」実現のための不可欠のプロセスである)。

　この点は、不法行為制度の目的論とも関係してきて、従来は、(a) 損賠填補、(b) 抑止、(c) 制裁的機能が語られて、(d)「償い」的機能は、閑却されがちだったが、この類型でまさに前面に出るのは、(d) の側面だといえる。

＊不法行為の目的論（2－2）参照。

5．われわれは、しばしば被害者サイドのみ、強調しがちであるが、加害者サイドの責任問題も忘れてはならず、そのあたりのバランス感覚も肝要であろう。――最近大きく報道されている北朝鮮による拉致問題、さらには、広島・長崎原爆被害、東京大空襲、シベリア抑留などという被害者サイドの責任に目が向けられがちである（それらが、重大な責任問題を孕むことを否定しないが）。しかし、数の上では、比較にならないほどに韓国・朝鮮人が強制連行されたこと（全国で、約 72 万 5,000 人、炭鉱関係で 34 万人余りとされる。もとより、朝鮮人労働者の連行の態様はさまざまであったことはいうまでもないが……〔因みに、中国人の強制連行・労働者は、3 万 9,000 人弱であり、ほとんどの場合に状況は悲惨であった〕）、また「三光作戦」などの中国大陸での蛮行、さらに多くの従軍慰安婦（性奴隷）の問題など加害者側の責任問題は、従来閑却されがちである。

＊アメリカにおける民族抗争に関する「補償（reparation）」問題の議論（日系米人の戦時中の収容問題の補償を皮切りに、アメリカ原住民の問題、さらに最近では、黒人の奴隷制・集団暴行などにつき多くの議論がある）から、いろいろ刺激を受けたが、他方で、ベトナム戦争、イラク戦争による責任問題はなぜかあまり議論になっていないのは、おかしなことと思う。

> Q Ⅳ－37　近年クローズアップされているいわゆる「戦後補償」の問題につき、その議論が遅れた理由、また本不法行為類型の特色をまとめてみなさい。

(2) 民法上の諸論点

・近年数多く提起されるようになったいわゆる「戦後補償」訴訟で、金銭賠償が認められることは例外的ではあるが、以下のものがある（例えば、山口地裁下関支部判平成 10. 4 . 27 判時 1672 号 24 頁〔関釜従軍慰安婦訴訟。一人 30 万円の慰謝料肯定〕、東京地判平成 13. 7 . 12 判タ 1067 号 119 頁〔劉連仁訴訟。慰謝料 2,000 万円の賠償肯定〕、京都地判平成 13. 8 . 23 判時 1772 号 121 頁〔浮島丸事件。被害者本人の

第 1 部　不法行為法

　　包括的慰謝料各 300 万円の賠償肯定〕、福岡地判平成 14.4.26 判時 1809 号 111 頁〔中国人強制連行福岡訴訟〕、東京地判平成 15.9.29 判時 1843 号 90 頁〔日本軍毒ガス兵器放置事件。1 億 9,000 万円もの国賠責任肯定〕）。
・もっとも、上級審になると取り消され、またアメリカでの訴訟の圧力により和解するという状況（例えば、最高裁和解平成 12.7.11（不二越の事例））も変わってきたようで、特に近時の初めての最高裁判決（最判平成 19.4.27 民集 61 巻 3 号 1188 頁〔西松建設事件〕）は、法的責任レベルでは、請求を退けており、その影響力は大きいものと思われる（中国人北海道訴訟の上告審も同様であった（最判平成 20.7.8））。
・しかし、①自然債務としての道義的責任までは否定していない（集団的不法行為性はむしろ認定されている）ことには留意されなければならないだろう。しかも道義的責任は、決して軽いものではなく、補償も含め、関係修復に向けてかなりのことができることにも注意したい（ナチに関してドイツでなされたのは、道義的責任の遂行であると見うるのである）。②また、法的責任否定の根拠も、必ずしも異論のないものではなく、ボールは立法府・行政府に投げかけられていると見ることもできよう。本当は、政府の公式的謝罪・補償（条約の見直し）などが、望ましいが、そのためにも、市民の草の根の動きも小さくないことにも留意しておきたい。③慰安婦問題などにおいては、国際的非難の圧力も大きくなっていることにも注意する必要がある。論点は、以下のとおりである[121]。

1．時効・除斥期間
・（判例）は、民 724 条後段の 20 年の期間制限を除斥期間と解している（最判平成元.12.21 民集 43 巻 12 号 2209 頁、同平成 10.6.12 民集 52 巻 4 号 1087 頁【99】）。
　　——その結果として、形式的・機械的処理につながり、①援用ということがなく、②起算点をずらすということがなく、③また適用制限も言いに

---

[121]　詳しくは、吉田邦彦・前掲論文（1）〜（5）ジュリスト 1214 〜 17 号、1219 号（2001 〜 2002）〔同・前掲書 8 章所収〕、松本克美「消滅時効・除斥期間と権利行使可能性」立命館法学 261 号（1998）〔同・時効と正義（日本評論社、2002）に所収〕。また、遺骨の問題については、吉田邦彦「札幌別院遺骨問題と『戦後補償』論（上）（下）——隣国関係修復のあり方を求めて」法律時報 76 巻 7 号、8 号（2004）〔同・前掲書 8 章所収〕。

くい。
・そのため、戦後補償に関する一部下級審判決例は、「安全配慮義務」構成を持ち出し、10年の消滅時効の成否を問題にしようとする。
・しかし、(学説)では、724条後段についても時効説が多数説化しており、それは沿革的にも論証されることである（吉田・後掲論文（3）参照）。——従って、①時効の起算点につき、事実上の権利行使の障害を考慮して遅らせ（民166条）、②時効の進行停止（松本（克））、③援用権の濫用・信義則違反というかたちで、事態適合的に、不法行為の請求権を簡単に消滅させないような工夫が必要であろう（例えば、起算点を、日本政府が、国内法上の個人請求権を消滅させないことを公式に表明した平成3（1991）年8月から算定するという不二越第1審〔富山地判平成8．7．24判夕941号183頁〕の立場が注目されよう）（吉田）。

2．国家無答責の問題

・不法行為構成をとると、戦後憲法17条を受けて、国家賠償法ができたことの裏返しとして、戦前・戦中は、「国家無答責」の状況であったことが説かれる。
・しかし、①今日比較法的にも国賠責任が問題にされることが多いわが国において、時代錯誤的に当時の法状況を持ち出すことが、公序に反しないかどうかが検討されるべきであろう（国家無答責〔行政裁判所に関する行政裁判法16条〕は、当初のボアソナードの民法草案とも反するものであり、また百年前の当時の比較法的動向にも反するものであったし、わが国でも戦前から、それに批判的な有力説があった〔末弘博士、田中二郎博士（改説前）など〕ことも確認しておきたい）。②さらに、仮に妥当するにしても、強制連行・労働を「非権力的作用」と解して民法を適用することはありうることであろう（強制の要素が低かったというのであればなおのことである。さらに、従軍慰安婦問題については、なおのことであろう）（吉田・前掲論文（4））。

3．条約（日韓条約〔日韓請求権協定〕、日中共同声明）における請求権放棄条項との関係

・近時の裁判例でクローズアップされてきた論点である（最判平成19．4．27前

第 1 部　不法行為法

掲など)。
- しかし、条約締結時に充分に議論されていなかったこと（とくに慰安婦問題などは、1990年代になって明らかになってきたことである）について、先制的に放棄することができるのか、疑問である。——民法的には、免責約款などは、公序に反して無効とするのが、通説であるが、国際法の世界では、こうした無効違法の論理がまかり通ってしまうのか、またそれでよいか、という問題である。
- さらに、日韓条約で放棄されたのは、国家間の賠償問題であり、個人の請求権は別であるとした国会答弁（1991年）[122]はどうなるのか、という問題もある。なお、この点で、平成13（2001）年3月の海老原紳外務省条約局長の解釈変更があったともされる。——国民個人の請求権は、権利自体の消滅ではなく、救済なき権利となるとした。なお当初のサンフランシスコ平和条約14条については、国民の権利自体も失われたとされていた（以上につき、小畑教授[123]）。

4．救済方法

- 人格権侵害の色彩が濃厚であり、「金銭賠償」（とくに訴訟外のそれ）だけで

---

[122] 1991年8月の参議院予算委員会における柳井俊二条約局長（当時）は、答弁として、日韓請求権協定2条3項による請求権放棄は、外交保護権の相互放棄に止まり、国内法上の個人請求権を消滅させないと述べていた。それを基準として時効の起算点を定めた判決もあるくらいなのである（富山地判平成8．7．24判タ941号183頁（不二越事件第1審判決））。また、この答弁に従う判決として、広島高判平成13．3．29判時1759号42頁（関釜元慰安婦訴訟）。

　なお、これに対して、日中共同声明については、日本政府は、同様の解釈をしないが、中国側は、国民個人の賠償請求に国家は干渉しないとしている。そして、この部分放棄の立場を示す下級審裁判例も存在していた（例えば、福岡地判平成15．4．26判タ1098号267頁（中国人強制連行福岡訴訟）。また、被害国が代償措置をとれば、別であり、個人請求権を放棄できるとするものとして、東京地判平成15．4．24判時1822号83頁（山西省元従軍慰安婦訴訟）がある。またこの点で、藤田久一「戦後補償の理論問題」芦田健太郎ほか編・国際人権法と憲法（講座　国際人権法と憲法（講座国際人権法1）（信山社、2006）299頁では、個人請求権を肯定する傾向があるとされていた）。

[123] 小畑郁「請求権放棄条項の解釈の変遷」芦田ほか編・前掲書（2006）361頁以下、365頁以下。

第 4 章　現代的不法行為の諸場合の類型的検討

済まされないという事情もある（例えば、慰安婦に関するアジア女性基金の韓国での失敗を見よ）。また、金銭賠償においても、慰謝料が大きな意味を持つこと、その場合、包括慰謝料が有用であろう。
・すでに見たように、「謝罪」（民 723 条参照）の独自の意義を考える必要があろう。
・また、遺骨の返還なども、依然として手付かずの問題であるが、司法ではなかなか行いにくいという事情がある（浮島丸事件における祐天寺遺骨の返還は、特定できないという理由から、棄却されている）。このあたりには、むしろ「草の根」の掘り起こし運動の帰趨が注目されよう。

5．長年月の経過が与えるその他の影響（救済の部分性）――道徳的補償レベルの意義

・すでに、前述したように、当事者の確定の難しさ、因果関係の認定の困難などあり、仮に、既述の論点をパスしたとしても、救済された関係者は「氷山の一角」であることを認識しておかなければいけない。
・法的救済が部分的ならば、その意味でも、補償のプロセスには、道徳的責任論のレベルが出る（例えば、ナチの問題への補償も、道徳的責任の履行として多くのことがなされたことに留意する必要がある）。――もっとも、法的責任を軽視するという意味ではなくて、両者を連携させて、相補的補完関係をなすものとして見るわけである（吉田）（この点で、大沼教授は、道義的責任を重視する反面で、やや両者を分離して考えられている嫌いがある[124]）。

6．関連問題（その 1）――在外被爆者問題

・在外被爆者の問題は、戦後補償の一特殊類型として存在し、在韓被爆者だけでも 2 万 3000 人くらいいたとされ、被爆後 30 年余りは放置され、目下 2300 人ほどになり、ここにきて、ようやく（判例）は、(在外) 被爆者援護行政の核心部分を動かす立場を示すに至っている。――すなわち、元来（立法者意思としても）、被爆者援護の要件として、「日本における居住」がもとめられたが、(1) 一時滞在者でも被爆者健康手帳を交付してもよいと

---

[124] 大沼保昭・「慰安婦」問題とは何だったのか（中公新書）（中央公論社、2007）157 頁以下、168 頁以下参照。

第1部　不法行為法

され（最判昭和53.3.30民集32巻4号435頁（孫振斗(ソンジンドゥ)訴訟））、(2)帰国により、健康管理手当を打ち切る「通達402号」（昭和49年発出。平成15年廃止）による手当支給失権処分の取消が認容され（大阪高判平成14.12.5判タ1111号194頁（郭貴勲(カクキフン)訴訟））、そして(3)同通達による未払い手当支払い請求（遡及請求）については、短期消滅時効（地方自治法236条）の適用は、排除されるとし（最判平成19.2.6民集61巻1号122頁（在ブラジル被爆者訴訟））、さらに、(4)支給を巡る損害賠償訴訟について、手当支給中止、手当未申請の区別をせずに、一律の慰謝料賠償を認めている（最判平成19.11.1民集61巻8号2733頁）のである。
・最後の事例などは、強制連行事例でもあり、「なぜ被爆者問題については、保護が拡充され、それ以外は、同列に扱われないか」「時効の排除などは、ここで肯定するならば、他の場合も同様ではないか」など、整合性の検討、保護の他の類型への拡充などは、今後の課題であろう。

7．関連問題（その2）――未払い賃金問題
・強制労働時の賃金は未支払いになっていることも多い。――供託がされていても、民495条3項の債権者への通知義務は、1950年2月28日政令22号により、外国人に対する特例ができて、彼らについてはなぜか免除されたが、その合理的理由はない。
・最近になって、未払い金が明らかになりつつあるが、こうしたものの返還に際しては、金融法一般の名目主義ではなく、経済的不法行為として、原状回復の要請から、増額評価が求められよう。

8．関連問題（その3）――土地問題
・強制連行の顛末問題として、労働者（及びその子孫）の土地利用関係不明朗で、形式的には、「不法占拠」とされることがあり、戦後60年を経ても、立ち退きを迫られるという深刻な居住問題が生じている（例えば、京都のウトロ問題）。――これについては、背後には、補償問題も含まれていることを意識しつつ、「取得時効」制度を再検討しなおす必要があろう。
・さらに、アイヌ民族の土地問題（共有財産問題）も、背後には原住民族の（土地）侵略による補償問題が控えており、アイヌ文化振興法附則3条による代価名目額の返還では、責任が果たされたとはおよそいえないことに

も注意を喚起しておきたい。

QⅣ-38 いわゆる「強制連行・労働」に関わる不法行為訴訟には、どのような民法的問題があるか、列挙してみなさい。

QⅣ-39 集団的不法行為の解決としての補償理論と関係修復のメカニズムを述べなさい。また、そこにおける不法行為の機能として、どのような側面がクローズアップされるかを考察しなさい。

---

* 「人種差別に関する不法行為」の増加と若干の考察

わが国の多文化主義化（多人種社会化）の進行（外国人労働者の増加など）とともに、「人種差別に関する不法行為」の議論が近時増えている。集団的不法行為ではないが、① 人種に関わる不法行為であり、また② 人格権侵害の事例という点、さらに③ 国際法との交錯が問題になる点でも、共通するところがあるので、ここで併せて扱っておく（なお効果として慰謝料賠償（時に少額）にとどまるのも特徴である）。

事例[125]——例えば、(1) 居住差別（大阪地判平成5.6.18判時1468号122頁〔賃貸マンションにつき、借主が外国人（在日）であることによる入居拒否。契約準備段階における信義則上の損害賠償肯定（26万余円）〕、さいたま地判平成15.1.14判例集未登載〔賃貸住宅を探すインド人に仲介業者が執拗に皮膚の色を聞いた事例。人格的利益の毀損が甚だしいとして、慰謝料40万円と弁護士費用の賠償肯定〕、大阪地判平成19.12.18判時2000号79頁〔在日であることによる賃貸拒否事例で、前訴（家主への不法行為訴訟）で100万円支払いの和解が成立し、本件は、人種差別禁止条例を大阪府が定めないことに関する国賠訴訟。憲法14条、人種差別撤廃条約から具体的立法義務は導かれないとする〕）、(2) 入店拒否（静岡地浜松支判平成11.10.12判時1718号107頁〔ブラジル人に対す

---

[125] これについては、村上正直・人種差別撤廃条約と日本（日本評論社、2005）184頁以下、また、東澤靖「人種差別損害賠償請求訴訟の到達点と課題」自由と正義54巻10号（2003）、「（特集）人種差別撤廃条約」国際人権14号（2003）（特に村上論文）、「（特集）人種差別撤廃のために何をすべきか」自由と正義57巻7号（2006）（とくに湯原裕子「人種差別損害賠償請求訴訟の動向」同号20頁以下）など参照。

第1部　不法行為法

る宝石店への入店拒否。被害者の名誉を著しく傷つけるとして、請求通り150万円の賠償肯定。人種差別撤廃条約にも言及する〕）、(3) 入浴拒否（札幌地判平成14.11.11判時1806号84頁、（控訴審）札幌高判平成16.9.16判例集未登載、（上告審）最判平成17.4.7判例集未登載〔公衆浴場への外国人の入場拒否。憲法14条、国際人権規約（自由権規約）、人種差別撤廃条約は直接適用されないが、民法1条、90条、不法行為規定により、それらの規定は基準となり、本件では不法行為になるとする（100万の慰謝料肯定）〕）などが、近時議論が多い類型である。

　そしてかねて議論が多いのは、(4) ゴルフクラブへの外国人の入会の制限（外国人への名義書換請求の拒否の不法行為性）の事例であり（責任の判断は分かれる）（東京地判昭和56.9.9判時1043号74頁〔閉鎖的社交団体性から、憲法14条も直接適用されないとし、不法行為否定〕、東京地判平成7.3.23判時1531号53頁〔私的な任意団体の運営には裁量があり、憲法14条は直接適用されないが、個人の基本的自由・平等が侵害され、その侵害態様・程度が社会的許容しうる限界を超えるときには、不法行為になるとする（慰謝料30万円肯定）〕、東京高判平成14.1.23判時1773号34頁〔外国人会員の賭けゴルフの問題に対処するための入会制限する理事会決議は、公序良俗に反せず、不法行為にならないとする〕）、さらに(5) 銀行による外国人への住宅ローンの拒絶事例も問題とされている（責任否定）（東京地判平成13.11.12判時1789号96頁、（控訴審）東京高判平成14.8.29金商1155号20頁）。

　コメント——これらの裁判例は、外国人に対する①「社会的便益の拒否（アクセス否定）」というタイプの事例であり、「外国人差別（人種差別）」の最も端的な事例だが、氷山の一角であることにも留意が必要だろう。

　すなわち、それ以外にも、②「賃金格差」（低賃金労働）（労働基準法、最低賃金法で問題にならない格差問題としての差別は、なかなか問題としにくいが、近時は、外国人研修制度を使うなどの低賃金の外国人労働者が増えていることも逸してはなるまい(126)）や③「人種的居住隔離」（排他的居住空間の形成。とくにアメリ

---

(126)　外国人研修生制度などによる低賃金外国人労働者のの実情を概説すれば、まず、(a)「外国人研修生・技術実習生制度」とは、途上国の人が最長3年間技術を学ぶ制度で、1年目の「研修生」には、労働法規が適用にならず、2～3年目の「技術実習生」には、企業と雇用契約を結び、労働法規が適用される。
　1990年代前半には、研修生は、4万人程度だったが、最近（2000年代半ば）には、15万人強になっている（そのうち3万人ほどが技術実習生）。本来は、技術

第4章　現代的不法行為の諸場合の類型的検討

カなどでは、この問題はかねて深刻である）などは、ヨリ構造的な広範な問題であるが、不法行為法上メスは入りにくく、さらに、④「性風俗産業（売春）への外国人労働者の流入」なども、慰安婦問題の延長線上の問題であるが、その違法性は、理屈の上では論じ得ても、事実上の差別撤廃の実現は、難しいところがある。

　これとの関連で、国際的な「人種差別撤廃条約」（1965年12月に国連で採択。わが国では、1996年に発効）が、こうした民法状況でいかなる意義を有するかについても今後とも検討されなければいけないであろう。

　そしてさしあたり考えられることとして、第1に、民法の規定を経由させる間接適用の枠組みを採るにしても、不法行為評価を厳格にする点（裁判例の中には、同条約の直接適用を説くものもある）をまず指摘することができよう。

　また第2に、民法解釈学に構造的・抜本的批判を迫ることもありえよう。すなわち、同条約（さらには、国際人権規約、先住民族の権利宣言）などの国際法（それを受けた国際人権委員会、人種差別撤廃委員会などからの警告）は、しばしば通常の民法解釈論では解決の糸口がなく、しかし重大な国際人権問題だとし

移転の国際貢献の趣旨から始まった制度であるが、近時は低賃金労働（例えば、時給300円）を強いる受け皿ともなっており、中小企業を支えることになっており、制度の悪用が議論されている。そしてさらに、(b)ラテン・アメリカ諸国（ブラジル、ペルーなど）からの日系人の就労自由化（1989年の入国管理法改正による日本人移民の子・孫が取得できる就労制限のない在留資格の取得）から、35万人程度のそうした外国人が、自動車産業の下請け・孫請けなどを支えており、また(c)インドネシア、フィリピンとの経済連携協定（EPA）（Economic Partnership Agreement）（自由貿易協定（FTA）は、関税などの障壁除去にとどまるのに対し、経済取引の円滑化、経済制度調和、サービス・投資・電子商取引などの経済連携強化、協力促進を図るもの）により、外国人の介護労働力の受け入れが議論されている。

　これらについては、例えば、朝日新聞2007年6月17日4面（耕論「外国人研修生受け入れ」）、同2008年2月11日3面（「介護に外国人労働力　課題は」）、同2008年3月21日3面（「『最低限』求める外国人」）、同2008年5月21日3面（「外国人単純労働者受け入れ論加速」）などの記事、また、井口泰・外国人労働者時代（ちくま新書）（筑摩書房、2001）、外国人研修生問題ネットワーク編・外国人研修生時給300円の労働者——壊れる人権と労働基準（明石書店、2006）など参照。

て、「伝家の宝刀」ないし「窮余の一策」として説かれるために、従来の民法学では手薄な差別問題が突きつけられるのである（例えば、京都ウトロの在日集落の強制立ち退き問題（そこにおける「不法占拠」「他主占有」「時効と登記」などの法理の形式的適用、アイヌ民族への共有財産返還手続き（名目主義法理の無反省な適用。所有権征服、補償問題への配慮のなさ）などがそうであろう）。

　さらに第3に、民法（不法行為法）による個別的救済では限界があることに鑑み、司法的救済を超える立法的・行政的措置を促すという点も重要であろう。またさらに、差別問題は、諸種の団体、結社などの内部規範による、いわば「私的秩序（private ordering）」たる内部規律の所産として生まれているところが多い（その典型は、身分法秩序）。そうした場合には、（民法）訴訟になることは少なく（例外的に、婚約破棄が人種差別的になされて、不法行為訴訟となったものとして、大阪地判昭和58.3.8判タ494号167頁がある）、人権意識の刷新による内部的変革が必要であることが多い。それに対しても、条約や国際規約、さらにそのさらなる司法以外の場における具体化は、教育的・啓蒙的機能を有するのではないか。

Q Ⅳ-40　人種差別に関する不法行為裁判例の実例と差別の現実との相違、司法的対応の意義と限界、さらに、国際条約（人種差別撤廃条約など）の意義について、論じなさい。

4-9　その他──国賠訴訟

(e.g.) 水害訴訟、学校事故

・重要であるが、行政法ならびに後述する特殊的不法行為のところで扱う。
・わが国には、国家依存の権利意識が強い。──比較法的に見て、国家責任の追及はしやすい。

第5章　不法行為責任の阻却（「違法性阻却」）

5－1　**正当防衛**（民720条1項）、**緊急避難**（民720条2項）
・旧民法には、規定なし。
Cf. フランス法には、明文なし（判例・学説による）。
　　ド民227条、228条、904条、ス債52条Ⅱ項、イ民2045条。
　　アメリカ・リステイトメント（2nd）§263.
・立法論的批判——転嫁型（Cf. 反撃型）緊急行為の場合の免責を狭めてはどうかという意見（幾代教授）が出されている[127]。
Cf. 正当防衛（民720条1項）については、第三者加害についても免責している。
＊用語の民・刑法の相違——沢井教授らは、刑法（刑36、37条）と同様の「緊急避難」の使い方をせよとする[128]が、通例の民法上の用法と異なることに注意しなければならない（相違については、内田373頁、吉村54頁、加藤（雅）330-31頁、佐伯・後掲書255頁以下も参照）。——民法では、危難の原因が、人か物かによって区別するのに対し、刑法では、危難の原因の人または物に対して損害を与えたか、それ以外の人または物に損害を与えたかで区別している

	（民法720条）	（刑法36、37条）
（正当防衛）	人による	反撃型
（緊急避難）	物による	転嫁型

……第1に、民法上は、正当防衛のことが、刑法上は、緊急避難とされる。
　第2に、民法では物の危難に対する緊急避難は、物の破壊にとどまるが、刑法の場合には、他人の侵害についてもカバーする。
　第3に、人からの危難についても、刑法上は、緊急避難ということがある。
　——総じて、刑法のほうが、違法性阻却が広い。

---

(127)　幾代通・日本不法行為法リステイトメント720条〔ジュリスト918号（1988）84-85頁、901号〕、同「民事上の正当防衛・緊急避難と第三者被害」法学48巻3号（1984）。
(128)　沢井157-58頁、四宮368頁。

5-2　その他の免責事由

(1) **正当行為** (Cf. 刑法35条)

…… (e.g.)・スポーツ中の事故（最判昭和58.2.8民集37巻1号1頁〔クラブ活動中の喧嘩による失明事故で、顧問教諭の過失否定〕、同平成9.9.4集民185号63頁〔柔道部の練習中の事故で、顧問教諭の指導上の過失否定〕）(Cf. 最判平成2.3.23集民159号261頁〔山岳部の春山合宿の雪崩遭難事故で、引率教師の過失肯定〕、最判平成7.3.10判時1526号99頁〔スキーヤーの接触事故。事故回避義務違反肯定〕、同平成18.3.13判タ1208号85頁〔高校課外クラブ活動としてのサッカー中の落雷による事故。多くの文献で記載されているように、引率者兼監督の教諭の事故予防義務を肯定する〕）

・労働者の争議行為（労組法8条）

・親・教師の懲戒権行使（民822条、学教11条〔但書で、体罰禁止〕）——Cf. この虐待（child abuse）、体罰（spanking）は、近時議論が多いところである。→ 不法行為にもなりうる。しかし、「密室」でなされ、且、中々権利行使（実現）が難しいという実際上の問題が大きい。

(2) **被害者の承諾**——医療については、むしろこちらから。；自損行為。

(3) **自力救済**[129]

　（判例）の基準——現状維持が不可能または著しく困難であると認められる緊急やむを得ざる特別の事情のある場合、その必要の限度を超えない範囲内でとする——は、相当に限定的である（最判昭和40.12.7民集19巻9号2101頁〔梅田駅事件〕）。

　……占有訴権制度の存在意義とも関係する。

・これに対して、近時は、要件を緩めてはどうかとの見解も出される（米倉、幾代両教授）。とくに、非典型担保の実行の場合。——この背後には、

---

[129] 明石三郎・自力救済の研究（有斐閣、1961〔増補1978〕）（民事の方が、寛大だとする）。Cf. 佐伯・後掲書227頁では、刑事のみ違法ということはありえないとする。さらに、米倉明「自力救済」法教17号（1982）、田中英夫＝竹内昭夫「法の実現における私人の役割(3)」法協89巻8号（1972）158頁、伊藤真・債務者更生手続の研究（1984）204-05頁、佐伯仁志＝道垣内弘人・民法と刑法との対話（有斐閣、2001）224頁以下、246頁以下。

第 5 章　不法行為責任の阻却（「違法性阻却」）

与信費用の減少、つまり、担保の簡単な実行による金利の低下の要請というものがある（道垣内・後掲書253頁）。

◇UCC§9-503〔平穏を害さない限り、司法手続によらない、目的物の占有を取得する権利〕

> ＱＶ－１　正当防衛・緊急避難に関する民法・刑法の異同を述べなさい。さらに、民法の規定に対する立法論的批判も試みなさい。
>
> ＱＶ－２　親・教師の懲戒権行使は、「正当行為」として免責されるのか（民法822条、学校教育法11条参照）。その問題状況を説明しなさい。
>
> ＱＶ－３　自力救済の容認の程度を緩和すべしとの有力説の背後には、いかなる事情があるのだろうか。

5－3　軽過失免責――失火責任法

「失火ノ責任ニ関スル法律」（明治32（1899）年法40号）……議員立法で、起草者の反対にもかかわらず、衆議院・貴族院を通じて、賛成多数で可決される。

(1)　その趣旨と批判

- 失火に関する不法行為責任には、「重過失」が要求されるということだが、「重過失」の意味は、ここでは、「一般人に要求される注意義務を著しく欠く」という意味（幾代＝徳本184頁、吉村258頁）。Cf. 故意に準ずるという意味。
- その趣旨：① 木造家屋の多いわが国の実状から、火災による被害は甚大に及び、失火者の責任を問うのは酷である。② 失火者自身の財産も滅尽するから、そうしないように各々注意を怠らないのが通常で、過失を宥恕すべき事情が存することも少なくない。③ またわが国古来の慣習ゆえに（大連判明治45.3.23民録18輯315頁）。
  - ◇沢井教授の研究[130]によると、富裕者保護、さらには、工業化・鉱業化に伴う広範な被害との関連での責任制限の布石ともされる。

- 立法論的には、批判がある。──建築様式も100年前とは異なってきており、免責範囲を制限する必要性があるとされる。また、なぜ、「失火」の場合だけ責任制限するのかがよくわからない。もっとも、火災保険が普及してくれば、不法行為法（責任法）の果たす役割は、それほど大きくないかも（吉田）。

＊失火責任法の論点は、現実的にそれほど重要ではないが、ときに盲点となるので、注意せよ。

(2) 他の法条との関係

① **債務不履行責任**（民415条）との関係──この場合、免責はない（前掲明治45年判決、最判昭和30.3.25民集9巻3号385頁）。従って、被害者は、こちらによることになる。

- 請求権競合論の問題──規範統合の必要性もあるが、不法行為法理に余り合理性がないから、こちらに揃えられないであろう（吉田）。

＊**特殊的不法行為と失火責任法**

以下の諸場合は、特殊的不法行為との関係であるが、同不法行為については、まだ講じていない。ここでは、危険責任なり、報償責任なりの──他者の行為または危険物に関わる責任の──趣旨と失火責任法との関係が問われている。

② **民717条との関係**──以下のような見解の対立があり、(ii)(iv)が今では有力であろうか。

 (i) 第1説＝失火責任法を優先的に適用する（かつての判例（大判明治40.3.25民録13輯328頁など）及び、学説として、川島博士など[131]）。

 (ii) 第2説＝民717条を優先的に適用する（通常の火災についてのみ、失火責任法を適用する）。……近時の多数説か（我妻博士など[132]）。下級審判例もこの立場（多数ある）（東京地判昭和45.12.4判時627号54頁、東京高判平

---

(130) 沢井裕・失火責任の法理と判例（有斐閣、1989）20頁。
(131) 末延・判民昭和7年度51事件、川島・判民昭和8年度85事件。
(132) 我妻184頁、戒能486頁、広中466頁〔481頁〕、植林104頁、平井69頁。

成 3.11.26 判時 1408 号 82 頁など)。

(iii) 第 3 説＝はめこみ説——民 717 条に失火責任法をはめ込む（判例。後述のように、他条文との関連で、やや形式的・盲目的に、これを踏襲している嫌いがある）。すなわち、土地工作物の設置・保存に、重過失があれば責任があるとする（大判昭和 7 . 4 .11 民集 11 巻 609 頁【95】（1 版）吉原〔架設した高圧電線が、X 宅地内の杉樹に接触し（しかも、X 地内の電柱の根本が腐って、動揺し）、裸線となり、火花が出て、火事になったというケース。X は、警告したが、Y は放置していたというもの〕（責任肯定）。同旨、同昭和 8 . 5 .16 民集 12 巻 1178 頁）。

(iv) 第 4 説＝工作物からの直接の火災については、民 717 条を適用し、延焼部分については、失火責任法を適用（ないしははめ込み適用）するという見解（振り分け適用説）（加藤（一）博士ほか相当な有力説[133]）（下級審裁判例でも）。

（検 討）

・失火責任法の趣旨に対して、工作物による危険責任（無過失責任）の法意をどれだけ活かしていくかという問題である。そして、近時の下級審は、かつての大審院判例（ないし、他条文の最高裁判例）（(i)(ii)）（どちらか一方だけを適用する見解）を踏襲していないことに注意が必要であろうし、趣旨が逆向きのものをどうして「はめ込む」のかについての理由付けが示されておらず、機械的にすぎるように思われる。

・振り分け適用説 ((iv)) も、魅力的だが、煩瑣かつ技巧的で、さらにいえば、延焼かどうかは、因果関係の問題であろう。むしろ、「工作物」の状況、性格で区別し、「危険工作物」（石油タンク、電柱、電線、ガス管など企業的工作物）には、民 717 条を優先適用すると考えるべきであろう（吉田）（同

---

[133] 加藤 198 頁、三島・注民 (19) 89 頁、川井 64 頁、幾代＝徳本 187 頁、四宮 749 頁、沢井裕・失火責任の法理と判例（増補版）（有斐閣、1990）226 頁（229 頁ではさらに、総合判断せよとする）。なお、沢井 17 頁は、そもそも一般的に、失火責任法の射程を限定して、「延焼部分」にだけ適用しようとする（同旨、吉村 257 頁）。

旨、吉原解説 211 頁)。

③ 民 714 条との関係

(判例・多数説) は、「はめ込み適用説」である (最判平成 7．1．24 民集 49 巻 1 号 25 頁〔責任弁識能力のない未成年者 (9～10 歳の子供) の「お化け屋敷」といわれる無人の倉庫での火遊びで、全焼したという事例〕。(原審) は、無能力者 (未成年者) の重過失の要件を問題にしていたが、(最高裁) は、監督義務者の重過失を問題とする)。

・監督義務者と一般の者とで区別しなくてよいだろう。
　(沢井 275 頁) は、民 715 条とのアンバランスを問題にするが、個人と企業とでは区別できるだろう (吉田)。
・他方で、子供が重過失ならば、親の「重過失」も広く認めるようにしてもよいだろう (吉田)。──なぜなら、第 1 に、子どもには、責任能力がないから、重過失も観念できないとする見解もある (吉村教授[134]) が、「重過失」は、ある程度客観的・規範的に判断されてよいだろう (責任能力は、過失・重過失の判断の前提として、論理必然的に要求されるかという前述した問題〔3－2 参照〕である)。さらに第 2 に、余り限定的に親の重過失を解すると、民 714 条の趣旨が没却されるように思われる。

④ 715 条、国賠 1 条との関係

(判例) は、やはり「はめ込み適用」して、被用者・公務員について、失火責任法を適用し、重過失を要件とする (最判昭和 42．6．30 民集 21 巻 6 号 1526 頁〔民 715 条のケース〕、同昭和 53．7．17 民集 32 巻 5 号 1000 頁【87】(2 版)〔消防署職員の消火活動不十分という事例。国賠 4 条から、失火責任法を適用する〕)。

(検 討)

・(判例) の論理は、やや形式的に過ぎる。
・一般的に、公務員と私人とで、区別する必然性はないにしても (もっとも、国の資力、被害者保護の見地から、区別すべきだとの見解も有力である (下山教授など[135])、消防職員の過失が問われた場合には、特別法 (消防法 1 条、消防組織法 26 条、26 条の 2) の趣旨からも、区別すべきであろう (だか

---

[134] 吉村 258 頁。

第 5 章　不法行為責任の阻却（「違法性阻却」）

ら、安易に失火責任法を（はめ込み）適用することは問題である）（吉田）（原審の立場。同旨、川井・判タ 390 号 169 頁）。

Q V − 4
(1) 失火責任法の立法趣旨はどのようなところにあり、それに対して、いかなる批判が投じられているかを説明しなさい。
(2) 特殊的不法行為（例えば、土地工作物責任〔民 717 条〕）に対する同法の適用に関する判例の立場を述べ、批判的に検討しなさい。

---

(135)　下山瑛二・国家補償法（筑摩書房、1973）63 頁、神田孝次・ジュリスト 693 号 85 頁など。

第6章　物による責任（特殊的不法行為その1）

6-1　土地工作物・営造物による責任（民717条、国賠2条）
6-1-1　序——とくに責任主体論

- 民709条の過失責任よりも重い責任が課せられており、その趣旨として、危険責任の考え方がある。Cf. 運行供用者責任に関する議論（自賠法3条）。
- 比較法的には、フランスでは、広く物の保管者（gardien）の責任（無生物責任）が規定されている（フ民1384条Ⅰ項）（なお、本条〔717条〕に対応するのは、フ民1386条〔建物倒壊による所有者の責任〕）。
- 責任主体について、民717条は、占有者が一次的責任（中間的責任）、所有者が二次的責任として無過失責任を負うという構造をとる。——その製造物責任以上の「無過失責任性」（つまり、自ら瑕疵を作出していなくとも、「所有者」なるが故の責任である）につき、藤岡・Sシリーズ319頁、内田474-75頁参照。なお、国賠2条は、国または地方公共団体の責任。

＊その比較法的位置づけ——イギリス法の影響

　責任主体の構造については、イギリス法の影響があると指摘されているが（五十嵐、能見(136)）、イギリスでは、特別法により、不動産賃貸人も修繕義務を負うならば、占有者と同様の責任を負うことになっている（Occupiers' Liability Act of 1957; Defective Premises Act of 1972）。また。ドイツでは、家屋所有者（賃貸人）は、自主占有者として——間接占有者だが——責任を負うことになっている（ド民836条Ⅰ項, Ⅲ項。また賃借人もド民838条による責任を負う）。

　従って、わが民法は、比較法的に特殊な地位にあり、被害者保護の見地からも、立法論的に批判がある（吉村207頁でも、被害者救済の点からは中途半端だとする）。解釈論としても、資力のある所有者についても、広く「共同占有者」と解するようなアプローチ（五十嵐博士ほか(137)）が、注目される

---

(136)　五十嵐清・注釈民法（19）（有斐閣、1965）304頁、313頁。能見善久「土地工作物責任についての一視点」NBL167号（1978）。

(137)　五十嵐・判評212号、近江幸治「占有者と所有者：複数の占有者」判タ393号。近時は、平井68頁。

であろう。

なお、リースの対象となる医療機器の場合には、占有者責任を1次的に考える必要があろう。

＊責任主体規定の沿革的妥協性(138)

　Cf. 旧民法財産編375条──フ民1386条と同様に、所有者の責任のみ。

　民717条の原案〔725条〕は、占有者の責任となっていた（立法者の立場）。……最も、保存、すなわち損害の発生の防止に、直接的関係がある者に、責任を負わせるのが一番効果的だからとする（穂積陳重）。Cf. ①所有者の立証の難しさ。②所有者が遠くにいることも。③また、所有者に酷のときも（不法占有者による損害の場合）。←→占有者が貧乏の場合の被害者保護の不十分さ etc.

→そこで、妥協的解決が図られる（富井政章）。……占有者の免責がなされたら、所有者の2次的責任が生ずるとする。これについて、ほとんど審議なし。

Q Ⅵ-1　土地工作物責任の主体に関する起草過程を説明し、占有者・所有者に責任を負わせる論拠を考えなさい。さらに、比較法的批判も述べなさい。

6-1-2　「土地の工作物」「営造物」

・この要件の制約があるために、危険責任一般をフランス法（フ民1384条）のように、規定することができない。

・「土地工作物」には、①土地への接着性、及び②加工性という要素が求められる。

　かつては、厳格に適用する──「土地との接着」（大判大正元.12.6民録18輯1022頁〔織布工場の仕上げ場に据え付けられたシャフトにつき否定した〕）。

　その後、拡張される（例えば、ポンプ、ワイヤーロープ（最判昭和37.4.26

---

(138)　法典調査会民法議事速記録41巻52～55丁。植木哲「工作物責任・営造物責任」民法講座6（有斐閣、1985）535-36頁。

第 1 部　不法行為法

民集 16 巻 4 号 975 頁）、工場内機械、プロパンガス、自動販売機、高圧ゴムホースでも（最判平成 2.11.6 判時 1407 号 67 頁〔陶芸用の窯で用いる液化石油ガス（ブタンガス）消費設備で、高圧ゴムホースの亀裂からガスが噴出して、気中放電により発火して、家屋が燃えたという事例。──設備の貸主たる業者（ガス供給業者）をその占有者として責任を認めている〕）。

・なお、北国では、屋根からの落雪事故にも本条を適用する（雪止め設備が「土地ノ工作物」）（札幌高判昭和 51.8.23 判時 850 号 43 頁〔雪止めのための鉄線が、積雪で切断していたケース〕）。

　Cf. かつては、この要件を、さらに、「土地を基礎とする企業施設一般」に拡張することが、学説上有力に主張された（我妻・戒能両博士など[139]）。

・これに対して、「営造物」は、広い。……砲弾、航空機、不発弾などの動産でもよい。実際には、道路・河川が問題とされる重要な場面である。

Q Ⅵ-2
(1) いかなるものが、「土地ノ工作物」「公の営造物」とされているか。
(2) かつて、これを「土地を基礎とする施設の総て」に拡張しようとする有力説が出された背景は何か（フランス民法 1384 条 1 項の適用状況と比較せよ）。

6-1-3　設置・保存（管理）の瑕疵

（判例）上、「通常有すべき安全性の欠如──他人に危害を及ぼす危険性ある状態」とされる（最判昭和 45.8.20 民集 24 巻 9 号 1268 頁〔高知落石事件〕以降）。

　……「営造物の構造、用法、場所的環境、利用状況等諸般の事情を総合考慮して、具体的・個別的に判断せよ」とする（最判昭和 53.7.4 民集 32 巻 5 号 809 頁〔子ども（6 歳）が、校庭の崖の上の防護柵に腰掛けていて、転落。通常の用法に即しない行動だとして、「瑕疵」否定。同旨、最大判昭和 56.12.16 民集 35 巻 10 号 1369 頁〔大阪国際空港事件〕、最判昭和 59.1.26 民集 38 巻 2 号 53 頁〔大東水害訴訟〕、最判平成 7.7.7 民

---

[139]　我妻 181 頁以下、戒能〔末弘（戒能改訂）・民法講話上巻（岩波書店、1954）108 頁〕。

集49巻7号1870頁〔国道43号線騒音訴訟〕）[140]。

(1) 性 格 論[141]

・昭和50年代にかなりの議論がなされた。従来は、無過失責任とされた（昭和45年判決。我妻180頁、加藤（一）196頁、幾代155頁、古崎判事[142]）が、これに対して、有力説＝義務違反説（國井、植木両教授）は、過失責任との同質性を強調する。……飛騨川バス転落事件判決の分析から出発し、判決例における実質的な判断構造を明らかにする。

：交通障害としての安全性欠如→ 損害防止措置をとるべき個別的義務→義務違反＝帰責事由としての安全性欠如

・過失責任との連続性・等質性を明らかにした点は、有力説の功績である。——もっとも、制度の差はあり、物理的性状の見地から、厳格責任を課しやすい（なお、過失責任・無過失責任とは、程度の差に過ぎないことは、（平井・理論）がすでに指摘する（平井64頁も参照）。また、民717条につき、五十嵐・注民（19）306頁）。

・今後は、ヨリ具体的・類型的に、各種の瑕疵責任の特質を明らかにすることが重要である。——例えば、道路の場合と水害の場合との区別、さらには、後者の場合につき、破堤型か溢水型かによる区別。

　従って、一般的なレベルでの「客観説」（古崎判事）との論争は、やや不毛である。

(2) 従来の判例の傾向——道路瑕疵を中心に

・かなり広く、「瑕疵」を認定する傾向がある。
① それ以前は、「不可抗力」的に考えられていたものについても、国の責任

---

[140] ここでの騒音訴訟のような、供用関連瑕疵〔物的性状瑕疵を補完し、違法性・受忍限度論の要件がクローズアップされる〕については、小幡純子「国家賠償法2条の再構成（下）」上智法学38巻2号（1994）、森宏司「国賠法2条からみた『瑕疵』」新・現代損賠法講座4（日本評論社、1997）185頁以下参照。

[141] 國井和郎「道路の設置・管理の瑕疵について(1)〜(16・完)」判タ326号〜428号（1975〜83）、植木哲「災害と営造物責任」判評208号〜226号〔同・災害と法（日本評論社、1982）〕。

[142] 古崎慶長・国家賠償法の理論（有斐閣、1980）。

第1部　不法行為法

　　が問われるようになる。とくに、道路の瑕疵については、かなり厳格な判断がされる。……防護柵、さらには、事前の通行止めの措置が必要だとする（昭和45年判決〔落石事故〕。また、飛騨川バス転落訴訟（名古屋高判昭和49.11.20判時761号18頁）も、自然力競合のケースだが、やはり「瑕疵」は、全面的に肯定されている）。

・その他、工事用枕木に激突しても（最判昭和37.9.4民集16巻9号1834頁〔酒気帯び原付自転車のケース〕）、穴ぼこの転落事故でも（最判昭和40.4.16判時405号9頁）、また信号機設置位置が悪いとき（最判昭和48.2.16民集27巻1号99頁）、さらには、約87時間駐車中の故障トラックに激突しても（最判昭和50.7.25民集29巻6号1136頁）、「瑕疵」はあるとされる。

　　Cf. もっとも、瑕疵否定例もある（最判昭和50.6.26民集29巻6号851頁〔標識板が、夜間通行車により倒された事例〕、最判昭和55.3.13判時968号46頁）。

② また、安全設備（保安設備）を欠くことが、「瑕疵」とされることもある（一種の拡張解釈）（井の頭線踏切事故ケース（民717条の事例）（最判昭和46.4.23民集25巻3号351頁【94】（2版）、盲人用点字ブロック設備に関するケース（大阪高判昭和58.6.29判時1049号37頁〔国賠2条の責任肯定。もっとも最判昭和61.3.25民集40巻2号472頁が、破棄差し戻す〕）。

③ 行政的基準に違反していなくとも、瑕疵はあるとされる[143]（最判昭和37.11.8民集16巻11号2216頁〔高圧送電線のゴム被覆破損による感電事故。さらに、物資欠乏、経済上の理由は、免責事由にはならないとする〕、最判昭和46.4.23前出）。

・予算上の免責抗弁も否定されていた（最判昭和45.8.20前出、同46.4.23前出）。

　　……この背後には、被害者保護の要請、国側の deep pocket、また、道路行政に対する批判的スタンスというものもあったのだろうか（吉田）。

---

[143]　日本不法行為法リステイトメント717条の2でも、その旨の規定〔ジュリスト914号（1988）166頁（川井）。

(3) 近時（とくに 1980 年代以降）の責任限定の動き——とくに、水害訴訟の場合

① 被害者の通常の用法に反する行動の場合

最判昭和 53．7．4 前出、同平成 5．3．30 民集 47 巻 4 号 3226 頁〔町立中学校校庭のテニス審判台での幼児の事故〕などでは、瑕疵は否定される。

Cf. もっとも、瑕疵肯定例もある（最判昭和 55．9．11 判時 984 号 65 頁〔港湾施設建設工事中の埋め立て地内の道路走行中の転落死亡事故。瑕疵を否定した原審を破棄〕、最判昭和 56．7．16 判時 1016 号 59 頁〔3 歳 7 ヶ月の幼児の児童公園からプールへの立ち入り、転落死。瑕疵肯定〕）。

（学説）も、この場合〔一般的誤使用〕には、免責することには、慎重を要するという（沢井教授など[144]）。

② 河川災害での新たな動き。

大東水害訴訟（最判昭和 59．1．26 民集 38 巻 2 号 53 頁〔改修中ないし未改修の事例〕）以降、「瑕疵」の認定は消極的になる傾向がある。即ち、大東水害判決では——、

・予算上の抗弁否定の論理は、ここには、妥当しないとする。——道路の場合と、判断基準は異なり、過渡的な安全性で足りる。財政上の制約、技術上の制約、社会的制約があり、また、簡易・臨機的な危険回避手段を採ることもできないとする。

・(i) 自然的条件、(ii) 社会的条件、(iii) 改修を要する緊急性の有無・程度等の諸般の事情を考慮して、諸制約の下での同種・同規模の河川管理の一般基準・社会通念に照らして、「是認しうる安全性」を備えているか否かを基準とすると述べる。

→ 改修中の河川でも、計画が格別不合理でなければ、特段の事情がない限り、未改修の一事で瑕疵あるとは言えないとした。

続いて、最判昭和 60．3．28 民集 39 巻 2 号 333 頁（加治川訴訟。改修中で仮堤防のケース）は、大東水害と同じく、溢水型の事例であり、同様の判断が示される。

---

[144] 沢井 325 頁、吉村 205 頁、内田 478 頁。また、國井・私判リ 9 号 48 頁。

第1部　不法行為法

Cf. 最判平成2.12.13民集44巻9号1186頁（多摩川水害訴訟）では、やや揺り戻し（請求棄却した原審〔大東水害基準による〕を破棄差し戻し）。……工事計画に基づき、改修工事が完了している河川の破堤。計画との関連で、流水の通常の作用から予測される危険（災害）を防止するに足りる安全性の欠如（＝瑕疵）を、「諸制約」を考慮しつつ認定する。そして、許可工作物（本件では、河原堰）の場合には、「制約」は相当に小さいとする。

最判平成6.10.27判時1514号28頁（長良川安八水害訴訟。計画高水位以下の流水による堤防決壊。浸潤破堤）では、別の免責の理屈が、入ってきている。……堤防の改修・整備は、主に堤体について行い（そして本件では、その部分については、欠陥は認められないとする）、基礎地盤につき安全性の有無を調査し、所要対策を採るなどの措置を講ずる必要はないとして、瑕疵を否定する。

その後、平作川水害訴訟（最判平成8.7.12民集50巻7号1477頁　重判【行8】角松（横須賀の二級河川のケース））でも、河川改修中でも、既に設置済みの河川管理施設（本件では、パラペットの遮断板管理（溢水防止機能）不十分とされた）については、別途に、その「予定する規模の洪水における流水作用から、安全性具備の有無を問題として、「瑕疵」の認定に積極的である（もっとも、水害との因果関係を否定する。宇賀教授がいう「分解的考察」[145]の帰結である）。

（検　討）
・大東水害判決では、「政策志向型」訴訟——治水政策・対策に深く関わる——であることが意識されており、やや慎重に、「行政追随的」「現状追認的」立場にシフトしている。
・しかし、司法による行政コントロールの側面、「個別的正義」という不法行為法理の要請も無視できない。従って、——
1．あまり、水害の特殊性、天災的側面を強調することもできず、類型的に、(i) 溢水型（改修中、未改修）か、(ii) 破堤型（改修後）かで、区別し、大東判決ルールを一般化させずに、後者（(iii)）ならば、厳格に（その意味で、多摩川判決の揺り戻しには、注目すべきである）、計画高水流量以下での破堤には、「瑕疵」を推定してよい（吉田。同旨、加藤（一）論文[146]。原田解説

---

(145)　宇賀克也・国家賠償法（有斐閣、1997）282頁。

第6章 物による責任（特殊的不法行為その1）

【平2重判】）。その意味で、長良川判決には、問題がある。さらに、(iii) 個別の河川管理施設については、別途瑕疵を積極的に検討すべきであろう。

2．「瑕疵」の主張・立証責任は、国・地方公共団体側に課してもよい（浦川発言48-49頁）。

3．さらに、国賠訴訟以外の救済方法——危険度も加味しての、より柔軟な形でのリスク配分（災害救助的、保険的補償制度）——は、考えられてよい（加藤（雅）発言[147]）。

4．ところで、**営造物管理責任と自然環境保護との調和**の問題は、21世紀的な大きな課題になっていくであろう[148]。この点で、従来の道路・河川訴訟は、その政策的帰結として、「公共工事」推進をもたらした。——それは、高度経済成長期の道路・治水政策は、大きな社会的意義を持ったかも知れないが、今日では、行き過ぎの状況になっており、それでも構造的な「公共工事」はとめられず[149]、「自然破壊」をひた走りに進めている事態になっている。しかし、ダム建設とともに、河川改修は、大きな見直しの時期にさしかかっている。——「近自然工法」の開発（例えば、札幌の緑の回廊（精進川）、羊蹄山麓の真狩川）。

→「瑕疵」の認定の消極性に**新たな21世紀的意味づけ**がなされることになる。——河川放置の場合に、国賠2条の責任を否定していた加藤（一）説[150]が、また新たな意味を持ってくることになる。……すなわち、自然

---

(146) 加藤一郎「大東水害判決をめぐって」ジュリスト811号（1984）28頁。
　　なお、大東水害訴訟に関しては、その他、「（座談会）河川水害と法の新局面——大東水害最高裁判決とその後」法律時報60巻2号（1988）五十嵐（9頁）、浦川（10頁）、「（座談会）大東水害訴訟最高裁判決をめぐって」判タ526号（1984）など参照。

(147) 前掲座談会・判タ526号39-40頁、44頁、53頁（加藤雅信発言）。All or nothing 的な解決ではないものにするという。

(148) これについては、小野有五・川とつきあう（岩波書店、1997）、北海道の森と川を語る会（小野有五ほか）・森と川9＝10合併号（10周年記念号）（2001）。また、吉田邦彦「営造物責任と自然環境保護——北大ポプラ伐採問題を手がかりに」ジュリスト1205号（2001）〔同・多文化時代と所有・居住福祉・補償問題（有斐閣、2006）第9章に所収〕など参照。

(149) 例えば、五十嵐敬喜＝小川明雄・公共工事をどうするか（岩波新書）

第1部　不法行為法

　　管理（加工、改変）に関する理念の転換である。しかし、他方で、自然災害における被害者保護の必要性。→　不法行為法でない「損害塡補システム」（加藤（雅）構想）の意義が出る。

5．他方で、人為的な危険物管理の問題は、深刻になっている。──いわゆる「危険社会」論（U・ベック[151]）。

　　例えば、①環境汚染（チェルノブイリ、スリーマイル島、東海などでの原子力事故、インド・ボパールでの化学肥料工場の事故、タンカー事故など）、②資源の枯渇（森林喪失など）による環境被害、さらには、③家族・雇用に関するリスク増大（セーフティネットの喪失）、④過剰軍備、戦争、内戦による難民・貧困（南北問題）、⑤食糧生産におけるリスク、⑥医療技術の高度化（例えば、生殖医療、臓器移植医療）など。

→(i) 国家単位を超えた「危険」生産〔「富」生産の裏側である〕に対する対応が求められているが、うまくいっていない。

(ii) 市場社会、近代科学技術がもたらす諸リスクに対応できていない。

Cf. わが国では、国家依存志向が強いが、営造物責任の管理基盤は狭い。それのみの過度の強調は、滑稽ですらある。──営造物責任だと、どうしても、リスクの上からの管理と言うことになってしまい、例えば、それが、大学によるポプラ並木の伐採（倒木リスクの管理）による樹木の癒し効果の喪失、遊具の公園からの撤去（遊具のリスクの管理）による遊び場の喪失[152]ということになってしまう。またその際の費用便益分析においては、どうしても、非金銭的利益は、軽視されやすい。リスクとの共生によりコントロールということには、なりにくい。

　　（1997）参照。
(150)　加藤一郎「水害と国家賠償法」法律時報25巻9号（1954）〔同・不法行為法の研究（有斐閣、1961）所収〕（そこでは、「加工性」を要件とする民717条との連続性も説かれる（40-41頁））。
(151)　Ulrich Beck, Risikogesellschaft auf dem Weg in eine andere Moderne (Suhrkampf, 1986).
(152)　例えば、2008年7月8日朝日新聞（長野版）（「公園消える遊具」）（長野県須坂市の場合）。2002年の国土交通省がまとめた遊具管理のガイドライン「都市公園における遊具の安全確保に関する指針」を発端とするようである。

- リスク関係者の裾野は広がっているのであり、トップダウンの権威的意思決定（平井教授が、法政策学で、市場的決定と対比して使われたもの）では、限界があり、市場参画者も取り込んで広範に、構造的で柔軟な改善が求められる（吉田）（製造物責任、医療過誤における議論も参照）。

* U・ベックの危険克服論[153]——この点で、ベック教授は、ポスト目的合理的カテゴリーに属するといい（23頁）、新たな政治的ネットワークを作り、「政治的なもの」の再創造をはかり、「草の根」のサブ政治が重要だとする（32頁、39頁、41-42頁）。また、意思決定構造の見直しが必要だとし（59頁）、国家の新たな管理任務としては、「対話の場」を設ける交渉型国家として、ある種自己自制した、内部分化した機能システムとなって、規則改変的に振る舞うことになるという（70頁、76頁、79頁）。

　……やや楽観的にすぎるようにも思うが、ともかく、従来式の営造物責任万能の管理発想とは異なることに、注意を要しよう。従来式の意思決定よりも、「草の根」のネットワーク型意思決定の方が、的確なことも多い（余談だが、「北大ポプラ」伐採時には、北大の意思決定メカニズムの硬直状況を思い知らされた。札幌市からの風致地区指定の要請も、施設部に握りつぶされている状況である）（吉田）。

QⅥ-3　道路瑕疵、河川瑕疵に関する判例の状況を概観しなさい。

QⅥ-4　国賠法2条の訴訟がもたらす治水対策上の意義と自然環境保護との関係を論じなさい。その関係で、「被害者救済システム」の意義を検討しなさい。

QⅥ-5　わが国では、国家責任の占める割合が比較法的に大きいが、現代社会の危険管理における国家中心主義をどう考えたらよいのであろうか。

---

[153]　U・ベック・再帰的近代化（而立書房、1997）。以下頁数は、同書の引用である。この点は、例えば、久保文明・現代アメリカ政治と公共利益——環境保

第 1 部　不法行為法

☆ちょっと一言

1．私の民法学講義は、学際的にいろいろな話が出てきて、ちょっとつかみにくいところがあるかも知れない。しかし、これは、民法学を「社会科学（ないし人文科学）」の一分野として（「経済学」との関係はしばしば説かれるが、「政治学」や「哲学（倫理学）」との関係も重要である。北大の良き伝統で、政治学には良いコースがそろっているし、それらにも関心を持つことは、視野を広げるためにも必須ともいえよう）、学際的に、——丸山真男博士の言葉を借りれば、タコツボ型ではなくササラ型にして——語りたいということ由来する。そしてこれは、近年専門分化とともに、民法学の視野狭窄が進んでいるという危惧に発している。

2．「読み書きそろばん」的な法教義学は確かに、法学徒には不可欠の部分だが、それだけの頭でっかちの修得は危険である。絶えず、社会の声（とくに社会的弱者の声）に謙虚に耳を傾け、また、他分野の議論にもオープンにして、そこからのフィードバックから、法律学を刷新していくという姿勢が必要である。日本でのロースクール化は、本来そういうところに目的があったはずである（それが、一人歩きして、「予備校」化しているならば、由々しき事態である）。

3．この点は、大学で何を勉強するか、という問題意識にも繋がる。D・リースマン（David Riesman）の古典『孤独な群集』（The Lonely Crowd）（Yale U.P., 1961）（訳は、みすず書房、1964）の「他人志向性」という言葉が、<ruby>谺<rt>こだま</rt></ruby>響するが、社会問題への公共的関心の喚起（広義の「政治的なもの」への関心）が必要であろう（プロボノ的な法律活動の対象としては、例えば、ホームレス問題、高齢者介護問題、環境問題、家庭内暴力問題、民族問題など、現代的問題は山積しているし、そうした公共的問題に関する議論をリードしていく役割が、法学徒には求められるであろう）。

　　受験勉強は大事だが、それだけに終始するような行動様式から脱却すべきではないか。近年のIT革命により、そうした「草の根」的な公共活動を進めるコミュニケーションの回路は飛躍的に増えているはずである。

護を巡る政治過程（東京大学出版会、1997）におけるイシュー・ネットワーク型政治とも通ずるところがあろう。

6-2 動物占有者の責任（民718条）

6-2-1 序——動物事故とペット規制

・本条の社会的意味は大きくない（咬傷事故は、コンスタントにあるが）。また、ペットの近隣被害につき、長期にわたる裁判の結果、わずかな金銭賠償を得るのでは、被害救済の実はない。悪質な飼い主が跡を絶たず、行政指導の徹底の必要性も説かれる[154]。

・しかし、ペットは、とみに増えており、それに関する取締りなどの「法化(legalization)」も、アメリカなどでは進んでおり、わが国もそれを追うことになろう。そして、ペット文化の背後で、数多くのペットとならなかった動物の殺戮がなされており、そこに潜む、人間中心主義（「理性」の裏の「暴力」）——アドルノが指摘する「文化」における「野蛮」性[155]——に留意すべきであろう。

・わが国のペット規制法として、1999年12月制定の「動物の愛護及び管理に関する法律」（2000年12月施行）がある（旧法である1973年動物の保護及び管理に関する法律を、モラリストの働きかけ〔動物虐待反対のキャンペーン〕に答えたもの。吉村212頁では、旧法に触れるだけである）。＊動物愛護週間は、9月20日～9月26日。

　……動物所有者・占有者の適正飼養・保管、動物の健康安全保持、人への加害・迷惑の防止（5条）、動物虐待の罰則強化（27条——1年以下の懲役、100万円以下の罰金〔殺傷の場合〕（1項）、30万円以下の罰金〔虐待の場合〕（3項））、動物取り扱い業の規制（8条以下）、都道府県などによる犬猫の引き取り（18条）、動物を殺す方法——できる限り、苦痛を与えない方法で（23条）。

---

[154] 長尾美夏子「ペットをめぐる裁判例」法時73巻4号（2001）37頁。また、大村敦志・父と娘の法入門（岩波書店、2005）145頁以下も参照。因みに、北海道でもペットブーム（道内の犬の登録は約27万2,000匹（2006年度））の反面で、飼い主・ペットの高齢化や引っ越しなどで放棄される犬猫は増えており（2007年度の行政による殺処分は8,060匹）、安易な購入による「返品」などのトラブルも増えているとのことである（朝日新聞（北海道版）2008年10月15日32面「犬猫の命奪う勝手な都合」参照）。

[155] M・ジェイ・アドルノ（岩波書店、1987）181頁以下〔倒錯したヒューマニズム・人間中心主義批判〕参照。

(N. B.)

　欧米における「動物愛護」観の相違(156)。──それは、動物を完全に支配するという発想を前提として、雑種の犬に対しては不寛容で（とくに、北欧）、処分する。……まさしく、人間中心主義（近代的理性）の背後の「暴力」である。咬傷事故でも、即処分されるし、病気の犬も処分される（アメリカ。同国では、在来の犬は絶滅したとのことである）。→アメリカでは、5,000万頭の犬がいて、毎年700万頭が処分されているとのこと。これに対し、わが国では、1,000万頭の犬がいて、収容される犬は、年31万1,000頭で、その内2万5,000頭が飼い主に返還され、28万頭が処分されるとの由である。
　わが国には、処分できない国民性があるといわれる（宮田論文34頁）。
・欧米──狩猟民、キリスト教　⟷　アジア──農耕民、仏教
・自然に対する考え方も異なる。

6-2-2　本条の特色、問題点

・中間的責任。
・賠償義務者
　① **占有者**（1項）。……ここでは、事実上の概念（事実上の支配）と捉え、「ある程度継続的に動物を支配する者」と解する見解もある（加藤（一）博士(157)）。Cf. 民717条における「占有者」概念の拡張。……規範的である。
　Cf. 占有補助者……本項の責任を負わない（独立の占有はなく、占有者の過失に吸収される）が、民709条の責任は負うとされる（判例。最判昭和57.9.7民集36巻8号1572頁〔闘犬の飼主の内妻（内縁の妻）の責任肯定──民709条による〕）。

　② **保管者**（2項）。……占有補助者は、保管者にあたらないとされる（我妻190頁、加藤（一）204頁、五十嵐・注民（19）321頁）。
　・保管者がいる場合の占有者の注意義務──（判例）は、選任・監督上の注意義務で足りるとされる（最判昭和40.9.24民集19巻6号1668頁、法協83巻

---

(156)　宮田勝重「社会現象としての動物愛護法」法時73巻4号（2001）33-34頁。
(157)　加藤一郎・評釈・法協83巻4号。

第6章　物による責任（特殊的不法行為その1）

　　4号加藤(一))。……民715条的責任とか（沢井324頁）、間接占有者の責
　　任とか（幾代＝徳本180頁）される。
・（相当）因果関係の判断が、微妙になることが多い（例えば、最判昭和
　58．4．1判時1083号83頁〔ダックスフンド犬が近づき、自動車の操縦を誤り、7歳の
　子供が川に転落し、怪我（左眼失明）をしたという事例〕は、相当因果関係を肯定しつ
　つ、賠償額算定のレベルで減額（1割の賠償）している）。
・被害法益の広がり——ニューサンス的なものも（下級審裁判例。横浜地判昭和
　61．2．18判時1195号118頁〔鳴き声。30万円の慰謝料〕、京都地判平成3．1．24判時
　1403号91頁〔鳴き声・糞尿放置。10万慰謝料〕、東京地判平成7．2．1判時1536号66
　頁〔30万円の慰謝料〕）。

6－2－3　ペットを巡る民法的紛争——民718条以外
(1)　**賃貸住宅における飼育による解除**（長尾論文(158)参照）。
(2)　**分譲マンションにおける管理規約**（ペット飼育禁止）**の有効性**
　　区分所有法6条1項、2項——「共同の利益に反する行為」？
　　　　　　　31条——規約改正と「特別の影響」？
　　（判例）は、有効とするものも（東京高判平成6．8．4判時1509号7頁〔ペッ
　ト飼育禁止規約を有効とする〕）。
(3)　**獣医療過誤**
(4)　**瑕疵担保ないし拡大損害**
　　(ex.)　インコからの病気感染（最判平成7.11.30民集49巻9号2972頁〔「忠実
　屋」における「ペットショップ八島」にて、手乗りインコ2羽を購入し、それがオ
　ウム病クラミジアを保有していたために、オウム病性肺炎になり、死亡者も出たと
　いう事案。——医師がオウム病を疑い、適切な処分をしなかったとしても、インコ
　販売行為と死亡結果との法的因果関係を切断しない（切断するほどの重過失はな
　い）とする。さらに、商法23条の名板貸しの責任も（原審を破棄して）問題とし
　た〕）。

---

(158)　長尾・前掲37頁以下。

第1部　不法行為法

> QⅥ-6　動物占有者責任の特色は、どのようなところに認められるか。
>
> QⅥ-7　動物愛護法（(旧)動物保護法）との関連で、「ペット文化」の背後に潜む人間中心主義的「野蛮性」を考えてみなさい。
>
> QⅥ-8　ペットを巡る民法的紛争を、民法718条以外にもいくつか指摘して、説明しなさい。

第7章　複数者の不法行為（特殊的不法行為その２）

7－1　複数者の不法行為一般
・理論的に分けられたのは、古くない。「共同不法行為」概念の変化とも関連する。……従来は、民719条で処理されていたが、同条の存在意義を考えると、単なる不法行為（民709条など）の競合（平井206頁以下は、競合的不法行為という）とは切り離す必要がある。Cf. 民719条に引き寄せる立場（沢井326頁）＝従来の立場
・原則として、複数者ゆえの特殊性はない。ただ、寄与度減責の問題が出る（能見）。

7－2　監督者の責任（民714条）
(1)　行為者の責任無能力要件の可否——親・子の重畳的責任の可能性

行為者に責任がないことが前提となり、これに対しては、しばしば立法論的批判がある（前述）。諸外国の立法例は、連帯責任とする（フ民1383条、1384条Ⅰ項、Ⅳ項。ド民829条〔衡平の見地からの責任無能力者の責任〕、832条）。

本人		監督者
×	→	○　民714
○民709	→	?　民709 ?

（判例）は、民709条による監督義務者の重畳的責任を肯定する（最判昭和49.3.22民集28巻2号347頁【79】〔中学3年生が、小遣い銭欲しさに、中学1年生を殺害して、1万3,900円を強奪したという事例〕）。Cf.（原審）は、共同不法行為としているが、前述の競合的不法行為——民714条的不法行為であり、民719条プロパーの問題ではない。

　……民714条的な過失判断（監督義務者の義務違反）とされる（平井教授ほか[159]）。これに対して、（ドイツの不法行為法学からの影響であろうか）民709条

---

[159]　石黒・法協92巻10号評釈。同旨、四宮672頁、平井216頁〔民709条と714条との合体という〕。また、中島功「責任能力がある未成年者の監督義務者の責任」判タ1145号（2004）も責任肯定に積極的である。

と連続的に理解する有力説（自己責任的理解）がある（潮見教授[160]）。

・さらに、「相当因果関係」の要件をどう考えるかという問題が残る。かなり、「薄い因果関係」で足りるとすべきか（沢井286頁）。——通常の民709条の因果関係論ではない。Cf.民719条における「関連共同性」論。

（平井）は、義務射程に吸収する。

同旨、東京地判平成4.7.20判時1436号60頁〔17歳の暴走族高校生による事故事例。ぶらぶらした生活を放任していた親の責任を肯定する〕、東京高判平成6.5.20判時1495号42頁〔中野富士見中学いじめ自殺事件〕。

（学説）も、以前からこの立場を支持していた（松坂論文以降[161]）。

なお、近時成人に近い少年で、少年院に保護観察中のものが、暴行傷害事件を起こした事例について親権者の責任（監督義務違反）を否定する判決例が出ている（最判平成18.2.24判時1927号63頁）。——親権者の少年に対する影響力は限定的であり、保護観察の遵守事項を確実に守らせる適切な手段を有していたとは言えず、本件事件を予測できる事情もなく、再入院手続きを執るべき状態とも言え（ず、民709条の親の責任を認められ）ないとする。

＊**監督義務者の責任の説明のしかた**——本人に不法行為責任があるときに、（判例）は、民709条により、監督者の責任を認めていることは、上述したが、それと同様に、民714条の場合にも自己責任的に監督義務違反が帰責原因になるのであろうか（そのような見解として、吉村172-73頁）。そうだとすれば、旧民法（財産編371条以下）の立場のドイツ法的な修正ということになる（中間的責任。免責は、稀。吉村177頁）（民715条とパラレルの構造ということになる）。Cf.これに対し、危険責任的な説明をするものとして、四宮670頁参照。

＊その他、「身上監護型」「特定生活監護型」云々（四宮674頁以下、吉村176

---

(160) 潮見196頁。なお、林誠司「監督者責任の再構成」私法69号（2007）175頁でもその連続性を説くが、他方で、民714条の監督義務の階層構造を説くのであるから（176頁）、平井教授の立場と大差ない。

(161) 松坂佐一「責任無能力者を監督する者の責任」我妻還暦（上）（有斐閣、1957）、加藤（一）162頁、森島48頁など。

-77頁)は、何のための類型かわからないところがあり、深入りしない（吉田）。また、代理監督者が個人か、組織体もか、という対立もあるが、（判例）は、前者とのみ述べておく。

＊本条の平成16（2004）年改正（現代語化）により、免責事由として、民715条と同様に、因果関係がない場合も追加された。しかし、これは、確認的な字句追加であり、前述の薄められた因果関係などの評価には、影響はないと考えるべきであろう。

(2) 障害者の不法行為と民714条

ところで、民714条は、従来親の（子供の不法行為に関する）監督義務者としての責任が前面に出ていた（近時の若手論文[162]でもそうである）が、障害者の不法行為との関係でも、民714条の適用には、別種の重要な問題が投じられている。——すなわち、近時の（判例）は、精神障害者の他害の不法行為について、保護者の監督義務について積極的に解する立場が出されている（仙台地判平成10.11.30判時1674号106頁、福岡高判平成18.10.19判タ1241号131頁。これに対して、最判昭和58.2.24判時1076号58頁は慎重な立場であった（両親が高齢の事例））。Cf. 犯罪を犯した保護観察中の少年に関する平成18年最判（前掲）は、責任肯定に慎重である。

しかし、そこから生ずる方向性は、社会防衛的な配慮からM・フーコー的な意味での障害者の監視・管理・取締りの強化ということになりかねず、障害者福祉の近時の動向と相容れないものがある。難しい問題ではあるが、この側面では、——安易に親・家族による障害者の監視を強めることにならないような——被害者保護と障害者福祉とを切り離す補償制度が必要になるのではなかろうか（吉田）[163]。

---

[162] 例えば、日仏比較を行う、久保野恵美子「子の行為に関する親の不法行為責任(1)(2)——フランス法を中心として」（未完）法協116巻4号（1999）、117巻1号（2000）、日独比較を行う、林誠司「監督者責任の再構成」北大法学論集55巻6号以下（2005～）。

[163] この点について、吉田邦彦・医事法判例百選（有斐閣、2006）【36】解説参照。また、障害者福祉の理念の変遷については、さしあたり、佐藤久雄＝小澤温・障害者福祉の世界（3版）（有斐閣、2006）（初版、2000）によられたい。

第1部　不法行為法

(検　討)

1．障害者福祉（とくに精神障害者の場合）について、私宅監置（1900年精神病者監護法）から、施設医療（精神病院収容主義）（1919年精神病院法、1950年精神衛生法）、さらに、開放医療（ないしノーマライゼーション）（人権・社会復帰への配慮）（1987年精神保健法、1993年障害者基本法、1995年精神保健・福祉法）の方向に進んでいる。

　そして、——精神障害者に関する民714条責任に対応する——「監護義務者」（明治33（1900）年の精神病者監護法1条）は、その後、「保護義務者」（昭和25（1950）年精神衛生法20条以下）（その後の昭和63（1988）年精神保健法も踏襲している）、さらに、「保護者」（平成7（1995）年精神保健・福祉法20条以下）に受け継がれた（なお、同11（1999）年改正で、障害者の自傷他害に関する保護者の義務は削除された）。ともかく用語は、受け継がれているが、その福祉理念は、変貌を遂げている。

2．ところが、民事責任上は、伝統的通説（加藤博士ら[164]）は、判断枠組みとして、100年前と変わっていない。家族のものが、障害者を管理すべきであるという発想のままなのである。もちろん、これに対して、1980年代頃から、安易に保護義務者に民714条の責任を直結させるべきではないとの有力説が出され始めた（田村教授、山口教授、飯塚教授らの評釈[165]）。

3．障害者福祉理念の変遷のほかに、家族の介護力の低下、精神障害者の法主体性の重視（その裏面としてのフランス法的な障害者の自己責任の再考）、犯罪被害者給付金支給法（昭和55（1980）年法律36号）の充実による被害者補償の強化なども含めて、この領域での民714条責任の強化の方向性は、反省すべきであり、転換が図られるべきであろう（吉田）。

Q Ⅶ-1　民714条と民709条の両責任の要件の異同（とくにその義務違反のそれ）を検討しなさい。

---

(164)　加藤161頁、宗宮142頁、幾代180頁、注民（19）261頁（山本進一）など。
(165)　田村和之・判評280号、山口純夫・判評293号、飯塚和之・判タ656号など。

第7章　複数者の不法行為（特殊的不法行為その2）

> **QⅦ-2**　精神障害者の監督義務者の不法行為責任には、どのような問題があるかを述べ、それに代わる代案を検討しなさい。

7-3　使用者責任（民715条）

7-3-1　序——本条の今日的意義の減退（？）

従来は、企業などの組織体に責任追及するための根拠条文とされたが、近時は、民法709条による企業責任（企業それ自体の過失）という考え方が出され（7-3-4参照）、それによるならば、本条の適用範囲は狭まる。

また、自動車事故に関しては、特別法（自賠法）制定前には、本条で対処されたが、今では、自賠法3条に取って代わられている。

→　相対的には、ウェイトは低下したといえそうだが、それでも、個人主義的アプローチは根強く、重要な条文である。

(1)　国家責任との関係

本条に、対応する国家責任は、国賠1条（公務員による不法行為）であり、重要規定で、判決例も多い。

(ex.)・学校事故（最判昭和62.2.6判時1232号100頁、同昭和62.2.13民集41巻1号95頁、判評352号吉田）（前者は肯定、後者は否定）。

・なお、児童養護施設におけるいじめ的暴行につき、その施設運営の社会福祉法人の民715条の責任は否定するが、児童福祉法上入所委託した県の国賠1条の責任を肯定するものが出た（最判平成19.1.25民集61巻1号1頁）。——社会福祉法人の責任を否定した論理は、形式論（職員の民709条の責任は否定されるからとする）でその実質的考慮はわかりにくいが、児童養護を委託された民間主体が行政主体に対して独立性を失っていることを根拠にすべきではないかと思われ（同旨、田上評釈）、そうなると、今後民営化で独立性が高まると、法人の責任の余地は出てくるように思われる[166]。

---

[166] 田上富信・私法判例リマークス37号55頁参照。その際には、行政の民間委託の際の応諾義務（児童福祉法46条の2）、委託料経費について交渉の余地がないこと（同法49条の2、50条1項7号）などを考慮されている。
　これに対して、社会福祉法人の安全配慮義務違反（債務不履行）の責任、な

第1部　不法行為法

・また、知的障害者の就労の場における暴力、賃金搾取、劣悪な条件下での労働に関して、使用者の民709条の責任とともに、施設設置者（県）の調査義務違反、国の労働基準監督署の監督義務違反を認めて国賠1条の責任を認めるものも下級審で出てきている（大津地判平成15．3．24判時1831号3頁（滋賀県サン・グループ事件）判評544号吉田）。
・薬害訴訟などで、不作為の不法行為（規制権不行使のそれ）が問題とされる（結論は消極）（最判平成7．6．23民集49巻4号1600頁〔クロロキン薬害訴訟〕、最判平成元.11.24民集43巻10号1169頁〔宅建業法上の免許付与に関する〕）。Cf. 熊本地判昭和62．3．30判時1235号3頁〔熊本水俣病第3次訴訟第1審判決〕、東京地判昭和53．8．3判時910号19頁〔東京スモン判決〕など——積極的判断。

＊国賠1条と民715条との相違
1．選任・監督上の注意義務を尽くすことによる免責はない。
2．被用者（公務員）の対外的個人責任の否定（判例）（通説）。Cf. もっとも、例外的に、「明白に違法な公務」につき、公務員の個人責任を肯定する裁判例もある（東京地判平成6．9．6判時1304号40頁）。
3．求償は、故意・重過失ある場合に限られる（1条3項）。

☆「児童養護施設、知的障害者の施設・就労における居住福祉と責任問題」を考える
① 上記の判例に出てくる「児童養護施設」とはどのようなところか、耳慣れない方もおられるかもしれないので、若干の説明を加えておこう。これは、年々事態が深刻になる「子どもの虐待」——親による虐待で死亡する子どもの数は、数十人に及んでおり（2005年に38人、2006年に59人）また、児童相談所における児童虐待の相談件数は、1990年度を100（1,101件）とすると、2001年度には、2113（23,274件）という具合に、鰻登りになっており、その社会的ケアの需要も急増していることがわかる——の受け皿になっている施設で児童福祉法41条に基づくものであり、全国に558施設存在しており、そこに、高校

いし組織体としての民709条の責任を認めるべきだとする見解として、岡田正則・賃金と社会保障1445号75頁、豊島明子・平成19年重判解【行政法10】57頁、武田真一郎・判評585号16頁参照。

第 7 章　複数者の不法行為（特殊的不法行為その 2）

生までの子どもが 2 万 9,850 人生活している[167]。

　しかしこうした虐待児童に対する福祉施設の状況は貧しく、予算も決して充実しているとは言えない。例えば、職員の配置基準は、職員 1 人対子ども 6 人という昭和 51（1976）年に定立されたままで、なかなか子供のケアに目が行き届かない状況で、長時間労働を強いられているとのことである。しかも、虐待児童の急増により、児童相談所はあふれかえる状況なのだが、施設は、過密状況なのである（施設の規模は、大舎制〔1 舎 20 人以上〕、中舎制〔1 舎 13〜19 人〕、小舎制〔1 舎 12 人まで〕に分けられるが、全体の 7 割が、大舎であるのは、スタッフの乏しさに由来する）。高齢者福祉がマスコミなどで脚光を浴び、しばしば政治的討議の対象となるのに比較して、（虐待）児童福祉が、周縁化されているのは、現実の必要性とは裏腹に、「子供たちの声」の政治的発言力としての弱さゆえではないかと思われる。私もゼミ生とともに、札幌中央区に所在する札幌南藻園（定員 48 人）を訪問したことがあるが、児童の部屋は、4 人以上の相部屋で、高齢者のユニットケアなどとは程遠い状況であり、入浴も週 3 日であるという事実にも驚かされた（そうするしか予算がないとのことである）。

　従って、国賠責任訴訟を論ずるのもよいが、しかしそれだけで、スタッフの注意義務の強化という形で締め付けるというのは、あまりに一面的ではないか。問題の背景となるこうした制度的環境整備について、改革を図らなければ、事態は構造的に好転していかないと思われる。

　② 同様に「政治的声」が弱いのは、知的障害者の問題であり、全国さまざまなところで、障害者の人権を無視した奴隷労働が存在しており、上記サン・グループ事件は、「氷山の一角」であることに思いを致すべきであろう。札幌でも類似事件が再度判明して、知的障害者更生相談所は、対処の記録を義務付情報共有の徹底を図ることが確認されている[168]。ただ、ここでも大事なことは、単に外部的な監視態勢の強化（上記国賠事例もそのように機能するであろう）

---

(167)　児童養護施設の逼迫ぶりについては、例えば、朝日新聞 2007 年 2 月 17 日 b 3 面参照。

(168)　これについては、毎日新聞社社会部取材班・福祉を食う――虐待される障害者たち（毎日新聞社、1998）、副島洋明・知的障害者奪われた人権（明石書店、2000）など参照。また札幌の事案については、朝日新聞 2008 年 3 月 7 日（北海道版）34 面参照。

とともに、わが国における知的障害者のノーマライゼーションの先進地域である北海道伊達市、とくにそれを支える同市の地域生活支援センター旭寮のような取組を伝播させ、障害者がノーマライズされ、その人権尊重の思想（に定位する雇用創出、生活支援の事例）が、拡充していくことであろう。それとの関係で、それを支えるスタッフに不利に作用する側面が障害者自立支援法にはある点（報酬算定が、高齢者の要介護度を基準にされると、知的障害者の場合のスタッフの賃金には不利に作用しうる点）は、再考を要するのではないかと思われる。

(2) 性質論

・中間的責任。──使用者側は、選任・監督上の注意義務を尽くしたことの立証ができれば、免責される（715条1項但書）。もっとも、その免責は、容易に認められない（Cf. ド民831条）ので、実際には、無過失責任に近い。
　Cf. 旧民法（財産編373条）では、フランス式に（フ民1384条V項）、使用者の無過失による免責を認めていなかった。→　しかしその後、ドイツ的に修正されたが、実際の運用は、ドイツと違い、免責はあまり認められないのである。

・自己責任か、代位責任か。──わが国は、両者をミックスしてものになっているが、強いて言えば、フランス的か。

＊使用者責任の構造に関する立法例の対立
　１．フランス・イギリス型──被用者の不法行為要件だけを問題にする。使用者は代位責任をおう。
　２．ドイツ型──使用者の自己責任を問い、被用者の過失を問題にしない。

　従来、一般的には、代位責任とされる（被害者救済の社会的要請が強まる大正期から〔鳩山以降〕）（条文上、明示的ではないが、被用者の民法709条の不法行為を前提とする）。──そして、その説明としては、「報償責任」といわれる。
　この点で、上述したように、比較法的に立場が分かれ、英米のvicarious liability及びフランス法は代位責任的で、これに対して、ドイツ法は、自己責任的である（被用者の有責性を前提とせず、「使用者の過失」に基づく責任だとされる）。
　近時の企業責任的アプローチは、かかる見方に反省を迫る──ないしは、

民715条の限界を示唆する——動きだと見うる。

7－3－2　要件論——とくに、「事業の執行について」（現代語化前は、「事業ノ執行ニ付キ」）の解釈

(1)　使用者・被用者の関係（使用関係）の存在
・広く肯定される。——指揮監督関係があれば足りる（請負でも。原則として、使用関係はないが（民716条参照）、元請と下請けの場合には、認められやすい。最判昭和45.2.12判時591号61頁）。

(2)　被用者の不法行為（民709条）……要注意！　Cf. ドイツ型。

(3)　「事業の執行について」（現代語化以前は、「事業ノ執行ニ付キ」）……「ために」よりは広く、「に際して」よりは狭い（起草者。これにつき、四宮688頁参照）。

(i)（判例）——かつては、事業執行と一体不可分の行為、しかも、事業執行としてなすべきこと（事項）の現存が、要求された（一体不可分説）。

Cf. 単なる地位の濫用では、該当しないとされた。……当初、学説もこれを支持した（松本烝治、薬師寺、団野、瞱道てるみち）。→　しかし、大正15年の連合部判決（大連判大正15.10.13民集5巻785頁【91】（1版）神田(孝)〔株券偽造のケース〕）で、変更・拡張される（＝外形理論、外形標準説）。……行為の外形から判断して、客観的に事業活動に属し、職務範囲内であれば足りる。被用者の主観的状況（権限濫用になる、自己の利益満足など）を考慮しない[169]。

(N. B.)

1．戦後、最高裁の「外形理論」（すでに、大判昭和15.5.10全集7巻699頁が言及する）を、明示的に展開して（その例として、最判昭和40.11.30民集19巻8号2049頁【80】〔職務配転後の、手形偽造の事例〕）、しかも、（既に大審院の頃から）自動車事故のような事実的不法行為についても、これを適用する（最判昭

---

[169]　鳩山秀夫・日本債権法各論下巻（岩波書店、1919）917頁。——当時は、過失責任が克服されて、危険責任の考え方が導入された頃である。
　　大正15年判決の詳細については、神田孝夫『「事業ノ執行ニ付キ」に関する研究序説』北大法学38巻5＝6合併号（1988）（同・不法行為責任の研究（一粒社、1989）に所収）。

第1部　不法行為法

和30.12.22民集9巻14号2047頁〔通産省事件。通産省の大臣専用車に、辞表を提出した大臣秘書官を私用で乗車させて、交通事故を起こしたという事例〕ほか）。

2．信頼保護の側面から、相手方に悪意・重過失がある場合には、使用者責任を否定する（判例）（最判昭和42.4.20民集21巻3号697頁〔悪意の事例。取引行為については、外形に対する第三者の信頼保護が目的だとする〕、同昭和42.11.2民集21巻9号2278頁【81】〔重過失について、一般論を展開して、破棄差し戻し〕）。さらに、民44条についても同旨のものとして、最判昭和50.7.4民集29巻6号1012頁がある。

Cf. これに対して、単なる（軽）過失ならば、使用者責任は肯定される（同昭和45.2.26民集24巻2号109頁）。しかも、近年、容易に重過失は認定されず、単なる過失相殺にとどめる傾向がある（神田解説。最判平成6.11.22判時1540号22頁）。

＊これは、条文にはない要件の追加であり（星野・法教127号）、その意味で盲点的論点である。──取引法（契約法）と、パラレルの処理であるといえる（ややゆるいが）。

Cf. 表見代理（民110条など）……相手方の善意・無過失要求。

代理権濫用（民93条類推適用）……善意・無重過失要求。

3．なお従来外形理論の射程は広く、（判例）は、違法行為についても、事業との関連性を肯定していたが（例えば、暴力行為に関するものとして、最判昭和44.11.18民集23巻11号2079頁、同昭和46.6.22民集25巻4号566頁、窃取行為に関するものとして、最判昭和48.2.16民集27巻1号132頁）、近時は、絞り込むものが出てきている（最判平成15.3.25判時1826号55頁〔郵便局の保険外務員による（顧客に対する）個人的融資の依頼・金銭騙取について、Y（国）の事業の範囲外だとする〕）。……やや概念法学的区別であり、顧客の外形への信頼保護という従来の路線とアンバランスではないか（吉田）。

(ii)（学説）からの、「外形理論」に対する批判。

1．以前から、事実的不法行為についてまで外形理論を及ぼすことに対しては、批判がある。──「外形に対する信頼」の余地はないから（末弘博士ほか[170]）。

2．また、(判例) は、やや抽象的な説示にとどまるとして、より具体的・積極的・実質的な基準が模索される（末川・川島博士ほか[171]）。──例えば、① 不法性を除けば、事業執行行為自体となる、② 職務の性質上、通常なす危険のある行為か否か、③ 客観的に支配領域内か否か、などの基準である。

3．さらにその後、これを進める形で、判例分析から判例法理を再構成する動きが見られる（田上論文[172]）。──すなわち、① 使用者側の事情として、(イ)危険の創出性、(ロ)予防措置の欠如（取引的不法行為よりも、事実的不法行為の場合に、厳しく基準設定される（55頁）〔加害行為と使用者の事業との関連性の要求〕）、② 他方で、被害者側の主観的事情──とくに、取引的不法行為の場合。これに対して、事実的不法行為の場合には、例外的に、事情を知って、同乗したような場合に考慮されるくらいである。

(吉田)「外形理論」に、充分代替できるものになっているか疑問もあり、① 取引的不法行為ならば、判例理論、② 事実的不法行為ならば、危険支配領域説（加藤(一)・前掲のほか、四宮693頁、森島43頁以下、内田455頁）でよいのではないか（同旨、浦川解説）。

(4) **免責事由**……実際には、ほとんど認められていない。

(5) **「事業」の範囲と暴力団の使用者責任**[173]

「事業」は、ひろく「仕事」というくらいに解されているので、近年は、暴力団（ないしその組長）の不法行為責任の追及の手段として、民715条が注目されている（平成3 (1991) 年5月、暴力団対策法制定、同4 (1992) 年10月以降、

---

(170) 末弘・民法雑記帳（下）（日本評論社、1948〔1980〕）146頁、加藤(一) 182頁以下ほか。
(171) ①は、末川・論叢6巻1号 (1921)、②は、川島・判民昭和11年度63事件、③は、加藤(一) 183頁。
(172) 田上富信「使用者責任における『事業ノ執行ニ付キ』の意義」現代損害賠償法講座6（日本評論社、1974）。同旨、幾代＝徳本207頁、平井235頁〔職務との関連性・近接性を問題とする〕。
(173) 日弁連（民事介入暴力対策委員会）・暴力団の不法行為責任（有斐閣、1994）。

第1部　不法行為法

組長の使用者責任追及の研究部会での検討）。Cf. 民 719 条では、組長の「関連共同性」——共謀、教唆の立証が難しい場合が多い。

- 「事業」の捉え方として、違法事業を含まないとする見解は、かつては一般的だったが（森島・幾代教授など[174]）、近時の多数説は、違法な事業も含まれるとする（平井教授ほか[175]）。

　（判例）でも、近時は、暴力団につき、使用者責任を肯定するものが登場し（那覇地判平成 8.10.23 判タ 942 号 166 頁、千葉地判平成 9.9.30 判タ 957 号 288 頁、さいたま地判平成 13.12.21 判時 1774 号 17 頁〔縄張り内の居酒屋にキャンペーンで立ち寄った演歌歌手に暴行し、死亡させた事例。組長、組長代理の使用者責任、代理監督者責任を肯定する〕）、そして最高裁でも民 715 条により、組長の責任を追及するものが現れた（最判平成 16.11.12 民集 58 巻 8 号 2078 頁〔山口組と会津小鉄との対立・抗争から、誤って警備中の警官を射殺したという事例。原審と同様に暴力団組長の民 715 条の責任を肯定する〕）。……下部組織のメンバーの対立抗争につき、ピラミッド上位の組長の責任を認めたという意味でも注目されよう。

　もっとも、同判決多数意見では、「組織の経済的利益獲得行為」に、「事業」の概念的線引きをして、「対立抗争」はその埒外とする（後述）。

- 「職務執行性」についても、当該加害行為が、その職務執行の遂行過程で生じていればよい。……組のシノギ（経済的基盤確保行為としての、みかじめ料〔用心棒量〕取得のための監督・取り締まり、賭博、麻薬・覚せい剤密売、民事介入暴力、競売妨害行為）の過程で、また縄張り争いの抗争で生ずればよい。
- 指揮監督関係の点では、問題ない。

（問題点）

　しかし、① 現実問題として、被害者となった一般市民にどこまで暴力団の責任追及の主体としての役割を期待できるのであろうか、よくわからないところがある（「背に腹は代えられない」ような事態もあろうが）。

---

(174)　森島・注民（19）（有斐閣、1965）285 頁、幾代＝徳本 203 頁。
(175)　平井 228 頁、古くは、谷口・民商 36 巻 3 号（1957）64 頁。

② 他方で、被害者保護、加害行為抑止の必要性は大きく、事業の要件として、その適法性を要求する論理的必然性はない[176]ことが鮮明されてきたことの意義は、大きい。

③ また、射程として、(i) 暴力団相互の対立抗争（平成16年最判。なお同判決は、これと、シノギ行為などの経済的利益獲得行為との関係につき、後者のみを「事業」とする多数意見と、前者・後者ともに「事業」とする北川補足意見とに見方は分かれるが、結論的に「事業の執行について」と言えるとする点では、見解は一致するのである。従って、概念区分上の対立に止まるのであるが、多数意見の方が、「事業」(business) という用語の日常言語上の解釈として、概念上の限界に忠実といえよう（吉田））と、(ii) 同一組織内の内部抗争の場合、さらに、(iii) 暴力団がその場の感情から暴れた場合とで、被害者にとっては、区別する理由はないが、暴力団組織の拡充を図っての他組織との対立・拮抗が、その事業だとする平成16年最判の論理からは、区別が出かねない。この点をどう考えるか。——いずれも、組長は、暴力団の内部的コントロール・規律違反の側面があるとして、その組織体の過失責任（民709条責任）として、組長の責任を問えないか（吉田）（その際には、組織体の過失は、ある程度抽象化させて理解される必要があろう）。

QⅦ-3　使用者責任に関する立法例の対立（「自己責任型」「代位責任型」）を論じて、民法715条を比較法的に位置づけなさい。

QⅦ-4　民法715条と国賠1条の異同を述べなさい。

QⅦ-5
(1) 暴力団（組長）の使用者責任が追及されるようになった背景を論じ、その際、どの要件が主に問題になるか、またそれについての見解状況を、説明しなさい。

---

(176)　この点は、田上富信「違法な事業活動と使用者責任（上）」判評477号(1999) 2‐3頁、菅野直樹「組長訴訟の現状と課題」自由と正義55巻7号(2004) 82頁なども指摘する。

第 1 部　不法行為法

(2) 平成 16 年最判の法律構成の問題、それを克服する方途について、論じなさい。

Q Ⅶ - 6　「事業ノ執行ニ付キ」に関する外形理論の意義と限界を論じなさい。

7-3-3　被用者への求償の制限

被用者・使用者の責任の関係は、不真正連帯債務——さしあたり、民法が定める連帯債務（民 432 条以下）とは違い、相対効（民 440 条）を徹底させたものと、理解しておこう——とされ、ここでは、対外的責任につき支払いがなされた後の、（負担割合に対応すべく）責任者相互での支払いの調整をするプロセス（それを、「求償」という）を扱う。

民 715 条 3 項では、使用者の「求償権」を妨げないとする。
（根拠）① 債務不履行（梅・要義巻之三 897 頁（最終的に、被用者が支払うべきだとの前提がある））、② 不法行為説もある。近時一般的なのは、③（求償型）不当利得というものである（四宮 711 頁のターム。なお、鳩山・各論（下）923 頁では、使用者の負担部分はゼロだとし、その背後には、代位責任的理解がある）。

- しかし、その後、**制限論**が出る（石田博士以降[177]）。……代位責任説的発想への批判の一側面であることに注意せよ。
  （吉田）使用者にも「負担部分」があるとすべきである。

＊求償権制限の必要性　Cf. 国賠 1 条でも制限されている。
(1) 損害を全て被用者に転嫁するのは、苛酷であり、報償責任・危険責任の趣旨からも問題がある。
(2) 事故の原因は、使用者側にも存在する（ex. 労働条件など）。
(3) リスク分散における使用者側の優位さ。

（判例）も、信義則上制限を認めている（最判昭和 51.7.8 民集 30 巻 7 号 689 頁

---

[177]　石田（文）283 頁、我妻 178 頁、加藤（一）190 頁〔共同不法行為者間の負担部分の問題だとする〕。

第 7 章　複数者の不法行為（特殊的不法行為その 2）

【82】──「事業の性格、規模、施設の状況、被用者の業務の内容、労働条件、勤務態度、加害行為の態様、その予防・損失分配についての使用者の配慮の程度、その他の諸般の事情」に照らし、損害の公平な分担という見地から、信義則上相当の限度において請求できるとする。本件被用者は、小型貨物自動車運転手で、事故当日偶々タンクローリー運転手の欠勤のために、特命により運転することになり、勤務成績は普通以上で、給与は月額約 45000 円、他方で、使用者は、従業員約 50 人、資本金 800 万円、経費削減のために、対人保険にのみ加入していたという事案。信義則上、4 分の 1 が限度だとする）。

（考量因子）

(i) 被用者の加害行為の態様──被用者の有責性、非難性（ex. 重過失、指揮命令違反、無断運転））。

(ii) 使用者側の事故への寄与度、加功度（ex. 過重労働、運転強制、杜撰な監督、整備不良）。

　　……基本的にこの二つであろう（吉田）。

(iii) その他、損失分配・分散の見地からの考慮。

・任意保険の未加入（付保の状況）。

・事業規模・性質、賃金の低廉さ。

・日常の勤務態度。

(N. B.)

・使用者側に具体的関与が認められない場合でも、──「事業上不可避的な危険」として──求償制限はされることも認めてよい（同旨、能見教授[178]）。……被用者に特別の有責性がなければ。

・被用者の対外的責任（民 709 条）とのアンバランスの問題。──その回避の仕方として、被用者の逆求償権（ドイツ、オーストリア）ないし対外的責任の制限（スウェーデン）があるが、（学説）上は、前説が強い。

＊使用者が複数いる場合の求償問題。──（判例）は、(1) 被用者が、複数いることに対応して、使用者が複数になるときには、各被用者の過失割合に応じて決め（最判昭和 63.7.1 民集 42 巻 6 号 451 頁）、(2) 同一の被用者について、使用者が複数いるときには、各使用者の事業の執行との関連性、指揮監督

---

(178)　能見・法協 95 巻 3 号評釈 601 頁。

の強弱などから、割合を決するとされる（最判平成3.10.25民集45巻7号1173頁〔加害被用者A、Bにつき、Aの使用者は、X社、Y社、Bの使用者はZ社だったという事案で、①　まず、XYの負担割合とZの負担割合を、ABの過失割合に応じて決め、②　その上で、X、Yの負担割合を(2)の基準で決めるということになる〕）。

Q Ⅶ－ 7　被用者への求償（民715条3項）及びその制限の理屈付けを述べなさい。

---

7 － 3 － 4　性格論を巡る近時の動き——企業責任論

・従来は、（免責条件付き）代位責任説。……沿革的に、日本法は、フランス法・英米法などと同様の立場（旧民法財産編373条では、免責は認められていなかったし、今日民715条においても、実際には免責例は余りない）。

　Cf. しかし、一時期は、「学説継受」により、ドイツ的な過失責任説（使用者の過失から根拠づける立場）が主張されたことがあった（川名、曄道(てるみち)、長島）（なおさらに、現行民法は、旧民法と違い、ドイツ民法的であり、715条1項但書による免責も排除されず、それは、『使用者免責を認めないと経済を阻害するというドイツの経済状況は、わが国のそれと共通する』との見方があったとする分析がある（田上論文）[179]）。

・近時、これに対する問題提起がなされ、被用者の責任を前提とすることを問題とする。——① 過失、責任能力の認定に無理が出て、② また、求償権（民715Ⅲ）の問題も出る。③ さらに、個人主義的なアプローチも、実態に合わなくなってきている（医療過誤について、前述）。

　→　新たな方向付けとして、以下の二つがある。

(1)　ドイツ的考え方の復活（田上論文[180]）

……自己責任〔使用者の過失責任〕として、民715条を再解釈する。他面で、被用者の有責性（Verschulden）を問題にしない（92－93頁。違法性阻却は認める。求償の段階で被用者の有責性を問うにとどまる）。もっとも、免責には、慎重な立

---

(179)　田上富信「使用者責任」民法講座6（有斐閣、1985）468頁参照。
(180)　田上富信「被用者の有責性と民法715条——代位責任説克服のために一試

場をとる（88頁、92頁）。

（吉田）その後、この方向には行かなかったが、興味深い論文である。

(2) 他条文による処理

① 民717条類推適用（我妻ほか）。……要件上の難点があった（前述）。

② 民709条による「企業責任」（神田孝夫論文[181]）。

・企業それ自体の過失から帰責する。その限りで、被用者の責任は問題とされない。

・公害・薬害訴訟での下級審裁判例も、採用する（例えば、熊本地判昭和48.3.20判時696号15頁（熊本水俣病）、福岡地判昭和52.10.5判時866号21頁（カネミ油症）。反対、東京高判昭和63.3.11判時1271号3頁（クロロキン薬害訴訟））。

＊vicarious liability から、enterprise liability への流れは、アメリカでも広く認められる動きである。

（メルクマール）：(i)職務遂行過程での行為という性格、(ii)職務の危険内蔵性、(iii)個人の組織への埋没度。Cf. 故意的行為。

（具体例）：(a)大工場での製造物の瑕疵、(b)チーム医療における医療過誤（医師の個人責任を問題にしないということには、医療経営学の見地から意義があることは、前述している〔4－2－5参照〕）、(c)報道機関の名誉毀損責任（個々の記者の責任を問題にしない）、(d)暴力団の組織体、従ってそのリーダーの組長の責任など。

・かく解すると、民715条に振り分けられるのは、同条本来の日常的事例、家事使用人的事例に狭められ、免責、求償なども認められやすくなるであろう（吉田）。

・（学説）は、その後、神田説をおおかたは受け入れ、多数説化している（吉田も。反対、平井227頁〔改説である〕）。――個人主義的アプローチには、限界があるという現代的観点からも支持されるであろう。

論」鹿児島大学法学論集8巻2号、9巻2号（1973～74）。

(181) 神田孝夫「企業の不法行為責任について」北大法学21巻3号（1970）〔同・不法行為責任の研究（一粒社、1989）に所収〕、同「『企業ないし組織体の不法行為』の法理」新・現代損害賠償法講座4（日本評論社、1997）。

> QⅦ-8　いわゆる「企業責任論」が説かれるようになった背景及びその具体的場面を検討しなさい。

7－3－5　他の責任との関係

(1) 　民44条1項……実質的に同じ（免責はない）。
(2) 　国賠1条（前述）……これも重要な領域である。
(3) 　自賠法3条（前述）……これも重要。性質論として、民717条的である（民715条とはやや異なる）（一元説）であることは、前述した。
(4) 　表見代理責任との関係
　　（判例）は、いずれの法条をも適用する。
　　（学説）は、従来代理法（取引法）を優先的に適用する見解が有力であった（川島、我妻、森島・注民（19）275頁）が、（判例）支持説もある（川井152頁、沢井288頁）。
・効果に違いがある。——all or nothing ではなく、損害賠償（民715条）の場合には、過失相殺（民722条2項）による中間的解決をはかることができるところに意義がある。また、従来の学説には、取引的不法行為に関する限定的・消極的前提があって問題であるし、さらにいえば、表見代理の効果とて、不法行為の原状回復的救済方法と見れば、両者ともに認めること（判例の立場）になんら問題はないであろう（吉田）。
(5) 　債務不履行責任——履行補助者論（後述）
　民715条よりもやや重い責任。——債務者に過失がなくても、履行補助者に過失があれば、責任を負うとされる。（学説）は、後に見るように大議論がなされているが、実際には大差ないのではないか。今後は、（履行補助者に過失なくとも負う）厳格責任というのであれば、違いが出てこようが（吉田）。

> QⅦ-9　表見代理を不法行為だと論ずる国（フランス）もあるが、使用者責任との要件・効果における異同を述べなさい。

7－4　共同不法行為（民719条）

伝統的通説は、1970年代以降に塗り替えられつつある。実務（下級審判決）にも影響している。

7－4－1　伝統的通説の理解——狭義の共同不法行為（民719条1項前段）
(1)　伝統的学説[182]

民719条の趣旨・意義を、被害者救済の強化、すなわち、分割責任原則（民427）の排除に求める。

（要件）
1．各人が民709条などの不法行為の要件を充たす。従って、（相当）因果関係も要求する。
2．他方で、「関連共同性」の要件については、共謀の意思、共同の認識は不要であり、広く「客観的関連共同性」で足りるとされる。

（効果） は、「不真正連帯」とされる。

（検討）
・こうなると、民709条などの不法行為責任規定の競合適用と大差ない。
・「客観的共同」と解する根拠としては、しばしば沿革的理由が挙げられる。
——旧民法財産編378条から、「共謀」の字句が、削除された。
　① しかしそれは、連帯債務と全部義務との区別を廃して、客観的共同的なものを取り込み、連帯債務に一元化したこととリンクしており、必ずしも「主観的共同」が不要とされたわけではない（むしろ、梅・要義巻之三907頁は、共謀の例を挙げる）。
　② 既に、古くから、主観的共同説があり（岡松・下492頁）、戦前にも、客観的共同では足りないとする有力説もあった（末弘・川島両博士[183]）。
　　——そして、この説では、「相当因果関係」を超えて、他人の行為による損害についても、責任を負わせるという独自の意義を民719条に与えることになっていた（！）。

---
(182)　川名743頁以下、鳩山（下）927頁以下（934頁）、我妻193頁以下（194頁）、加藤（一）207-08頁、徳本（鎮）・注民（19）323頁以下（325頁）、四宮・判コメ294頁。川井204頁も、通説に近い。

(2) 判例の状況

- 一般論として、（通説）と同様である（各行為との相当因果関係を必要とし、客観的共同（「共同の原因」）で足りる〔通謀、意思の連絡・共同は不要〕とする）。

  ……大判大正2．4．26民録19輯281頁（（倉庫会社による）寄託物と符合しない倉庫証券の発行、及び、（寄託者が）それを担保として銀行から金員を詐取したという事例）以降である（「共謀其ノ他主観的共同ノ原因」による必要はないとする）。

- 戦後も、最判昭和43．4．23民集22巻4号964頁（山王川事件。山王川の高濃度窒素による汚染で、それを灌漑用水に用いた農家に損害を与えたという事例で、深井戸掘りの費用の賠償を認める）では、傍論的ではあるが、同様のことを述べる（「各自の行為が、客観的に関連共同して違法に損害を与えて、各自の行為がそれぞれ独立に不法行為の要件を備えるとき」に共同不法行為が成立するという）。──本件は、一般的不法行為で足りたケースである。

- もっとも、実質的には、（判例）は、「因果関係」の要件を緩和しており、反面「主観的共同」で説明できるケースが少なくないと指摘される（淡路・ジュリスト898号90-91頁）。また、現実には、事実的因果関係の証明がないのに、「関連共同」のゆえに、責任が肯定される機能が与えられているともされる（能見・争点Ⅱ175頁）（その際には、単なる客観的共同では足りないとの指摘がある（川島評釈））。
  (ex.)

  大判昭和9．10．15民集13巻1874頁判民133事件川島（青森県の水利組合同士の灌漑用水を巡る騒擾）では、因果関係ありとするには、加害者が自ら加害の現場にあることを要せず、決議に参加した者も、現場加害者とともに共同不法行為責任に任ずるとする。

  近時のものとして、最判昭和62．1．22民集41巻1号17頁（京阪電鉄レール上への中学生グループによる置石、脱線・転覆事故）でも、厳格な責任が問われている。──置石の実行行為者との共同の認識・共謀でない者で

---

(183) 末弘1100頁〔「共同の意識」を要するとする〕。川島・判民昭和9年度133事件でも、「共同する意思」を要求する。

も、事前にその動機となった話し合いをして、現場で置石を知り、また事故発生につき予見可能であるならば、先行行為に基づく義務として事故発生防止義務を負うとする。

　……民709条によっているが、もっと、「共同不法行為」的性格をクローズアップさせてしかるべきではないか（吉田）。

7-4-2　新たな動き──民719条の意義の問いかけ
(1)　問題提起
＊諸説出されているが、基本的な「問題提起」の中身の理解は、難しくない。
・従来の（通説）では、民719条でも、民709条による処理と大差ない。「共同不法行為」制度の存在が無意味になる。というよりも、むしろ、（通説）では、被害者は民709条よりも重い立証負担を負うという妙なことになっている。
　→　民719条の存在意義、機能を検討する必要がある。
　　　他方で、民709条で処理できる場合には、「独立的不法行為の競合」（競合的不法行為）として、共同不法行為論から除外して考える必要がある。
……こうした批判は、（川島）の問題提起を受けて、平井論文（1972年）[184]で本格的に論じられる（吉村220頁などは、プライオリティを明示する必要があろう）。
・「関連共同性」要件に着目し、（事実的）因果関係がなくとも、全額の賠償責任を認めるところに、民719条の意義を認める。その反面で、「関連共

---

(184)　平井宜雄「共同不法行為に関する一考察」川島還暦Ⅱ・民法学の現代的課題（岩波書店、1972）。

　ほぼ同旨、淡路剛久・公害賠償の理論（増補版）（有斐閣、1978）126-27頁、129-31頁（①弱い客観的連関──民719条1項後段はこれだけで足りる。②強い関連共同性──民719条1項前段の問題とし、さらに、強い主観的関連がある場合と強い客観的関連がある場合（原因行為、結果発生の面でそれがあり、利益共同体である場合）とに分ける）、能見善久「共同不法行為に関する基礎的考察⑵」法協94巻8号（①主観的関連共同性と②客観的関連共同性とに分ける）。

　なお、浦川道太郎・民法学⑹168頁以下は、「集積の利益」ということから、全部責任を根拠付ける。

同性」に絞りをかける必要が出てくる。とはいえ、主観的共同のみに限定することもできない。

→ ① 意思的共同不法行為

② 客観的共同不法行為……工場同士らの物理的近接度、操業状態、地域性、排出の必要度などの考量による（平井193頁以下）。

Cf. 民719条1項前段を、「主観的共同」に限る見解。……これも、学界では有力であり（森島教授、前田（達）教授など[185]）、ド民830条Ⅰ項1文と同様の扱いとなる（「客観的共同」は、1項後段の拡張により、処理すると説かれる）。

(2) 下級審実務への反響と今後の課題

津地四日市支部判昭和47.7.24判時672号30頁【85】（4版）、【公環3】加藤（雅）（四日市ぜんそく事件）（コンビナート公害で、関連的（客観的）共同不法行為のケース。石油精製、火力発電、石油化学工業など工場の密集で、硫黄酸化物によるぜんそくなどの閉塞性肺疾患を生む）——強い関連共同性（より緊密な一体性）がある場合には、因果関係が存在しなくとも、結果に対して責任を免れないことがあるとする。その点で、民709条のほかに、719条を設けた意味があるとする。

* 強い関連共同性として、① 資本的結合関係、② 人的交流、③ 境界の囲障もなく、パイプによる製品、原料、蒸気の受け渡しがなされていることを挙げる。——だから、各人の行為と結果との間に因果関係がなくとも責任を免れないとする。

(a) 三菱油化　　→　　(b) 三菱化成　　→　　(c) 三菱モンサント化成
（石油化学基礎　　　　（二次製品塩化ビニー
製品エチレン　　　　　ルエチルヘキサノール
などの製造）　　　　　など製造）

(a)(b)、(a)(c)の間にこの関連共同性を認め、(b)(c)の間には否定する。

……民719条1項前段の問題として、強い関連共同性、弱い関連共同性を論

---

(185) 森島104頁、同・ジュリスト458号、前田（達）・帰責論180頁以下、幾代・民法研究ノート（有斐閣、1986）221頁）。もっとも、前田達明教授は、自己の行為の利用の認容で足り、「過失」によるとする（181頁、183頁）。

第7章　複数者の不法行為（特殊的不法行為その2）

じており、その部分は、まだ法律論として未熟である（吉田）。

Cf. もっとも、吉村 227 頁は、これを支持している。また、加藤(雅)解説 13 頁は、民 719 条 2 項によるべきだとするが、疑問である。平井説との関係の理解にも賛成できない（「意思的」類型だとするが、「関連的」類型ではないか）。

・近時の西淀川大気汚染判決（大阪地判平成 3．3.29 判時 1383 号 22 頁　Cf. 大阪地判平成 7．7．5 判時 1538 号 17 頁【83】）などでも同旨である。

　ここでも、硫黄酸化物による慢性気管支炎などの健康被害（窒素酸化物については、因果関係が否定される）。――民法 719 条 1 項前段は、「強い関連共同性」がある場合だと述べ、それについては、各々に連帯責任を負わせるのが妥当と認められる程度の社会的に見て一体性がある行為だとして、(i) 予見可能性等の主観的要素ならびに、(ii) 工場相互の立地状況、地域性、操業開始時期、操業状況、生産工程における機能的・技術的な結合関係の有無・程度、資本的・経済的・人的組織的な結合関係の有無・程度、汚染物質排出の態様、必要性、排出量、汚染への寄与度その他の客観的要素を総合して判断するとしており、四日市判決を進めている（これに対して、同項後段は、因果関係の推定規定で、客観的関連共同性（いわゆる弱い関連共同性）で足りるとする）。

　……① 主観的要素を考慮していることに注意を要し、大気汚染防止法、大気汚染緊急対策策定もなされた、昭和 45 年以降については、719 条 1 項前段の共同不法行為が成立するとしている。② 大気汚染規制立法制定も考慮する。③ Y 社合計の寄与度（各自の寄与度ではなく）に基づく責任を負うと述べる。

　　　　　　　　　　　　　　　　　　　コークス提供
　神戸製鋼　　→　　大阪ガス　　→　　関西熱化学　　→　　（神戸製鋼）
　　出資、役員派遣　　　　製品供給　……人的資本的経済的結合が密だとする。

・他方で、独立的不法行為については、民 709 条の問題とする判決も出ている（東京地判昭和 53．8．3 判時 899 号 48 頁（東京スモン）、東京地判昭和 57．2．1 判時 1044 号 19 頁（クロロキン判決）など）。

＊判例における共同不法行為の場面

ここで、裁判例で扱われる共同不法行為事案を整理しておこう。

① **主観的共同がある場合**……共謀的事例。
　大判昭和9.10.15前出、最判昭和62.1.22前出など。

② **客観的に関連が密接な場合**……コンビナート公害の場合。
　津地四日市支部判昭和47.7.24前出、大阪地判平成3.3.29前出など。

③ **船舶衝突**——双方の船長の過失（大判大正3.10.29民録20輯834頁）、交通事故（車両事故）に関連した人身事故ないし二重衝突事故（大阪地判昭和46.5.12下民集22巻5＝6合併号607頁など）

④ **廃液競合**
　最判昭和43.4.23前出、大判昭和10.12.20民集14巻2064頁（傍論でいう、甲乙製造所からの毒物流出）。

⑤ **道路管理瑕疵**（国賠2条）、土地工作物瑕疵（民717）との競合
　大判昭和8.2.23新聞3517号14頁（踏み切り設備の不備と運転者の過失の競合）

⑥ **交通事故と医療過誤との競合**
　最判平成13.3.13民集55巻2号328頁（交通事故により生じた急性硬膜外血腫を医師が見落として、死亡させた事例。共同不法行為だから、事故加害者と医師との寄与度割合による按分を否定して破棄差し戻し。不可分一個の結果だからとする）

⑦ **加害者不明**
　最判大正4.4.12新聞1016号22頁（11名の少年の共同殴打）
　朝鮮控判昭和2.2.19評論16巻民法304頁（3名の喫煙で、その吸殻から発火したという事例）
　仙台高判昭和39.2.24高民集17巻1号60頁（数名の少年のパチンコによる怪我）

（判例）（伝統的通説）は、①～⑥を、共同不法行為の問題とする。それに対して、有力説は、①②まであたりを、共同不法行為（民719条1項前段）の問題

第 7 章　複数者の不法行為（特殊的不法行為その 2）

とし、③〜⑥は、独立的不法行為の競合（民 709 条などの問題）と見る。以上が、判例の整理。

- 近時の関心は、「要件論」から「効果論」に移り、とくに「寄与度減責」の可否であり、共同不法行為ならば、一律に全額賠償なのかについて、異論が出されるようになっている（例外的な場合についてあるが）（幾代教授、淡路教授、能見教授など[186]）。
  同旨、大阪地判昭和 59．2．28 判タ 522 号 221 頁。
- *この点は、かねて川井教授の説いた問題意識〔一定の場合——関与の程度の立証ができれば——分割責任の主張〕[187]も共通する。また、公害の場面における客観的共同の場合の分割責任の主張（伊藤進ほか）とも繋がっていく（民 719 条 1 項後段ならば、それほど問題はない）。
- *これは、「共同不法行為」制度の存在意義・根幹に関わるので、デリケートな問題である。平井説のように、全額責任を貫徹すれば、プロ被害者保護的である。
- *（参考）アメリカにおける共同不法行為者（joint tort feasors）の扱い——分割責任を巡る理論的考察
- 伝統的には、各人の「過責」の程度によっていた（判例法。比較過失（comparative negligence rule の延長線上の立場）。しかし、多くの州では、全額責任を負うような立法ができている（コロラド州、ユタ州、ワイオミング州など。キャリフォーニア州でも）。……概して、米では日本よりも、分割的責任の処理も少数ながら有力のようである。
- 学説上、(1) 各行為の加害の蓋然性（probability）による分担の提案もある

---

(186)　例えば、幾代 223 頁、淡路・ジュリスト 898 号（1987）94 頁（客観的共同の場合。日本不法行為法リステイトメント 719 条の 2 第 2 項参照。Cf. 公害賠償の理論（1978）127 頁、131 頁、144 頁）、能見善久「共同不法行為に関する基礎的考察（8・完）」法協 102 巻 12 号（1985）2191 頁での改説（原則は、全額責任だが、例外的に「寄与度が著しく小さい場合」に減額の余地を認める。過失相殺と同様に柔軟に考えよという。同旨、ジュリスト 918 号（1988）92 頁、同「『痛み分け』社会の民法」論文から見る現代社会と法（有斐閣、1995）も参照。
(187)　川井健・法時 34 巻 11 号（1962）、判タ 215 号（1968）。

第 1 部　不法行為法

し（リゾ教授[188]）、(2)さらに、全額賠償処理の効率性の見地からの問題も指摘されている（それでは、分担にかかる運営コストが高くつき、ヨリ責任ある加害者の支払いが低額となって、事故抑止のインセンティブが弱くなるとする。そして、こうした非効率を支持するだけの「公平性」の要請はないとするのである）（エプスティーン教授らの経済分析的指摘[189]）。

（吉田）こうした原理的・政策的詰めは示唆的であり、さしあたり次のように考える。
1．被害者保護の見地から、全額賠償の要請は否定できない。少なくとも、意図的な共同不法行為の場合には、全額責任を負わせてよい（故意不法故意と過失不法行為との区別論からも）。
2．しかし、それ以外の場合の「分割責任」の余地は、考慮に値する（とくに競合的不法行為の場合）。過失割合がわかるようだったら、それに沿うのが「公平」ともいえる（前記判例⑥類型における交通事故加害者の公平感覚を想起せよ）。過失相殺における処理とのバランスからもそうなる。→効果論における「寄与度減責」は、なお検討の余地が残されている。そうでないと、フリーライド的事故抑止インセンティブの低減効果という上記議論が妥当する。その深めた考察は、なお残されている。

Q Ⅶ－10
(1) 共同不法行為（民法719条1項前段）に関して近時の有力説（多数説？）が伝統的学説・判例に対して投じた「問題」を説明しなさい。
(2) 有力説によれば、下記の具体的場合の取り扱いはどのようになるであろうか。
① 共同謀議

---

(188)　Mario Rizzo & Arnold, *Causal Apportionment in the Law of Torts: An Economic Theory*, 80 Colum. L. Rev. 1399（1980）; do., *Apportionment: Reply to the Critics*, 15 J. Legal Stud. 219（1986））
(189)　Richard Epstein, Cases and Materials on Torts（Little Brown, 1990）; Landes & Posner, *Joint and Multiple Tort Feasors: An Economic Analysis*, 9 J. Legal Stud. 517（1980）.

第 7 章　複数者の不法行為（特殊的不法行為その 2）

　　　② コンビナート公害
　　　③ 二重衝突事故
　　　④ 廃液競合
　　　⑤ 道路管理瑕疵との競合
　　　⑥ 交通事故後の医療過誤
　　　⑦ 加害者不明

Q Ⅶ－11　寄与度減責（分割責任）は、共同不法行為理論の中でどのように位置づけられるか。

7－4－3　その他の問題
(1)　民法 719 条 1 項後段——加害者不明の場合。

　（伝統的通説）は、ここでの「共同行為」とは、「違法行為を発生させる危険ある行為」に、客観的共同ある場合——直接の加害行為の前提となる集団行為についての客観的共同（加藤（一）211 頁）——として、前段と区別するが、相違は不明確である。

・後段については、因果関係の推定機能だけ与えれば足りる。——つまり、免責立証を認める。……加藤（一）博士以来の理解であり、近時の有力説においてもこの点は、同様である[190]。
・なお、この点で、（沢井 343 頁、351 頁）は、1 項前段との一体的適用（規範統合）ということを言うが、どういうことかよくわからない。カテゴリカルな思考とは矛盾するのではないか（吉田）。
・また、内田教授は、因果関係の程度〔寄与度〕が部分的であるときに、「損害一体」を理由に、全額につき因果関係を推定する機能をも、民 719 条 1 項後段に認める（類推適用とする）[191]。……これは、新しい指摘であり、最判平成 13.3.13 前出にも、影響がうかがえる。——なお、（内田 496 頁、498 頁、505 頁）では、事実的因果関係と寄与度の問題を区別している

---

[190]　加藤（一）211 頁。その後のものとして、例えば、前田 191 頁、幾代＝徳本 229 頁ほか。Cf. かつては、否定していた（例えば、鳩山 939 頁、我妻 196 頁）。
[191]　内田 492-93 頁（初版　1997）。大村 253 頁、前田 122 頁なども同旨か。

第1部　不法行為法

(後者は、金銭的評価の問題だとする。そのうえで、これに関わる分類として、損害一体型と独立的不法行為類型を区分けする）が、これは、平井教授の枠組みを受け継いだものと思われる。しかし、そのように、はっきり区別できるかどうかについての疑問は、平井教授に対して述べたのと、同じである。

(検　討)
1．しかし、加害行為の共同的態様という（広義の）719条の問題と損害の一体性とは、別の問題ではないか（吉田）。
2．さらに、後段の前提として、「分割責任（寄与度減責）」を無造作に措定するのも、近時の見解の特色であるが[192]、競合的不法行為よりも被害者保護を弱くする理由づけについて、批判的に検討することも必要であろう（平井教授が、分割責任に慎重であったことの意味の検討である）[193]。

(2)　**民法719条2項**（教唆＝そそのかし、幇助＝補助）

主観的共同不法行為の例。（伝統的通説）では、過失でもよいとするが、有力説によれば、絞られることになる（同旨、幾代213頁注(3)）。……共同不法行為を狭く捉えると、2項も絞られるはずであろう。これに対して、（吉村229‐30頁）は、有力説からは、2項は広くなるはずだとされるが、意味不明であり、理解できない（吉田）。

---

(192)　例えば、大塚直「原因競合における割合的責任論に関する基礎的考察」（星野古稀）日本民法学の形成と課題（下）（有斐閣、1996）883頁で、安易に民427条の分割債権原則を説くのも、その表れである。
(193)　この点で、中村哲也「共同不法行為論の現状と課題」法政理論（新潟大学）40巻3＝4合併号（2008）16頁以下は、寄与度減責を民719条後段解釈として認めることに批判的であり、注目されよう。

第7章 複数者の不法行為（特殊的不法行為その2）

＊共同不法行為論の理論的整理

（民719条1項前段）──→（有力説）

（民719条1項後段）─────────────────────────→

（大）←（関連共同性〔横の因果関係〕の大小）→（小）

（全体としてある）　（各自ある）←（縦の因果関係）→（各自希薄〔部分的〕
　　　　　　　　　　　　　　　　　　　　　　　　　　　になる。損害の可
　　　　　　　　　　　　　　　　　　　　　　　　　　　分性）

(a)狭義の共同不法行為 ─── (b)競合的不法行為 ─── (c)寄与度減責
……因果関係の薄いもの　　……(a)と同様に、各行為　……因果関係の濃淡の効
も、「関連共同性」（い　　　者の全額賠償。　　　　　果への反映。
わば「横の因果関係」
（川島評釈の言葉））ゆえ
に、帰責する。

　（平井）の問題提起は、（事実的）因果関係の克服を、「共同不法行為」の存在意義としようとする。しかし、それと、「寄与度」（割合的因果関係）の問題とは区別しようとするのが従来の立場であった（（内田）とて、同様であり、それを金銭的評価の問題としようとしていたことは、上述した）。

　（吉田）しかし、上図で示すごとく、両問題は連続的であり、どちらも法的判断としての「因果関係」の問題の一環ではないか。すなわち、(i)（狭義の）「共同不法行為」〔民719条1項前段〕は、薄い因果関係の場合にも、「関連共同性」の強さゆえに、全額帰責するという法論理であり、他方で、(ii)「寄与度減責」は、競合的不法行為だが、いわば横の因果関係（関連共同性）の薄さが、縦の因果関係の弱さや損害の可分性に連動して、割合的（分割的）責任を導くための法論理だとして、まとめることができるだろう。もちろん、安易に分割責任を認めてよいかどうかは、さらに検討を要することではあろう。

QⅦ-12　民法719条1項後段、同719条2項には、どのような機能を認めたらよいのであろうか。1項前段との異同を明らかにしつつ論じなさい。

第1部　不法行為法

(3) 効　果　論

（通説）が、不真正連帯債務としていたことに対する批判が出されて久しい（とくに、淡路教授）。→　個別具体的解決によることとなる。——場合によっては、従来よりも、絶対的効力事由を広く認める（請求、免除、時効）[194]。

（判例）も、最近のものとして、共同不法行為につき、民437条（免責の絶対効）を認めたものがある（最判平成10.9.10民集52巻6号1494頁〔仮装の自動車販売に関するオートローン会社（ジャックス）からの損賠請求（別訴）において、共同不法行為者の一人と、2000万円の支払い、その他は放棄（免除）との訴訟上の和解がなされた事例。他の不法行為者の残債務免除の意思〔いわば、免除の絶対的効力である〕があったと解する余地があるとする〕。Cf. 最判平成6.11.24判時1514号82頁〔婚姻侵害事例で、第三者（共同不法行為者）は、離婚当事者間の免責規定を援用できないとする（免責の相対的効力ということになる）〕）。

> Q Ⅶ - 13　共同不法行為などの効果として、伝統的見解が説く「不真正連帯債務」の法技術的意味を明らかにしなさい。そして、近年の共同不法行為者間の事後的求償を巡る議論は、それとどのように違うのであろうか。

(4) 他条文（とくに民715条）との関係——とくに、求償の仕方

＊なお、求償は、「負担割合」ではなく、「負担部分の額」を超える支払いをした時にのみ、できるとされる（Cf. 連帯債務の場合）（四宮791頁、平井205頁、沢井341頁、吉村232頁、内田501頁）。

① 被用者と第三者との共同不法行為の場合に、第三者は、その被用者の負担部分について、その使用者に求償できるとされる（最判昭和63.7.1民集42巻6号451頁）。

---

[194]　少なくとも、請求について（民434条）は、四宮790頁〔主観的共同のときにそうなるという〕、沢井340頁。包括的には、淡路剛久・連帯債務の研究（弘文堂、1975）230-35頁、ジュリスト898号所掲の日本不法行為法リステイトメント719条の5、719条の6参照）。

第 7 章　複数者の不法行為（特殊的不法行為その 2）

② また、①の場合において、使用者が第三者に求償することができるのも、同様である（最判昭和 41.11.18 民集 20 巻 9 号 1886 頁）。

③ 共同不法行為者の使用者が、他の共同不法行為者の使用者に求償する場合には、すでに述べたように、(判例) は、(i) 共同不法行為者相互の求償、そしてそれを受けた使用者責任の割合（これは、各共同不法行為者〔各加害者〕の過失割合によるとする）と、(ii) 同一加害者の複数の使用者相互の求償問題とを区別して、使用者・被用者間の内部的関係は、後者 (iii) においてのみ、考慮されるとする（最判平成 3.10.25 前掲〔民集 45 巻 7 号 1173 頁【84】〕)。

> Q Ⅶ-14　共同不法行為と使用者責任が競合している場合の求償のなされ方を説明しなさい。

第 8 章　不法行為の効果

- 要件と効果とは密接であり、既述したところとかなりオーバーラップするので、ここでは、重複を避けつつ述べる。
- 実務的には、数多くの細かな問題があるが、ここでは基本的なことにとどめざるを得ない。
- 原則は、金銭賠償（民722条1項——民417条の準用）。しかも、一時金賠償という扱いがなされている。これに対して、定期金給付には、学者は好意的だが（既に我妻博士ほか[(195)]）、実務は、ほとんど認めていない。
- 例外的救済として、特定的救済（specific remedies）がある（幾代以来のまとめ方）。……差止め、原状回復（名誉回復処分（民723）など）、また謝罪も。諸外国では、もっと差止めがクローズアップされている。

＊表見代理の原状回復的性質

表見代理制度が、（経済的）不法行為に関する原状回復的救済とみうる（とくにフランス法的な見方）ことは、前述している。しかも、過失のある権利者は、保護を受けられないという制度であり（民110条など参照）、「寄与過失（contributory negligence）」の考え方が出ているともされる（能見・前掲論文（「『痛み分け』社会の民法」）（1995）107頁参照）。

Cf. 過失相殺

> QⅧ－1　「表見代理制度は、不法行為の『特定的救済（specific remedies）』であり、しかも寄与過失的考え方に立つ」と言われることの意味を説明しなさい（QⅧ－9も関係する）。

8 － 1　金 銭 賠 償

- 損害の金銭的評価・算定（換算）の手続の必要性。——裁判所による自由裁量の側面（慰謝料に最も顕著だが、それに限られない）。

[(195)] 例えば、我妻206頁、加藤（一）216頁、四宮470頁、沢井109-110頁。

・実務では、交通事故事例を中心として、賠償額の個別的算定方式の確立＝個々の損害項目・費目毎の算定→合算→調整（損益相殺、過失相殺）
Cf. 公害・薬害領域における一括（包括）算定方式

8-1-1　賠償額算定の仕方——被侵害利益に即して
(1)　生命侵害の場合——とくに逸失利益の算定

（判例）は、死亡者にも請求権があるとして、遺族はそれを相続すると構成する（相続構成）（後述）。Cf. これに対して、近時の学説の多数は、批判的である（扶養構成、固有被害説）。

→従って、死亡者について、その逸失利益が算定されることになる。——すなわち、平均余命→稼働可能年数。これに、「収入」を乗ずる。——昇給も考慮する（判例。最判昭和43.8.27民集22巻8号1704頁）。Cf. インフレ算入には、消極的である。

(N. B.)
1．失業者などの場合。——逸失利益を認めにくいが、慰謝料を柔軟に操作する（最判昭和44.12.23判タ243号199頁）。
2．幼児の場合（その1）。
　・かつては、賠償を否定するものもあったが（最判昭和37.5.4民集16巻5号1044頁〔3歳2ヶ月の幼児の死亡〕）、その後、賃金センサス〔賃金構造基本統計調査。(厚生)労働省が、学歴・産業・性別毎に作成する〕に基づき、算定する（最判昭和39.6.24民集18巻5号874頁【85】（1版）〔8歳男児の死亡〕）——「控え目な算定」「初任給から昇給を考慮して」）。
　→その後、「各年齢階級の平均給与額表」が利用される（最判昭和54.6.26判時933号59頁、同昭和56.10.8判時1023号47頁、同昭和61.11.4、同昭和62.1.19ともに、後掲）。
3．幼児の場合（その2）。
　・女児（女子）の場合には、主婦の家事労働でも、女子雇用労働者の平均賃金相当として算定されたが（最判昭和49.7.19民集28巻5号872頁〔7歳の少女死亡のケース〕）、男女間で平均賃金に格差が生ずるために、逸失利益算定でも差が生ずる。
　　→（下級審判例）では、格差是正の努力がなされた（家事労働分の加算、

第 1 部　不法行為法

慰謝料による調整。なお、最判昭和 61.11.4 判時 1216 号 74 頁〔1 歳女児の死亡〕伊藤補足意見では、全労働者平均賃金を基準とすべきだとする）。

　しかし、（最高裁）は、これを否定した（最判昭和 62.1.19 民集 41 巻 1 号 1 頁【89】（3 版）倉田〔中学 2 年（14 歳）女子の死亡のケース〕）。──専業就業として算定すれば、将来労働により取得しうる利益は評価し尽くされる。家事労働分を加算することは、二重に評価・計算することに帰するという。

（検　討）
- 現実には、家事と就労とをともにやる場合も多く（その可能性も高い）、家事労働分の加算には、合理性があるのではないか（同旨、倉田解説）。その意味で、昭和 62 年判決は、同 49 年判決の論理に、引きずられた観がある。
- 年少児童死亡の場合の逸失利益算定には、擬制的性格は強い。無限の可能性を有する年少児童の生命評価の際の「平等取り扱い」の、要請からすれば、──定額賠償（西原説「生命侵害・傷害における損害賠償」私法 27 号 (1965)）にまで行かないにしても──全労働者平均賃金基準説ないし慰謝料による調整は必要ではないかと思われる（吉田。浅野評釈・判評 344 号、能見解説・法学教室 78 号も同旨）。

＊逸失利益算定における不平等問題──特に外国人の場合

男女格差とともに、逸失利益算定で不平等が問題とされるのが、外国人死傷の場合である。
- その場合、不法行為に関する行為地法主義（法例 11 条 1 項〔現在は、法の適用に関する通則法（平成 18（2006）年法律 78 号）17 条〕）によるが、その際に、わが国の生活水準・賃金水準を基準とするか、それとも外国人労働者の母国のそれを基準にするかという問題である。
- （判例）は、わが国での就労可能期間〔これは、来日目的、本人の意思、在留資格の有無・内容、在留期間及びその更新の実績・蓋然性、就労資格の有無、就労の態様等の「事実的及び規範的諸要素」を考慮して決めるとされる〕は、わが国での収入等を基礎として、それ以降は、母国での収入を基礎とするという（最判平成 9.1.28 民集 51 巻 1 号 78 頁【89】〔X は、パキスタン国籍を持ち、昭和 63（1988）年に観光目的（短期滞在）の在留資格で入国し、Y 社

に雇用され、在留期間経過後も不法残留し、製本業に従事していたところ、平成 2 (1990) 年 3 月に本件労災で後遺障害を残す傷害を負った。なおその後、平成 2 年 4 月から、同年 8 月までは、別会社で製本業に就労していたという事案。これについて、その別会社退社日の翌日から 3 年間は、Y 社からの実収入の額、その後はパキスタンでの収入程度を基準とした（原審）の判断には、違法はないとする］）。

  Cf. 法の下の平等から、全面的に日本人の賃金による逸失利益の算定をしたケースとして、高松高判平成 3．6．25 判時 1406 号 28 頁〔観光旅行で来日中（中国人）に交通事故にあったというケース〕がある。

（検 討）
① 従来の「逸失利益算定」の思考様式からすれば、（最高裁判例）の基準が導かれようが、これが「法の下の平等」（平等的取り扱い）の理念に反するのではないかという問題である。
② しかし、逆に平等取り扱いで、日本賃金を基準とした後に本国に戻る場合に、巨額の賠償金を得させてよいかという問題もある（観光旅行型の場合）。他方で、日本人の中国旅行中の事故の場合に、逆の問題も生じて、この場合には、海外旅行者保険の役割が大きいであろう。
　→従って、ケース・バイ・ケースの問題というところもあり、例えば、長期滞在型か、一時滞在型かで分けていく必要があるであろう（吉田）。
③ さらに、失業者の逸失利益算定は、どうするかという問題も出る。従来のフォーマットは、低い失業率、終身雇用制を前提にしているとも言えて、社会事情が変わってきた場合に、それをどのように反映させるかという問題、他方で、それと平等取り扱いの要請との関係をどうするかという問題が出てくる。
④ 死亡の場合のほうが、失われた「生命」をどのように金銭評価するかという点が前面に出て、平等要請が強く意識され、他方で「逸失利益算定」のフィクション性も意識されることになる。

4．年金などの受給者が、死亡した場合に、それを逸失利益として算定できるかについて、（判例）は概ね肯定している。——主として高齢者の逸失利益の問題（重複填補の問題でもあり、後述する）。

第1部　不法行為法

……① 恩給（最判昭和41.4.7民集20巻4号499頁、同昭和59.10.9判時1140号78頁）、② 退職年金（最判昭和50.10.21判時799号39頁、最大判平成5.3.24民集47巻4号3039頁）、③ 老齢年金（最判平成5.9.21判時1476号120頁）、④ 障害年金（最判平成11.10.22民集53巻7号1211頁）。

これに対して、⑤ 遺族年金については、その逸失利益性を否定する（最判平成12.11.14民集54巻9号2683頁）。──(i) その社会保障的性格の強さ、(ii) その存続の不確実さ、(iii) 保険料との牽連性の間接性を理由とする。

＊遺族年金など年金制度が、充実してくれば、このように考える必要はなくなるのではないか。近親者損害に関する（判例）のアプローチとの矛盾・対立という問題もあるが（吉田）。

(2)　身体傷害の場合

・積極的損害──治療費、付き添い費、雑費など。
・消極的損害──逸失利益（得べかりし利益）

＊重篤な傷害を負った場合のほうが、即死の場合よりも、損害額が多くなることにも注意を要する。そのことが、すでに検討した、受傷者が別原因で死亡したときに、加害者はどこまで責任を負うかという問題の背景になっている。──（判例）は、この点で、基本的にいわゆる継続説をとるが（最判平成8.4.25民集50巻5号1221頁〔海中で貝採りをしていて、心臓麻痺で死亡した事例〕）、介護費用については、切断説であった（最判平成11.12.20民集53巻9号2038頁〔不法行為とは無関係の胃癌で死亡した事例〕）ことは、既述したところを参照のこと。

(3)　財産損害の場合

・滅失の場合には、交換価値の賠償ということになり（転売価格の考慮もなされうる。価格変動の場合には、基準時（特に中間最高価格）の問題も出ることは前述した）、毀損の場合には、修理費用、借賃、逸失利益が問題となる。その他、種々の場合がある。

(4)　精神的損害（慰謝料）

・補完的・調整的機能があり、そうした機能は拡大している。

- 公害訴訟などでは、根拠を示さず、「慰謝料」として、一律的・包括的請求がなされている。——死傷損害説（西原・判時642号、淡路・ジュリスト493号など）とも関係しており、自由裁量的色彩が濃厚に出る。
  - (ex.) 新潟・熊本水俣病事件。近時では、長崎塵肺事件（最判平成6.2.22民集48巻2号441頁）。——「包括慰謝料」の場合に、裁量範囲を、「社会通念により相当として容認される範囲」に限定して、(原審) は低きに失して、著しく不相当であるとして、破棄した点でも注目される。
- なお、制裁的慰謝料は、(判例) は、否定する（東京地判昭和57.2.1判時1044号19頁〔クロロキン判決〕）。Cf. 英米における状況。

＊英米（とくにアメリカ）の不法行為法における懲罰的賠償（punitive damages）の合理的根拠

アメリカでは、場合によっては、懲罰的賠償ないし2倍・3倍賠償が認められることも多い。そして、昨今のアメリカの不法行為法改革の議論[196]においては、賠償制限の議論が強く、こうした制裁的賠償に対する風当たりも強く、わが国の不法行為賠償からは、突飛な実務と映るかもしれない。しかし、その際には、企業の売上を念頭にそれとの関係で、抑止的効果を狙い賠償額を決める〔被害者への損失填補（損害賠償）をしても、それを補って余りある場合に、むしろ収益を吐き出させ、利潤を失わせることにより、そうした加害行為を抑止させることを狙うわけである〕という色彩があり、それなりの合理性もある[197]。不法行為法の目的・機能を多面的に捉え、損賠填補のみを前面に出すこれまでのわが不法行為法の思考様式の再検討が求められる所以である。

(5) 弁護士費用の賠償

(判例) は、相当因果関係があればという論理で一部（約1割が相場である）認めている。被害者請求の場合でもそうだとする（最判昭和57.1.19民集36巻1号1頁〔保険会社との争訟にかかった費用を、加害者の不法行為による損害だとする〕）。

……司法政策上の問題の一環として捉える必要があり、賠償範囲論の一般原理とは別問題であり、その意味で (判例) の立論の仕方には、やや無理がある

- [196] これについては、石原治・不法行為改革（勁草書房、1996）参照。
- [197] See, Thomas Koenig & Michael Rustad, In Defense of Tort Law（NYU Press, 2001）213～.

第1部　不法行為法

（吉田）。——すなわち、敗訴者負担という手続法の原理（旧民訴89条〔現行61条〕）の射程の限定の不合理性を部分的に修正する機能を持っている。現に（判例）は、種々のファクター（事件の難易、請求額、認容額等の諸般の事情）を挙げている（最判昭和44.2.27民集23巻2号441頁他）。

（N. B.）

損害額算定と民事訴訟法248条（平成8（1996）年に制定され、同10（1998）年に施行）。

……損害の性質上、立証が極めて困難の時には、裁判官は、口頭弁論の全趣旨、証拠調べから、「相当な損害額」を認定できるとする。

1．本条の性質論として、訴訟法的規定〔証明度の軽減〕か、それとも実体法的規定かという対立がある。——立法者（柳田幸三判事。当時民事局参事官）は、前者（ジュリスト1130号85-86頁）。

……確かに、ド民訴287条に倣ったものだが、背景となる損賠法が、日独では異なり、平井教授は、実体法的規定にならざるを得ないのではないかとする。つまり、事実たる損害と区別される損賠額の金銭評価の裁量性、弾力性を規定するという（実体法説）[198]。従って、広く本条の規定の射程を考えることになる。

Cf. ドイツ民訴（ZPO）§287は、証明度の軽減のみの規定である。——「差額説」を前提とする立証の緩和である。

2．具体例……あまり、厳格に考えるべきではないと（吉田）も考える。
① 独禁法違反など、経済的損害に関する場合（例えば、鶴岡灯油のような事例〔最判平成元.12.8民集43巻11号1259頁……損賠は否定されてしまっている〕）。
② 末期癌患者の医療過誤訴訟——機会の喪失ないし期待権侵害の事例（例えば、最判平成11.2.25民集53巻2号235頁）。
③ 実際的に算定が難しい場合。——家財道具の焼失的事例（立法者が挙げる）（例えば、東京地判平成11.8.31判時1687号39頁〔業務用冷凍庫からの発火による動産（店舗内備品、家財道具類）の焼失。製造物責任訴訟。——購入時代金額から経年を

---

[198] 平井宜雄「民訴法248条に関する実体法的考察」筑波大学院企業法学専攻十周年記念論文集・現代企業法学の理論と課題（信山社、2001）471-73頁。

考慮して減額した価値ないし代替物の購入費用ということになるが、この立証は困難なので、モデル家庭の標準的評価表の家財の評価額の1割増しとする〕。その他、東京高判平成10.4.22判時1646号71頁〔マンション建設で、業者ミスにより減税措置を受けられなかった損害〕、東京地判平成10.10.16判タ1016号241頁〔日照被害。不動産鑑定士による鑑定を求めることは、Xに多額の費用を求めることになるとして、本条を類推適用する〕)。

④ さらに、平等理念による男女間、内外国人間の格差是正も、本条からできるとされる (平井論文473頁。因みに、最判昭和39.6.24前出は、立法時から言及されていた)。また、包括一律請求も、本条により基礎付けられるとする (同所)。

⑤ すすんで、制裁的理念も本条から、基礎付けてはどうか (とくに、知的所有権法〔知的財産権法〕の領域)。特許法105条の3、著作権法114条の4のような規定も、民訴法248条から導かれるものとして、同条を実体法的に捉えるわけである (吉田)。

QⅧ-2
(1) 女児の生命侵害の場合の逸失利益の算定の判例の変遷を述べ、今後の課題を論じなさい。
(2) 外国人の死傷に関する逸失利益の判例準則を批判的に述べなさい。
(3) 失業者の場合や、退職した高齢者の場合にはどのように考えたらよいであろうか。

QⅧ-3　弁護士費用の賠償には、他の損害賠償と比べて、どのような特殊性が認められるか。

QⅧ-4　民事訴訟法248条の性質論を巡る論争を紹介し、本条が意味を持つ具体的場合を考えてみなさい。

8-1-2　賠償額の調整——とくに重複填補 (損益相殺) の問題

重複填補に関する領域は、近年に議論の厚みが増したところである。もっとも、実務的重要度はあるかも知れないが、やや技術的議論という性格がある。

第1部　不法行為法

以下では、問題場面に即して概観してみる。

(1)　**生活費の控除**（年収の3～4割）→純収入になる。

(2)　**養育費**──（判例）は、同質性がないとして、控除を否定する（最判昭和39.6.24前出、同昭和53.10.24民集32巻7号1500頁【93】（2版）倉田〔父母の出費であり、幼児の損賠請求権とは別個のものだとする〕）（下級審に異論あり）。

（学説）上は、養育義務は父母の義務だから、その出費を免れることは、「利益」とすべきではないかとも言われる（四宮606頁、吉村153頁〔市民感覚から離れるとする〕）。

……この背後には、成人と比較した場合に、幼児の逸失利益が割高になるアンバランス（さらには、親の逆相続）の問題がある。──相続構成の可否という問題に繋がる（倉田解説参照）。

(3)　**所得税控除**──（判例）は、否定するが（最判昭和45.7.24民集24巻7号1177頁〔小規模たばこ小売業者（老女）のケース〕）、肯定判決例もある。

＊因みに、人損についての賠償金は、非課税所得とされて（所得税法9条1項21号）、（四宮606頁）は、この政策から、控除を否定している。

(4)　**遺族年金**（労災補償保険給付としての**遺族保障年金**）──本人の年金の逸失利益性（前述）とリンクする。

（判例）は、労災保険に関して、遺族年金の将来給付分の控除を否定していた（最判昭和52.5.27民集31巻3号427頁〔第三者行為災害ケース〕、同昭和52.10.25民集31巻6号836頁【90】（3版）〔使用者行為災害（労基法84条2項類推。使用者の労基法上の無過失の災害補償責任の規定であり、その際には、不法行為責任は免責されている。これが、国が保険給付した場合にも拡張・類推されるというわけである）のケース〕）。＊さらに、本款(5)も参照。

・しかし、近年遺族年金につき、支給が確定している将来の年金支給分についても控除を認めるとされた（最判平成5.3.24民集47巻4号499頁【90】（4版）山田（誠））。──なおその際、控除の対象となる費目は、逸失利益になるとするのが（判例）である（最判平成11.10.22前出〔障害遺族年金の事例〕、同平成16.12.20判時1886号46頁〔労災補償保険法上、厚生年金保険法上の遺族年金の事例〕）。

第 8 章　不法行為の効果

　Cf. 恩給扶助料については、将来支給分も控除するとするとの（判例）も
　　あった（最判昭和 41．4．27 民集 20 巻 4 号 499 頁。同昭和 50．10．21 判時 799 号 39
　　頁は、遺族年金についても、同旨であるとする）。

（検　討）
　理論的には、将来支給分についても控除を認めてよいように思われるが、
損害と利益との同時性（四宮 602 頁、平井 147 頁）という損益相殺の原理から、
中間的なところで線引きがなされたのか（一種妥協的産物？）（吉田）……よ
くわからない（山田解説を読んでも）（Cf. 遺族年金の生活保障的側面を強調する
と、控除否定的になるのか）。

(5)　各種保険金
① 生命保険金──（判例）は、その保険料の対価という性格から、控除を否
　定する（最判昭和 39．9．25 民集 18 巻 7 号 1528 頁。なお、同昭和 55．5．1 判時 971 号
　102 頁は、保険者による代位を否定する）。
　　　（学説）は、損害填補目的がないからとする（加藤（一）245 頁、沢井 236 頁）。
② 損害保険金──（判例）は、代位を肯定する（最判昭和 50．1．31 民集 29 巻 1 号
　68 頁〔火災保険の事例。損益相殺を否定しつつ、保険代位（商 662 条）を、既払い保険
　金の限りで認めて、保険者は損賠請求権を取得する結果、その限りで所有者は損賠請求
　権を失うとする〕）。
③ 労災補償保険金の場合の代位（控除〔請求権の移転〕）の可否

＊各種代位規定
　　商 662 条……保険者による代位
　　労災 12 条の 4 ……国による代位
　　民 422 条……損賠者による代位

　(i) 第三者行為災害の場合──国の代位につき明文があり（前記）、賠償した
使用者（労基法 79 条による災害補償義務履行）による代位も、（判例）は肯定する
（最判昭和 36．1．24 民集 15 巻 1 号 35 頁）（民 422 条の類推適用）。
　Cf. 加害者による賠償の場合には、その限りで、保険給付はない（労災 12 条の
　　4 第 2 項）。

第1部　不法行為法

(ii) 使用者行為災害の場合──保険金給付がなされた場合の国（政府）の代位は否定され、使用者は免責される（労基法84条2項類推）とされていた（前掲最判昭和52.10.25）が、他方で、使用者が損賠義務を履行した場合には、国への代位請求（民422条類推適用）を否定する判決が出された（最判平成元.4.27民集43巻4号278頁）。

＊使用者（事業主）の損賠の履行猶予制度はある（労災64条）（昭和55年労災補償保険法改正）。

（検　討）
・最終的なリスク負担者は誰かという問題。
・労災保険は、責任保険として成立し、保険料も使用者が支払っていることに鑑みるならば、また被害者の早期救済を第一と考えるならば、賠償した使用者の国への代位請求（民422条類推適用）を認めてもよい（平成元年判決には、批判的になる）。
・また最終的に国に負担させる政策ならば、使用者賠償の場合に、将来給付分（遺族年金）の控除ができるかという問題（下記(c)参照）についても、──（判例）は伝統的に消極的だったが、──控除を拡げて考えるべきだということになろう（同旨、内田418頁）。

＊重複填補の問題の局面の整理

ここでもう一度、重複填補が問題になる局面を整理しておこう。局面を紛糾させないことが、肝要であろう。

(a) 労災保険金が先に支払われた場合の代位の可否。
(b) 賠償が先になされた場合の賠償者（特に使用者）による代位（民422条類推適用）の可否。
(c) 各種年金の逸失利益性と遺族年金との関係。──その控除の可否（将来の給付分についての控除につき、（判例）は否定的であったが（最判昭和52.5.27民集31巻3号427頁〔第三者行為災害の場合〕、同昭和52.10.25民集31巻6号836頁〔使用者行為災害の場合〕）、近年（最判平成5年判決以降）流動的になってきている）。
(d) 労災保険給付と過失相殺。──（判例）は、まず過失相殺をして、保険給付額を控除する（最判平成元.4.11民集43巻4号209頁）。これに対して、伊藤正己反対意見は、労災保険給付の社会保障的性格から、控除後に過失相殺

をすべきだとする。

④ 公健法上の給付——近時の（下級審判例）は、控除を肯定する（福岡高裁宮崎支判昭和63．9．30判時1292号29頁、千葉地判昭和63.11.17判タ689号40頁、岡山地判平成6．3．23判タ845号46頁）。その対象は、財産的損害とされる（宮崎地延岡支判平成２．3．26判時1363号26頁）。

Q Ⅷ－5 重複塡補（損益相殺）について、以下のことを検討しなさい。
(1) 養育費及び所得税について、判例が控除を否定する理由はどこに求められるか。
(2) 高齢者の各種年金（退職年金、老齢年金、障害年金など）は、その者の死亡の場合に逸失利益となるか、また、その場合に、遺族年金との関係をどのように考えるか。
(3) 生命保険については控除（及び保険代位）が否定され、他方で、損害保険金については保険代位が肯定されるという相違は、どのように説明されるだろうか。
(4) 労災補償保険金が問題となるときに、① 第三者行為災害、② 使用者行為災害の各々について、(a) 国が保険金を支給したとき、(b) 使用者が賠償したときの双方で、事後的法律関係がどうなるか、判例の立場を述べて、批判的考察を加えなさい。

(N. B.)
中間利息控除——将来の利益を一時金払いとして支払うための換算
　ホフマン式〔$A = X(1+nr) \rightarrow X = A/(1+nr)$〕が、従来の（判例）の立場であったが、その後はライプニッツ式〔$A = X(1+r)^n \rightarrow X = A/(1+r)^n$〕を採るものが多い（最判昭和53.10.20民集32巻7号1500頁はどちらでもよいとする）。
　ところで、近年は、低金利時代で、それと民事法定利率（5％）（民404条）とのアンバランスが問題になり、とくに中間利息の控除の場面で控除しすぎではないか（上記等式のr=0.05とされるから）という形で議論されている。しかし、この点で（判例）は、法的安定性から民事法定利率によるほかはないとし

ている（最判平成17.6.14民集59巻5号983頁参照）。

　しかし、裁判例の現実は、ホフマン式によるかライプニッツ式によるかは、裁判所によって分かれて（その限りで法的安定性はなく）、ライプニッツ式の方が控除のしすぎではないかということが意識されるに至っている。——もっともこの点で、東京方式は全年齢平均賃金によって年収を計算しつつライプニッツ式による控除をし、大阪方式は初任給を前提に年収を計算しつつホフマン式による控除をするという形でそれなりのバランスを取っているが（初任給を前提とする方が安くなるから）、地裁交通部では東京方式に統一される傾向にある。ただ、利率の高さによる控除の大きさをホフマン式によりカバーするという動きもある（この点は、窪田346－352頁が詳しい）。

8-1-3　被害者複数の場合の処理——とくに近親者損害

　1960年代後半ないし70年代前半のホットなテーマ[199]。当時学説の多数の立場は、かつての通説の立場からシフトして、相続構成を批判したが、実務はそれに従わないまま今日に至っている（判例は当時、慰謝料の場合について、かつての通説に従い、相続構成を貫徹するに至った）。

(1)　生命侵害の場合——死者本人について損賠請求権が生ずるのかという問題であり、相続説か固有被害説（相続否定説）かという対立は、ずっと続いている。

　① 財産的損害（とくに逸失利益）

　　（判例）は、重傷後死亡の場合はともかく、即死の場合でも、相続説を採る（大判大正15.2.16民集5巻150頁【95】〔北塩尻駅付近での踏切事故（大正11年5月12日午後8時半頃）のケース〕）。

　　　……・傷害の瞬時に賠償請求権が発生し、相続人は、権利を承継する。
　　　　・傷害と死亡との間に、時間の存在する限りは、その時間の長短に拘わらない（観念上時間の間隔あり）。
　　　　・さらに、重傷後死亡した場合とのバランス論——責任を免除することは不当であり、立法の趣旨がここにあるとはできない。

　——これは、鳩山説[200]の採用であるが、（難点）は、権利能力を失わせるこ

---

[199]　「（シンポ）生命侵害の損害賠償」私法29号（1967）。

とによる損害ゆえに、もはや賠償請求権は生じないのではないかというところである（＝相続否定説の根拠その１）。

　Cf.（判例）も、一時期動揺した（大判昭和 3.3.10 民集 7 巻 152 頁〔「生死の境は、間髪を容れず、死は常に即死である。」死により生ずべき損害を既に生前に被ったというのは、「死前に死あり、若しくは死後に死ありとの前提を置く」ものであり矛盾であるとして、死者の損害賠償請求権の発生とのその相続性を否定した〕）。

　（学説）には、変遷が見られて、今日では（判例）を批判する見解が多数で、物別れ状態だが、最近では流動化しており、予断を許さないとも言える。すなわち、──
　１．かつては、（判例）と同様に、相続肯定説が多数を占め、①「時間間隔説」以外にも諸説が出される。例えば、② 死者人格存続説（平野義太郎教授[201]）〔賠償請求だけの範囲においては、被害者（死亡者）はなお法律観念上の権利主体だとする〕、③ 極限概念説（舟橋教授[202]）〔身体傷害の極限として、死亡による損害と同一の賠償請求権（円が多角形の極限概念である如しとする）〕、さらに、折衷的なものとして、④ 同一人格承継説（杉ノ原教授など[203]）も有力であるし、⑤ 家団説（末弘）も出される。
　……いずれも技巧的である。「法人格」の独立性にも反する。

　＊相続説の実質的・実際上の理由
　後に述べるように、（学説）では、相続否定説が多数なのに、（判例）の相続構成が揺るがずに、定着しているのはなぜであろうか。さしあたり、次のことが考えられる。──すなわち、第１に、（受傷の場合との）バランス論、第２に、実務上の意義として、① 算定根拠が明確で、② 請求権者の範囲も明確であり（相続人たる遺族に限定される。Cf. 逆相続、笑う相続人の不合理はあるが）、そして、③ 固有被害説（扶養構成）よりも、額が高いということである。

---

(200)　鳩山秀夫・日本債権法各論（下）（増訂）（岩波書店、1924）（初版 1918）87 頁〔時間間隔説〕。加藤（一）（旧説）257 頁でも支持されていた。
(201)　平野（義）・判民大正 15 年度 19 事件評釈。
(202)　舟橋「生命侵害による損害の賠償と相続」我妻還暦（上）（有斐閣、1958）。
(203)　杉之原・判民昭和 3 年度 15 事件評釈、穂積・相続法論 16 頁、我妻 139 頁。

第1部　不法行為法

　最近では、（学界）でも有力論者が、（判例）を支持しており（例えば、鈴木教授(204)）、上記③については、今後とも、個人ベースの社会構造になっていくとなると、益々「扶養」の占める役割は減じていくであろう。──その意味で、ここでの問題は、将来死者が得たであろう収入からの遺族の利益（経済的寄与）を、「扶養」的に構成するか、それとも「相続」的に構成するかということに帰着して、「相続説」でもおかしくない。しかし、後に述べるように、「扶養」額が少なくなっても、遺族中心に考えるべきだといわれれば、そのとおりかも知れず（理論的には、学説がいうことは当たっている）、迷うがまだ相続説に回帰できない（吉田）。Cf. これに対して、（潮見344頁）は、扶養利益を膨らませようとする。

　2．今日の多数説は、固有被害説（相続否定説）ないし扶養構成をとる(205)。──遺族固有の損賠請求権を原始取得するのみだとされる。……既に、梅博士がこの立場である(206)。

・諸外国もこの立場だとされる（相続説を採る日本の判例の比較法的特殊性）。
・相続説の問題点として、余命の短い者（父母）が、多額の逸失利益を得るという不合理（いわゆる前提の矛盾）が、交通事故の実務上指摘される（相続否定説の根拠その2）。
・他方で、相続否定説をとっても、アンバランスになるというほどのものではない。──負傷の場合のほうが、逸失利益が高くなっても、それは、「重荷を負いつつ長期間生きる」ことゆえである。この点で、（内田426-27頁）

---

(204)　鈴木（3訂版）112頁が注目され、内田も同旨である。
(205)　多数説の代表的なものは、以下のとおりである。
　　　前述シンポ・私法29号（1967）90頁（星野発言）、95頁（西原発言）、114頁（好美発言）。また、幾代237-42頁、好美清光「生命侵害の損害賠償請求権とその相続性について」田中誠二古稀・現代商法学の諸課題（千倉書房、1967）、加藤一郎「慰謝料請求権の相続性」ジュリスト391号（1968）（同431号に転載）、倉田卓次「相続構成から扶養構成へ」現代損害賠償法講座7（日本評論社、1974）、四宮和夫「人身損害に関する考え方の対立について」林還暦（上）（有斐閣、1981）など。
(206)　梅874頁〔886頁〕。この点は、さらに、末弘厳太郎「不法行為としての殺人に関する梅博士の所説」民法雑記帳（下）所収参照。

は、相続説のバランス論の根拠として、「加害者への非難」の視角があり、さらに、「国民感情」や「抑止効果」も問題にしているが、深読みにすぎるのではないか。
・主眼は、理論的なところになり、遺族中心に実態に即した法律構成を考えるということに尽きる。しかし弱みは、適用上の困難（前述した相続説のメリットの裏返しである。それゆえに、学説多数説でも実務への決定打にならないのであろう）〔すなわち、① 算定の難しさ（不確定要素——例えば、再婚の可能性など）、② 賠償額の低さ（もっとも、その点は、慰謝料で考慮できるとされる（倉田論文114頁）。また、立法論的には、定期金方式により、柔軟に対処できるという意見も出されている（同論文127-30頁））〕を伴うところにある。

＊交通事故重傷後、別原因で死亡した場合の扱いと扶養構成
しばしば触れている近年の（判例）の課題であるが、死亡後の介護費用の賠償を否定する判断が下されており（最判平成11.12.20前出）、遺族にそうした賠償額を利得させるのは衡平に反するとされており、ここには、扶養利益的発想があるともされる（法教238号121頁〔岡本智子解説〕）（もっとも、口頭弁論終結前の死亡か、その後の死亡かで扱いは異なるという限りでは、限界はあるのだが）。

② 慰謝料請求権
一身専属性の問題が加わる（民896条但書）。
（判例）は、相続説を採るが、その要件につき、立場に変遷が見られる。——意思表明相続説〔意思表明により、一身専属性がなくなるというロジックである〕から、当然相続説への推移である（最大判昭和42.11.1民集21巻9号2249頁【96】による〔慰謝料請求権は、被害法益と違って、単純な金銭債権であり、相続対象となるとする〕）。

＊戦前は、「意思表明」の範囲の緩和・画定のために、奇妙な議論がなされる（大判昭和2.5.30新聞2702号5頁〔「残念」事件〕、同昭和12.8.6判決全集4巻15号10頁〔「向うが悪い」〕、大阪地判昭和9.6.18新聞3568号5頁〔「くやしい」〕。Cf. 東京控判昭和8.5.2新聞3568号5頁〔「助けてくれ」ではだめだとされた〕）。

（学説）は、かつては当然相続説が通説だった（我妻博士ほか[207]）。
・しかし、近時の多数説は、この立場を最早採らず、固有被害説（相続否定

説）を説く[208]。——財産的損害の場合（①）と同様に、遺族の損害として考える。

(N. B.)
1．このような立場でも、結論的に大差ないことが実務家から指摘されている（千種・倉田論文など[209]）。逆に言えば、（判例）のごとく、二重に請求しても、総額が多くなるわけではない。
2．なお、民711条は、「父母、配偶者、及び（及ヒ）子」に言及するだけであるが（なお、同条文は、立法当時〔民710条（の前身）から、生命侵害が削除される〕相続否定説が前提とされていたことについて、好美・前掲論文参照）、（判例）は、限定的に解さず、立証責任（負担）の軽減にその狙いがあるとする（最判昭和49.12.17民集28巻10号2040頁〔配偶者の妹の事例（同居していたもの）につき、民711条を類推適用する〕）。

＊近親者固有の慰謝料請求権の場面

「死亡」の場合に限られず（後述）、その場合〔身体傷害の場合〕には、民709、710条により請求権が導かれるとされる（従って、民711条は、単なる例示ということになる）。

他方で、債務不履行の場合には、民711条の類推適用は否定されている（判例。最判昭和55.12.18民集34巻7号888頁）が、異論がある（吉田・法協100巻2号評釈参照）。

3．下級審（とくに東京地裁）では、相続否定説を明言するものもある（東京地判昭和42.3.27判時475号18頁、同昭和49.9.24判時774号100頁）。

---

(207) 我妻213頁、同「慰藉料請求権の相続性」志林29巻11号（1927）、植林・注民（19）223頁など。
(208) 加藤・前掲論文。星野、千種（達夫）、好美清光「慰謝料請求権者の範囲」現代損害賠償法講座7（1974）215頁以下、五十嵐・判タ221号、幾代242頁、倉田・交通事故賠償の諸相129頁、吉岡進・実務民訴講座(3)12頁など。
(209) 千種達夫「慰謝料請求権の相続」人的損害賠償の研究（上）（有斐閣、1974）210頁、倉田125頁、田中康久「慰謝料額の算定」現代損害賠償法講座7（日本評論社、1974）。

4．また、受傷後しばらく後に死亡した場合も、近時の有力説は、一身専属性との関連で、原則として相続は否定されるとする（例外的に、支払済み、契約・債務名義により金額確定の場合にのみ、相続されるとする）（加藤（一）博士ほか[210]）。

（吉田）逸失利益の場合よりも、固有被害説を採りやすいように思われる（理論的には、両者同様に扱うほうが一貫しているが）。「損害」を何と考えるかとも関連しており、精神的損害たる事実を損害とすれば、一身専属性と結びつきやすいであろう。

(2) 身体侵害の場合

① 財産的損害……治療費、付き添い費など。

　（判例）は、本人、近親者のいずれからの請求も認める（大判昭和 12.2.12 民集 16 巻 46 頁〔母の治療に長男が支出して請求した事例〕ほか）。

② 精神的損害　　Cf. 生命侵害の場合——民 711 条による。

　（判例）は、民 709 条、710 条に基づき、「死亡に比肩すべき精神上の苦痛を受けた場合」には、自己の権利として慰謝料請求できるとする（最判昭和 33．8．5 民集 12 巻 12 号 1901 頁〔一枝顔面負傷事件。母からの請求〕【82】（1 版）。同旨、同昭和 39．1．24 民集 18 巻 1 号 121 頁〔死亡の場合に比し、必ずしも著しく劣らないとする。12 歳の女子の事例〕）。

・もっとも、その後この要件は、やや絞りがかけられている（最判昭和 42．6．13 民集 21 巻 6 号 1447 頁〔左下腿骨骨折の受傷。手術治癒後、左下肢が約 30 度外旋し、3.5cm ほど短縮し、正座不能となり、1km 以上の歩行は困難となったという夫につき、その洋服仕立て業の補助者たる妻子からの慰謝料請求について、原審破棄、請求棄却した〕。同旨、最判昭和 43．9．19 民集 22 巻 9 号 1923 頁）。

（吉田）これらは、妻子からの請求事例だが、先の父母からの請求事例と、カテゴリカルに区別して、絞り込む合理的理由はないのではないか。

---

[210]　加藤（一）論文参照。また、幾代＝徳本 261 頁、前田 95 頁、平井 181 頁、吉村 124 頁。

なお、(学説)は、それ以前から、同旨を説いていた（中川(善)教授ほか[211]）。

> **Q Ⅷ－6** 近親者損害については、長らく相続説と固有被害説（相続否定説）の対立があるが、(a) 財産的損害、(b) 慰謝料の各々について、両説の根拠及び問題点を整理して述べなさい。

8－1－4 過失相殺（民722条2項）及びその類推適用

過失相殺規定が多用されるのは、日本法の特色でもある。――公平に基づく賠償調整ということの頻繁さ。Cf. かつての英米法の寄与過失（contributory negligence）の考え方――all or nothing 的解決。

(1) 過失相殺能力――幼児の過失相殺

(通説)(判例)は、事理弁識能力で足り（7～8歳くらい。場合によっては、4～5歳でも）、責任能力までは不要だとする（最大判昭和39.6.24民集18巻5号854頁【90】以降――公平の見地から、被害者の不注意を斟酌する問題に過ぎないからとする）。

既に、(学説)(加藤(一)博士ほか)が同旨を説いていた[212]。

・さらに、学説上は、それすらも不要であるとする見解が有力であり、そこでは、加害者の義務違反、違法性の程度を問うだけで足り、また、定型的・類型的処理の必要性からもそうなるとする（西原・平井教授ら[213]）。

---

[211] 中川善之助「身分権への不法行為」「身分権侵害と慰藉料の原理」同・身分法の総則的課題（岩波書店、1941）47頁以下、74頁以下。加藤(一)236頁。同旨、幾代＝徳本266頁。反対、好美前掲論文。

[212] 加藤(一)247頁〔こちらの方が、判例に先行して登場したことに注意〕、藪・総判(12)179頁。

[213] 西原・私法27号（1965）、川井健「過失相殺の本質」判タ240号（1970）（現代不法行為法研究（日本評論社、1978）に所収）、平井宜雄「過失相殺――その理論的位置」ジュリスト500号（1972）など。また、四宮622頁は、被害者に期待される行動パターンからの逸脱の問題だとする。Cf. 森島392頁、浜上則雄「損害賠償法における『保証理論』と『部分的因果関係』」民商66巻4号24頁以下では、因果関係の問題とされる。

(吉田) 理論的には、責任能力論の位置づけとも関係するであろうが（いずれにおいても、帰責の論理的前提とは考えない）、その点を措いても、寄与度の問題を考える際に、過失一般とは同様に考える必要もないであろう。公平な解決に向けられた「裁量」性の高さ、事態適合的な柔軟な処理のためにも、過失相殺能力不要説のほうがよいことになる（幼児の保護は、その上で、相殺率を慎重に小さくすることで図ればよい）。

QⅧ-7 「過失相殺能力」の理論的位置について、批判的に検討しなさい。

---

(2) 「被害者側の過失」の斟酌……意外な盲点にもなるので、要注意（！）。
・その範囲が問題となる。Cf. ドイツ民法では、被害者の法定代理人と履行補助者の過失が斟酌されるとする（BGB §§ 254, 278, 846）。
・（判例）は、「被害者本人と身分上、生活関係上一体となすとみられるような関係にある者の過失」が「被害者（側）の過失」だとされる（最判昭和42.6.27民集21巻6号1507頁【88】（1版）、法協85巻6号平井〔保育園の通園途中での事故。付き添っていた保母の過失を斟酌することを否定する。──被害者側の過失ではないとする〕、最判昭和51.3.25民集30巻2号160頁【91】、法協94巻9号内田〔同乗者である妻X_2の損賠請求につき、運転者（夫）X_1の過失を斟酌しうるかが問題とされる。──夫婦の婚姻関係が既に破綻に瀕しているなど特段の事情がない限り、夫の過失を斟酌できるとする。それにより、「求償関係をも一挙に解決し、紛争を一回で処理できる」とする〕）。

（検 討）
1. 類型的考察の必要性
 （判例）の示す基準は、①団体的・一体的処理から来ており、その前提として、両者が法律上・実生活上、能力を補い、一体となっている密接な関係があることを要し、「幼児と監督義務者」ないし「手足としての履行補助者」などに限られてこよう。
 しかし、（判例）では、②ヨリ個別性・独立性が存在する場合（同乗者交通

第1部　不法行為法

事故事例）にも、「被害者側」の射程を拡げており、そのことの実質的意義を直截に見る必要がある。——すなわち、その場合には、加害者と被害者側の者との共同不法行為〔今日の有力説の理解では、独立的不法行為の競合（競合的不法行為）の問題となり、従って本来双方とも全額賠償ということになりそうである。しかし、それについて、「被害者側の過失相殺」をすることは、分割責任（寄与度減責）を認めて、求償関係を一回的に処理することを意味しており（昭和51年判決は、そのことを意識する如くである）、(i) Yの減責が認められてよいか、また(ii) X_1の減責が認められてよいのか（X_1・X_2の関係……夫婦関係、好意同乗関係）が検討されるべきである。

2．実質的考察の必要性とその後の（判例）の概念法学的色彩

なお、（判例）は、②の事例につき、昭和51年最判は、実質的考察を説いていて、示唆的であったが、その後の類似事例につき、（判例）は、やや概念法学的に、「身分上、生活関係上一体を成す関係」の有無を問題にしている（例えば、最判平成9．9．9集民185号217頁〔同乗者X女のマンションの前で同人を降車させるべく、A男が車を転回させて反対車線に入れつつUターンをしていた時に、時速90kmで進行してきたY車と交通事故（東京都豊島区東池袋）を起こして、Xが頸髄損傷で死亡したというケース。XAは、3年間恋愛関係にあるもので、婚約予定者に過ぎず、上記関係はないから減額は許されないとした。1・2審では、2割ないし1割の減額をしていたのを破棄自判〕、同平成19．4．24判時1970号54頁〔内縁の夫Aが運転する自動車とY車との衝突事故（前橋市）により、X女が、頸椎捻挫、腰椎捻挫、パニック障害、うつ症状の損害を受けたという事例。原審は、被害者側の過失相殺否定したのに対して、破棄差戻し。破綻に瀕していない限り、内縁関係の場合には、上記関係があるとする〕）。

しかし、それほど説得的とは思われない。近時の（判例）では、①と②との類型的相違が理解されていないと言うほかはない（吉田）。

3．考察のポイント

昭和51年最判の実質的考察を進めて考えるべきであり（もっとも同判決のように、財布共通の原則から、安易に分割責任〔運転した夫などの過失による賠償減額〕を認める（内田・前掲評釈は、同判決を支持する如くである）ことには、批判的考察がなされるべきであろう。——（吉田）としては、②類型においては、上記判例の関係の有無を問わず、基本的に民722条2項の（類推）適用をすべき

212

ではないと考えたい。

(1) なぜならば、まず、本件②の場合が、衝突運転手の競合的（共同）不法行為ならば、原則は、全額賠償なのであり、安易に民722条2項を拡張することもできないはずであり（広義の共同不法行為論との議論のバランス（いわゆる制度間競合の問題）に留意せよ！）、慎重な立場が採られるべきであろう。これに対して、分割責任的解決を採るのであれば、その正当化根拠が必要とすべきである。

(2) たしかに、ＸＡ（ないしＸ₁Ｘ₂）の間には、家族間の不法行為、ないし好意同乗的関係があり、減額の方向で動くかもしれないが、これに対しては、そうであっても、保険制度もあるのであるから、原則として、全額賠償させるべきであろう（「被害者保護」の趣旨からも）。その上で、事後的に、Ｘ₁の保険会社に、（Ｙに対して）求償ないし保険代位させればよいだけのことである。

　安易に、Ｘ側で「財布共通の原則」から、被害受忍を求めることは、自動車事故の保険実務で確立している「妻も他人」判決（最判昭和47.5.30前掲（民集26巻4号898頁））とも矛盾しているということになる[214]。

(3) さらに、同原則を安易に用いることは、「妻の損害賠償請求権の夫への譲渡（ないし第三者弁済（民474条）、そして同人の求償債務との相殺」を十分な説明なしに行うことを意味しており、これは、損害賠償につき相殺を禁じた民509条にも反する（錦織教授の指摘[215]）。この点からも、昭和51年最判の法的論理には、批判的に対応すべきものである。

(4) 以上に対して、①の場合には、類型的に考量事情も異なっており、「保母」のような代理監督者の過失も、親のそれとのバランスからしても、含めて考えてよいとの議論もありうるであろう。

Ｑ Ⅷ－8　いわゆる「被害者側の過失」の法理に関する判例を、批判的に論評しなさい（部分的に、Ｑ Ⅷ－11とも関係する）。

---

[214] この点は、中国からの研究生（北大院生）の王赫君の指摘に負う。
[215] 錦織成史・判批・論叢100巻2号（1976）104頁参照。

(3) 被害者の素因の競合——過失相殺の類推適用

・近年は、被害者の素因（心因的素因、病的素因、物理的・身体的素因、加齢的素因など）が相俟って、損害の拡大を招いた場合に、その減額処理をする裁判例が多数見られ、その根拠として、民722条2項の類推適用とされるのが、（判例）の立場である（① 心因的素因の例として、最判昭和63.4.21民集42巻2号243頁〔軽微な交通事故（追突事故）であったが、鞭打ち症で2年8ヶ月入院し、その後も後遺症が主張された事例。4割減額〕、② 病的（疾患的）素因の例として、最判平成4.6.25民集46巻4号400頁【97】（4版）〔追突事故当時に、既に一酸化炭素中毒。それと頭部打撲傷とが競合したもの。5割減額する。さらに、本来の過失相殺が3割だとする〕）。

・もっとも、（判例）は、歯止めなく素因競合に減額を認めているわけではないことに、留意する必要がある（③ 身体的素因事例で、素因斟酌を否定するものが出ているし（最判平成8.10.29民集50巻9号2474頁【92】〔首が長く、頸椎の不安定症があったケースで、追突事故で、バレリュー症候群（頸椎捻挫、頭頸部外傷性症候群）になったもの。疾患に当たらないとき、身体的特徴については、特段の事情がない限り、斟酌すべきではないとして、4割減額した原審を破棄する〕）、また、④ 心因的素因でも、それが職場に於ける過重労働による場合には、素因減額を否定する（最判平成12.3.24民集54巻3号1155頁〔電通事件（過労自殺の事例）。睡眠不足が続き、鬱病に罹患して、自殺したもの。労働者の個性の多様さとして、通常想定される範囲を外れていない限り、その性格、業務執行態様が、損害の発生・拡大に寄与していても、そのような事態は使用者として予想すべきであるとして、原審が3割減額していたのを、破棄差し戻した。ところで、本判決は715条を根拠としているが、おかしく、民法709条を問題とすべきであろう（1審では、安全配慮義務の債務不履行構成（履行補助者構成）を念頭に、上司は民709条責任、会社は、民715条責任としているからまだよいが、最高裁ではこれが倒錯し、いきなり会社の民715条責任を問い、上司は、民715条2項の責任を問題にする如くである）〕）[216]）。

---

[216] 平成12年最判のその後の下級審の過労死事例の実務への影響については、吉田邦彦・私法判例リマークス37号（2008）32 - 33頁参照。

(検討)

1. 過失相殺の類適といっても、素因を持つことに「過失」はなく、被害者をそのことによって責めることはできず、過失相殺そのものではない。
   - その他の法律構成として、——割合的因果関係の問題として捉える見解（野村好弘教授など[217]）、さらに、寄与度減責論（能見教授）も有力である。

2. 素因を考慮せず、減額を認めないという見解も有力である。——弱者保護、その行動の自由の確保への配慮。

    とくに、学説で強い（窪田論文[218]。(吉田) も基本的にこの立場をとる。比較法的にも、そのような立場が採られることを、同論文は指摘する（例外的に、①（心因的素因）の賠償神経症的事例に、減額を止める））。
    - またそのような立場の下級審判決も出された（東京地判平成元. 9. 7 判時 1342 号 83 頁〔柴田判決〕「あるがまま判決」。比較法的考察をしている〕）。

3. 素因毎に、減額の仕方を区別せよとする見解も有力である（能見教授[219]）。おそらく、①、②、③の順で、減額しにくくなるであろう。またさらに、保険の有無で区別して、ない場合には、素因減額を認めてよいとする見解（能見論文 215 頁）もあるが、付保状況を、直ちに減責の判断に直結できるかについては、疑問がある（吉田）。

> Q Ⅷ-9　通常より損害が拡大する、いわゆる「素因競合」に関する判例の状況を概観し、これに対する比較法的見地からの異論の意義も考えてみなさい。

---

(217) 割合的因果関係論として、野村(好)・交通事故損害賠償の法理と実務（ぎょうせい、1984）、割合的・確率的因果関係論として、倉田・交通法研究 14 号参照。
(218) 窪田充見・過失相殺の法理（有斐閣、1994）。また、平井 160 頁。沢井 244-45 頁も近い。
(219) 能見善久「寄与度減責」四宮古稀・民法・信託法理論の展開（弘文堂、1986）。

第1部　不法行為法

(4) 手続上の問題[220]

① 過失相殺の対象——損害項目毎に考えるか、それとも合算したものについて考えるか

　（判例）は、慰謝料、弁護士費用については過失相殺されないとしている（最判昭和 52.10.20 判時 871 号 29 頁）。

② 弁論主義の適用の範囲

　（判例）は、過失相殺の主張がなくても、職権で斟酌できるとしている（大判昭和 3．8．1 民集 7 巻 648 頁、最判昭和 41．6．21 民集 20 巻 5 号 1078 頁）。

・なお、減額の理由も付す必要はないとされている。

③ 裁量性の限界

　（判例）は、裁量権には合理的限界があり、その範囲を逸脱してはならないとする（最判平成 2．3．6 判時 1354 号 96 頁〔糖尿病患者に対する断食療法。道場入院後に、死亡した事例。原審は、7 割の過失相殺を認めたのに対して、Y の過失割合は著しく低きに過ぎ、裁量権の範囲を逸脱した違法があるとする。差戻審は、3 割の過失相殺をした〕）。

④ 一部請求と過失相殺

　（判例）は、請求額の外側でまず過失相殺し（外側説）、按分説を否定する（最判昭和 48．4．5 民集 27 巻 3 号 419 頁）。

8 - 2　差止め（特定的救済）

・主として、公害（とくに、日照、騒音、振動、などの生活妨害（都市生活型公害））や名誉毀損（プライバシー侵害）などとの関連で、問題とされる。
・民法上、明文はない（むしろ、金銭賠償主義を採る（民 722 条 1 項））ので、物権的請求権として構成したり、人格権侵害という構成がなされたりしている。
　Cf. 鉱業法 111 条 2 項（原状回復——著しく多額の費用を要しないでできるとき）

---

[220]　好美清光「交通事故訴訟における過失相殺の諸問題」実務民事訴訟講座 4 交通事故訴訟（日本評論社、1969）。

不正競争防止法3条（差止め——営業上の利益の侵害（のおそれ）のあるとき）

8-2-1　損賠との相違及び各種法律構成

・金銭賠償による liability rule よりも、物権的請求権としての property rule によるといえる[221]。

　Cf. 債務不履行の場合の強制履行（民414条）（property rule）と損害賠償（民415条、416条）（liability rule）。

・効果の強い分だけ、損害賠償の場合以上に、慎重な利益のバランシング〔被侵害利益、その侵害の程度と差止めの及ぼす効果〕がなされることが多い。——違法性段階説などといわれたりする（前出国道43号線訴訟〔最判平成7．7．7民集49巻7号2599頁〕参照）。

（差止めの法的構成）

① 物権的請求権

　初期の下級審判決で採られたが、その後徐々に減少する。もっとも、日照・通風妨害については、かなり残存する（東京地決昭和52．2．28判タ347号144頁〔西麻布レジデンス事件〕、千葉地判昭和56．7．17判時1020号99頁等）。

（問題点）

　人間の快適な生活に対する侵害の問題は、物権侵害で汲み尽くせない。

② 人　格　権　説

　物権説の延長線上で、生命、健康、快適な生活という人格権的利益の侵害とする。

　……今日の（判例）（昭和40年代後半〔1970年代〕以降）、（学説）の多数[222]の立場である。——憲法13条、25条にも言及される。

---

[221]　これらの用語は、言うまでもなく、Guido Calabresi & Douglas Melamed, Property Rules, Liability Rules, and Inalienability: One View of the Cathedral, 85 Harv. L. Rev. 1089（1972）に負う。

[222]　例えば、加藤(一)214頁、西原「公害に対する司法的救済の性質と機能」法時39巻7号、幾代298頁。また、沢井121-22頁は、不法行為説と相補的に捉える。

(ex.) 最大判昭和 56.12.16 民集 35 巻 10 号 1369 頁（大阪空港事件）
　　名古屋高判昭和 60.4.12 判時 1150 号 30 頁（名古屋新幹線訴訟）【95】（2 版）
　　　……もっとも、いずれも、損賠は認めても、差止めは否定している。

なお、最大判昭和 61.6.11 民集 40 巻 4 号 872 頁【Ⅰ－3】（北方ジャーナル事件）、最判平成 14.9.24 判時 1802 号 60 頁（「石に泳ぐ魚」事件）は、出版の事前差止めを肯定した。

③　環 境 権 説(223)
　昭和 45（1970）年 9 月、日弁連大会公害シンポで主張される（ジュリスト 479 号（1971）参照）。――「良き環境を享受し、かつこれを支配しうる権利」……大気・水・日照・静穏・土壌・景観の他、文化的遺産、道路・公園その他の社会的環境も含まれるとする。

・当時の実践的意義は、受忍限度論〔侵害行為の違法性の有無を、被侵害利益の性質・程度と加害行為の態様との相関的衡量により決める。しかも損賠よりも違法性基準は厳しくなる〕の批判にあり、これに対して、被害者保護の見地から、一定の被害・環境破壊があれば、直ちに差止めを認めるべしとする（「結果不法」に徹して、加害行為の態様に関する事情（公共性、損害回避可能性、先住性、行政規定の遵守、官庁の許可など）を考慮しない）。それにより、「歯止めなき利益衡量」「裁判官への白紙委任」を回避する。
・もっとも、これに対する反批判（加藤（一）博士(224)）も出され（但し、環境権論の最大の意義は、民衆訴訟（行訴法 5 条。国・地方公共団体の機関の法規不適合行為につき、自己の法律上の利益にかかわらない資格で提起するもの）、の立法化の推進にあったとされる）、今日では、②と③の差異は、大きくないとされる。

---

(223)　大阪弁護士会環境権研究会・環境権（日本評論社、1973）102 頁以下。日弁連は、その後「自然享有権」という考え方に発展させていることについては、森林の明日を考える（有斐閣選書）（1991）参照。また、吉田邦彦・環境法判例百選【2】解説（2004〔4 版は、1994〕）参照。
(224)　加藤一郎「『環境権』の概念をめぐって」川島還暦（岩波書店、1972）。

第 8 章　不法行為の効果

- (判例) は、この説に好意的なもの (例えば、神戸地尼崎支部決昭和 48．5．11 判時 702 号 18 頁〔神戸高速道路事件。「環境利益不当侵害防止権」に基づく差止めを一部認容した〕) は、多くなく、むしろ、「環境権」を否定するものがかなりある (例えば、東京高決昭和 52．4．27 判時 853 号 46 頁〔千葉市ごみ埋め立て処理場事件〕、松山地決昭和 62．3．31 判タ 653 号 178 頁〔北条市清掃工場事件〕、仙台地決平成 4．2．28 判時 1429 号 109 頁〔宮城県産廃処理場事件〕、熊本地決平成 7．10．31 判時 1569 号 101 頁〔山鹿市産廃処理場事件〕)。
- もっとも、当事者適格、差止めの判断で、「地域的な考慮」をするものがある (大阪地岸和田支決昭和 47．4．1 判時 663 号 80 頁〔和泉市火葬処理場事件〕、広島高判昭和 48．2．14 判時 692 号 27 頁〔吉田町し尿処理場事件〕、広島地判昭和 47．3．31 判時 1040 号 26 頁〔広島市ごみ埋め立て処理場事件〕) のは、環境権説の影響である。──環境権説の実務上の意義

④　不法行為説

　民 709 条の効果として差止めを考える説であるが、必ずしも多くない (浜田稔・私法 15 号、清水兼男・民商 78 巻臨増(1) 372 頁以下)。

(問題点)

1．民法の体系 (金銭賠償主義) との関係。
2．物権的請求権とのアンバランス──故意・過失要件の有無。

　もっとも、近時は、消極的侵害 (第三者の権利行使による侵害の趣旨) の場合には、加害態様の悪質性がメルクマールとされていることを指摘して、その場面では不法行為説を再評価する見解も出される (大塚教授[225]) が、その実践的帰結はよくわからない。

- この立場の裁判例も例外的である (名古屋地判昭和 47．10．19 判時 683 号 21 頁【90】(1 版)〔利川製鋼事件〕)。

＊受忍限度論と不法行為説

　差止めの根拠論として、人格権、受忍限度論など何らかの概念的根拠を媒介するのに対して、④には、ダイレクトに民 709 条を差し止めと直結させるとい

---

[225]　大塚直・法協 103 巻 4 号以下。同・私法 49 号 (1987) も参照。

第 1 部　不法行為法

うような意味合いがある。そして、生活妨害事例（日照、騒音などの事例）では、しばしば受忍限度論に触れられ、学説上の批判にもかかわらず、被害サイドからみて、一定の侵害程度を超えると違法と判断する枠組みになっていたが、近時議論が多い景観訴訟[226]においては、(判例)（最判平成 18.3.30 民集 60 巻 3 号 948 頁〔国立景観訴訟〕）では、まさにダイレクトに条文から根拠づけ（その意味で④説である）、媒介概念を排し、景観利益は、法的保護に値すると言いつつ、まさに相関関係説的に総合考慮（比較考量）を前面に出し、景観利益の性質・内容、景観所在地の地域環境、侵害行為の態様・程度、侵害の経緯などを総合的に考察するとし、その結果、その侵害行為が刑罰法規・行政法規の規制の違反、公序良俗違反、権利濫用に該当するなど、侵害行為の態様・程度が社会的に社会的相当性を欠くことが必要だとされるのであるから（まさに、ド民 823 条 2 項、826 条の一般論からの相関関係説を彷彿させる！）、**実質的基準としては、受忍限度論よりも後退している感を受ける**（吉田）。

　これに対して、高さ 20m を超えるマンション部分の撤去を認めた、本件 1 審（東京地判平成 14.12.18 判時 1829 号 36 頁〔富岡判決〕）においては、まさに受忍限度論の基準として、地権者の相互的拘束論を体現していたのであり（吉田（克）教授のいう地域的公序の反映である[227]）、両者の比較からも、基準論として、上述のことが指摘できるのではなかろうか。

（まとめ）
・要件は、どの説をとっても、効果・影響力の大きさから、損賠の場合よりも重くなる。
・差止め否定の論理については前述（4 − 3 − 2 参照）。
　……空港管理権（行政権）にかかわるとして、不適法却下。

---

(226)　長谷川・前掲書の他に、民法学者のものとして、淡路剛久「景観権の生成と国立・大学通り訴訟判決」ジュリスト 1240 号（2003）、吉田克己『「景観利益」の法的保護』判タ 1120 号（2003）、大塚直「国立景観訴訟控訴審判決」NBL799 号（2004）、牛尾洋也「景観利益の保護のための法律構成について」龍谷法学 38 巻 2 号（2005）、吉村良一「景観保護と不法行為法」立命館法学 310 号（2007）（さらには、公共的な環境利益と民法との関わりを論ずる、同「環境利益保護と民法」（広中傘寿）法の生成と民法の体系（創文社、2006））など参照。
(227)　吉田克己・平成 18 年度重判【民 10】84 頁参照。

抽象的不作為請求の不適法却下。

差止め違法の限定的判断。

8－2－2　環境権論の批判的〔脱個人主義・人間中心主義的〕検討[228]

・環境権論は、前述とは違った意味で、今日的に再考が必要ではないか（吉田）。

　すなわち、従来の発想においては、いずれも、個人主義的前提があるが（従来は、人格権の延長線上で説かれたいたふしがある）、「環境権」はそれに対して、反省を迫り、環境・自然・生態系の保護を促すものである。所有理論との関連でも、「私的所有（private property）」の発想からは、「共有地の悲劇（tragedy of the commons）」の問題解決の緒（いとぐち）は得られず、乱開発を訴えることはできない（諸外国に比べて、わが国のこうした動きは弱い）。

・1980年代以降の環境問題の特徴として、以下のようなことがある（3－3－1でも、述べている）。──すなわち、①「少量、広域、長期、複合、不確実」、②因果関係も認定しにくい（畠山教授[229]）。→包括的・予防的（事前的）な行政的対応のもつ意味が大きい。

　Cf. 個別的、事後的対応。従来は、経済発展に妥協的であった。

・環境不法行為の今後の展開のあり方

　① 原告適格、訴えの利益につき、広く解する。団体訴訟（クラスアクション的なもの）も認めていく。

　② エコロジカルな損害の立証責任の転換

　③ 因果関係の立証の軽減

　④ 厳格責任化

・汚染（環境損害）の行政的規制の仕方

　① 総量規制（大気汚染防止法5条の2、5条の3、水質汚濁防止法4条の2～4、ダイオキシン類対策特別措置法も）。

---

(228)　さしあたり、吉田邦彦「環境権と所有理論の新展開」新・現代損害賠償法講座2（日本評論社、1998）240頁以下。〔同・民法解釈と揺れ動く所有論（有斐閣、2000）8章として所収〕。

(229)　畠山武道ほか・環境法入門（日本経済新聞社、2000）16頁、20-21頁、25頁以下。

第1部　不法行為法

②　排出量取引（米、EU）

③　金銭賦課（炭素税など）

＊（判例）の状況は、捗々しくないが、再検討が必要であろう。

(i) 環境権に基づく差止めについて、（判例）は、なお否定的である（前述。その他、岐阜地判平成6.7.20判時1508号29頁〔長良川河口堰訴訟〕）。

(ii) 住民訴訟（地方自治法242条の2第1項1号）の活用。——公金支出の差止めによる開発行為の差止め（ここには、原告適格の制約がないことが重要である！）（最判平成5.9.7判時1473号38頁〔織田が浜事件〕、最判昭和57.7.13判時1054号52頁〔田子の浦ヘドロ事件〕）。

(iii) 抗告訴訟（取消訴訟）。——訴えの利益、処分性、原告適格、専門技術的裁量など種々の制約がある（あまり事例はないが、宇都宮地判昭和44.4.9行裁例集20巻4号373頁、東京高判昭和48.7.13行裁例集24巻6＝7合併号533頁【環81】〔日光太郎杉事件〕[230]。格調高い自然保護論を説き、代替案の検討を行い、行政裁量における司法審査の方法を探る）が著名である。また最近注目されるのは、二風谷ダム事件である（札幌地判平成9.3.27判時1598号33頁【環83】〔ダム建設にかかる土地収用の裁決の取消請求。土地収用法20条3号「事業計画が土地の適正且合理的な利用に寄与するものである」という要件を充たしていない（アイヌ民族の文化が不当に軽視・無視されている）として、違法とされたが、行訴法31条の事情判決をした〕。

・他方で、早期の環境保護の立法的・行政的規制が肝要であり、最近「環境影響評価法」も成立したが（平成9（1997）年法律81号）、国際会議からの外圧に対応したという意識からやるのではなく、実質的な環境保護規制により、抜本的に「公共事業」優先的な行政の体質を改めていくことは、喫緊の課題であろう。

　　Cf. アメリカにおける環境保護行政の強さ（とくにブッシュ政権以前）。

　　従って、こうした新たな観点からの環境権に基づく差止め〔予防的環境アセスメントに関する手続的保護とリンクさせた差止請求権の充実化〕は、一考するに価するのではないか（吉田）。

---

[230]　日光太郎杉事件については、亘理格・公益と行政裁量（弘文堂、2002）263頁以下。

第 8 章　不法行為の効果

☆二風谷ダムの問題性[231]——余談だが、二風谷ダムには、様々な問題を腹蔵している。第 1 に、エコロジカルな環境破壊の側面で、かつて同ダムの魚道を見に行ったことがあるが、あそこを通って遡上する魚がいるのだろうかと思うくらいのものであった。これに対して、先年（2004.6）視察したオレゴン州コロンビア川のボンヴィルダムの魚道（fish ladder）——それは既に 1930 年代に、環境保護にも尽力したアメリカ陸軍工兵隊（Army Corps of Engineers）によるものである——には、現に鮭などがびっしりと遡上しており、魚の回遊状況を実によく考慮したもので、水力発電のタービンも魚を損傷しないように配慮されており、環境思想の定着振りに感心した（古典的な私的所有論では、アイヌ民族の漁撈権侵害などとして問題にされたが、それでは時代錯誤的であり、もはや、生態系に留意した制約が所有権行使には課せられると考えねばならないだろう）。

第 2 に、そのダムにより、アイヌ民族の神聖なチャシやチプサンケがなされた場所が水没するにいたっている。これは、民族的アイデンティティの拠点とも言うべき文化的所有権（cultural property）の処遇の問題であり、果たしてそのようなものに、(1) 市場論理的な収用・補償原理が妥当するのか、(2) 時間的利用制限（時効制度など）が妥当するのか、(3) 知的所有権による伝統文化・知識の収奪にどう備えるか、などという問題がアメリカでは議論されていることを付言しておきたい。

また、第 3 に、同ダムは苫小牧東部開発計画の一環で建設されたが、元のプロジェクトは挫折したのに、止められなかった「公共事業」である（さらに、沙流川上流には、平取ダム建設が進んでいる）。しかも、二風谷地区は、失業率が高く（その背後には、アイヌ民族の所有問題の歴史的悲劇がある）、そうしたダム建設に地元の人が駆り出されるというディレンマがあることも忘れてはならない（だから、環境保護運動は、弱くなるという構造的ダブルバインド問題があるのである）。

---

[231]　二風谷問題については、吉田邦彦「アイヌ民族と所有権・環境保護・多文化主義（上）（下）」ジュリスト 1163 号、1165 号（1999）〔同・多文化時代と所有・居住福祉・補償問題（有斐閣、2006）第 7 章に所収〕。

> Q Ⅷ-10　差止めの法的根拠に関する諸説を検討して、いわゆる「環境権論」の現代的意義も併せて検討しなさい。

8-3　その他の問題

8-3-1　胎児の請求権（民721条）……1条ノ3〔現代語化以後は、3条1項〕の例外

Cf. 民886条……相続能力もある。

本条は、固有利益（民709条の扶養利益、また民711条の慰謝料）との関連で意味がある。

Cf. 胎児への不法行為で死亡した場合には、親からの慰謝料請求のみだとされる（内田421頁）。これは、相続の定義から来るであろう。

(N. B.)

法定代理人が、胎児の権利の代理行使ができるかどうかについて、見解が対立している。――（判例）は、停止条件説を採り、否定した（大判昭和7.10.6民集11巻2023頁〔阪神電鉄事件〕）。（学説）としては、解除条件説が有力であるが（四宮489頁以下）、「保存行為に限り」代理行為ができるとされたりしている。

> Q Ⅷ-11　胎児の損害賠償請求権（民法721条）は、実際にはどのような場合に意味を持つか。また、胎児出生前に、親により示談がなされた場合の効果に関する見解の対立を論じなさい。

8-3-2　相殺の禁止（民509条）

(趣　旨)

・現実の賠償をさせることによる被害者保護（「膏薬代は現金で」）。
・不法行為の誘発の防止。

(問題点)
交叉的不法行為（船舶・自動車衝突など）の場合に、問題が提起されている。
- (判例) は、相殺を否定する（最判昭和 32.4.30 民集 11 巻 4 号 646 頁、同昭和 49.6.28 民集 28 巻 5 号 666 頁、同昭和 54.9.7 判時 954 号 29 頁）。
- (伝統的通説) も同様だが（我妻 331 頁、於保 418 頁）、近時の多数説は、誘発のおそれもなく、一方が無資力の場合の不均衡などから、相殺を肯定する（加藤（一）教授以降[232]）。
- しかし、相殺を否定すること（交叉責任的構成[233]）は、保険との関係で、それなりに合理性がある（保険金給付をそれだけ広く認めることになる）ことに留意する必要がある（吉田。同旨、前田 401 頁）。……保険をどこまで考慮するかという問題に関わる。

Q Ⅷ-12 損害賠償債権に関する相殺禁止規定（民法 509 条）は、交叉的不法行為に適用されるのかについて分析しなさい。

8-3-3 不法行為の消滅時効（民 724 条）

近時は、例えば、塵肺など、長期間を経て損害が顕在化する事例、また諸事情から請求されなかった問題が訴訟になる場合も出てきて、特に後段に関する裁判例も増えて、注目度は高まっている。

(1) 前段（3 年の短期時効）

(趣旨) 時の経過による証明の困難さ、被害者の感情の沈静（事を荒立てない）。
- しかし他方で、被害者保護の要請もあり、また、契約責任の場合（10 年）（民 167 条）とのアンバランスもあり、起算点をずらすなどの配慮がなされている。

---

(232) 加藤（一）255 頁、幾代＝徳本 343 頁、四宮 643 頁。
(233) その最初の深めたものとして、鴻常夫「双方過失による船舶の衝突」我妻還暦・損害賠償責任の研究・中（有斐閣、1958）628 頁以下参照。保険実務が単一責任の修正を加えたとの指摘も既にある（632 頁）。

① 「加害者ヲ知リタル時」──（判例）は、賠償請求が事実上可能な程度に知った時を意味するとする（最判昭和48.11.16民集27巻10号1374頁【98】〔白系ロシア人に対する戦時中の拷問の事例。加害者の住所氏名を確認したときからとする〕）。

② 「損害ヲ知リタル時」──（判例）は、継続的損害につき、各損害は別々に進行するとする（大連判昭和15.12.14民集19巻2325頁。同旨、加藤（一）264頁、幾代＝徳本348頁）。また、進行的損害については、後に重度の決定を受ければ、その時から進行するとされる（最判平成6.2.22民集48巻2号441頁〔長崎塵肺訴訟〕）。

＊ 「知リタル時」（現代語化で、知った時）の意味として、（判例）は、認識可能性とか、事実上可能な状況とかでは足りず、現実の認識を要求した（最判平成14.1.29民集56巻1号218頁〔ロス疑惑事件〕。同旨、最判平成17.11.21民集59巻9号2558頁〔リベリア国籍の貨物船との船舶衝突の事例。貨物船は停船せずに、航行し、加害者が特定できなかったケース。しかし貨物所有者のYは、商法798条。項の1年の時効を援用した（その場合民166条による）。最高裁は、民724条の問題とした〕）。──これは、従来の多数説（末川説など）(234) を採用したものであるが、しかし近時は、一般人の認識可能性などに緩める見解も相当に有力であり(235)、（判例）の立場でも、間接証拠、経験則などから類似の状況に対応できるとされたりする(236)。

(2) 後段（20年の期間制限）

（判例）は、（伝統的通説）(237)と同様に、「除斥期間」だとする（最判平成元.12.21民集43巻12号2209頁〔不発弾処理中の爆発被害につき、28年後に提訴。期間の経過の主張は、権利濫用、信義則違反ということはないとして、形式的処理をした〕）。

---

(234) 末川博・権利侵害と権利濫用（岩波書店、1970）651頁、徳本伸一・民法講座(6)714頁、幾代＝徳本348頁など。
(235) 森島438頁以下、潮見291頁。
(236) 新美・重判【民法9】78頁、松本・民商129巻3号388頁。
(237) 加藤（一）263頁、広中489頁、四宮651頁など。

＊除斥期間と消滅時効との相違
① 中断・停止がない。
② 援用を必要としない。
③ 民166条の適用の有無。

　近年は、これまで放置されてきた賠償（補償）問題の発掘とともに、本条後段の存在が脚光を浴びるようになっており、しばしばネックになっている（例えば、ハンセン病賠償訴訟（熊本地判平成13.5.11判時1748号30頁）、戦後補償訴訟（東京高判平成11.8.30判時1704号54頁、同平成12.11.30判時1741号40頁、同平成12.12.6判時1744号48頁など）（さらに、戦前の国家無答責法理の援用もネックである）、アイヌ民族の共有財産返還訴訟（増額評価）（なぜかまだなされていないが））（4－8も参照）。

- Cf. なお、除斥期間を徒過していても、(a)自働債権として相殺できるとされるし（民508条の類適）（最判昭和51.3.4民集30巻2号48頁）、また、(b)20年経過6ヶ月前に、被害者が心神喪失の常況にあり、後見人もないという特殊な場合につき、民158条の法意から、民724条後段の効果を制限した（最判平成10.6.12民集52巻4号1087頁【99】〔痘瘡の集団接種禍の事例。精神・知能・運動障害で寝たきり状態であったもの〕）。

- 起算点——「不法行為ノ時」と、民724条後段に書かれているが、それが加害行為時なのか、損害発生時なのかは不明で、（学説）上は、後者の立場（損害発生時説）が、有力である[238]。近時の（判例）（後述）もその立場である。

（検　討）
1．後段の期間制限の性質決定——民724条後段についても、（学説）では、消滅時効と考える説が、今日では有力（多数説）である（内池教授ほか[239]。また、本条前段は、ドイツ的系譜があるのに対して、後段は、フランス法的系譜の

---

[238] 四宮651頁、沢井263頁、潮見299頁、吉村168頁など。
[239] 例えば、内池慶四郎・不法行為責任の消滅時効——民法第724条論（成文堂、1993）286頁以下、また、松久三四彦「不法行為賠償請求権の長期消滅規定と除斥期間」法時72巻11号（2000）、徳本（伸）、吉村168頁も。

第 1 部　不法行為法

旧民法証拠編 150 条〔30 年の免責時効〕に繋がり、本来は民 167 条（起草原案では、20 年の時効であった）に吸収されるべきものだったが、取り残されたという立法的ミスともいえることについては、吉田論文参照[240]。従って、沿革的に見ても、消滅時効であり、除斥期間と考えるのは、ドイツの「学説継受」の所産である）。

2．「消滅時効」と考えることの意義

こう考えると、(1) 実践的に意味を持つと考えられるのは、**時効の進行（起算）のさせ方**に関わる民 166 条 1 項の適用が出てくることだと思われる（吉田）。

すなわち、「権利ヲ行使スルコトヲ得ル時」（権利を行使することができる時）（同条項）の解釈として、事実上の障害を考慮しないというのが、伝統的立場であるが、学説上夙にこれに異を唱え、法律的障害のみに限る論理的必然性はないとしたのが、星野教授[241]であり、考慮説は有力説である。

（判例）でも、近時は事実的障害を考慮するものも出てきているのである（例えば、最大判昭和 45．7．15 民集 24 巻 7 号 771 頁〔供託物取戻し請求権（民 496 条）に関する〕、最判平成 8．3．5 民集 50 巻 3 号 383 頁〔自動車損害保障事業としての損害填補請求（自賠法 72 条）の 2 年の消滅時効（自賠法 75 条）に関するもので、自賠法 3 条の損賠請求権不存在が確定した時からとする〕、同平成 13．2．22 判時 1745 号 85 頁〔一部追奪担保責任の 1 年の期間限制（民 564 条）に関するものだが、担保責任を追及しうる程度に確実な事実関係を認識した時からとする〕など）。——これは、戦後補償訴訟などでも、応用可能ではないだろうか（吉田）。

- この問題は、背後には、「公益上の要請（取引安全、効率性要求など）」をどれだけ出すか、他方で、不法行為法本来の「矯正的正義」の要請をどれだけ重視するかという、時効観の対立も反映する（この面での転換も、星野

---

(240) 吉田邦彦「在日外国人問題と時効法学・戦後補償(3)」ジュリスト 1216 号 (2002) 121 頁以下〔同・多文化時代と所有・居住福祉・補償問題（有斐閣、2006）第 8 章に所収〕。

(241) 星野英一「時効に関する覚書」同・民法論集 4 巻（有斐閣、1978）279 頁、310 頁〔債権者の職業・地位・教育などから「権利を行使することを期待し要求することができる時」と解するべきだという〕。

論文でなされた)。その意味で、〔判例〕があまりに、硬直な除斥期間法理で、画一的処理をはかろうとするならば、問題があろう（吉田)。

(2) さらに、時効と解すると、良心規定とされる援用（民145条）に委ねられ、その点で、援用が正義ないし信義則に反するような場合には、**援用権の濫用として、時効の効果を排することができる**ということも言いやすくなる（とくにこの手法をとるときには、(1)に比べ、カテゴリカルに、時効を排することができるというメリットがあると言えよう。

この点で、下級審判決では、被告に除斥期間の利益を否定するものがあるし（例えば、水俣病判決。東京地判平成4．2．7判時平成4年4月25日号3頁〔東京判決。「利益を放棄している」とする〕、京都地判平成5.11.26判時1476号3頁〔除斥期間の主張は、権利濫用だとする。京都判決〕）、最高裁レベルでも、在外被爆者訴訟において、帰国とともに、被爆者援護を中止した通達402号との関係で、手当の遡及請求において5年の短期消滅時効（地方自治法236条）の主張をカテゴリカルに排した（最判平成19．2．6民集61巻1号122頁）ことが注目される。

＊学界からワンテンポ遅れの実務——除斥期間構成の「負の遺産」
民724条後段の性質決定として、平成元年最判の除斥期間論は、ようやくかつての学界の通説の採用という意味があるが、そのころには、学界の多数説は、その立場を離れ、消滅時効説にシフトしており、この構図は、丁度、近親者損害の構成の仕方——相続構成の採否——における〔判例〕と〔学説〕との関係と類似する。

しかし、結論に大差がなかった近親者損害の場合と異なり、民724条の性質決定について、除斥期間の立場を採用したことは、同条後段の解釈を硬直させるという負の帰結を持つ。例えば、従軍慰安婦訴訟に関して請求棄却している一連の最高裁判決のうち、除斥期間を理由とするものも存在するが（最判平成15．3．28判例集未登載〔宋神道さん訴訟〕は、同様に解する原審（東京高判平成12.11.30前掲）を支持している）、もし時効と解していたならば、民法立法史にも忠実であり、ヨリ柔軟な被害者救済の立場もできただろうと思われ、戦後補償の多くの法的判断の際に、意外に民法の学理的検討は、不十分なままに進行し、その「負の遺産」を引き受けることになっている事態は、残念に思われる。

第 1 部　不法行為法

・また蓄積的損害の場合の起算点については、遅らせて捉えるのも（判例）である（例えば、最判平成 6．2．22 民集 48 巻 2 号 441 頁〔塵肺に関わる安全配慮義務違反の損賠請求権に関する。症状についての最終の行政上の決定を受けた時からとしている〕、同平成 18．6．16 民集 60 巻 5 号 1997 頁〔B 型肝炎の事例につき、蓄積的・潜伏的損害の場合には、民 724 条後段の起算点は、当該損害の全部または一部が発生したとき（B 型肝炎発症時）とする〕）。

＊近時の時効法改正への懸念

　近時の民法改正のブームを反映してか、時効法においても、外国法の動向に応じた（そして明快なものとする趣旨での）改正の動きがある[242]。しかしそこには、消滅時効の一般規定の期間短縮化、さらに特約による時効期間の短縮なども大きな目玉として謳われている（松久論文 40-41 頁など参照）。時効制度の場合、その存在意義・機能も多面的で、錯綜しており、近時の裁判例での時効延長の要請とは逆向きの要請もあることは、私も認める。従って、もし改正に臨むのならば、いかなる実務的要請から生ずるのか、という改正の射程を明確にして、副作用が生じないような、手堅く着実なそれを期待したいものである。

　しかし内田教授を中心とする改正談義には、ややスィーピングな安易な傾向もなくはなく、その場合には、業界利益に逆用される（時効に対峙して救済を求める被害者の利益などは、立法の際には、声は小さくなりがちである）こともありうるので、関係各位に慎重な立場を求めたい[243]。

---

[242]　松久三四彦ほか「世界の時効法の動向」NBL 881 号（2008）。また、金山直樹「時効法の現状と改正の必要性」NBL887 号（2008）43-44 頁、鹿野菜穂子「時効と合意」同号（2008）71 頁以下。

[243]　近時の民法改正の動向、ないし学界における集団主義的体質に対する批判的考察として、吉田邦彦「日韓民法学の課題と将来」平井古稀・民法学における法と政策（有斐閣、2007）40 頁以下、64 頁以下。さらに、同「近時の『民法改正』論議における方法論的・理論的問題点」ジュリスト 1368 号（2008）も参照。

> Q Ⅷ−13
> (1) 不法行為の短期消滅時効（民法724条前段）にかからせないようにする工夫は、どのような形で現れているか。
> (2) 時効と除斥期間との相違を述べ、民法724条後段に関する判例の状況を批判的に検討しなさい。
>
> Q Ⅷ−14　昨今の時効に関する立法的改正の動き、さらには、民法改正一般の動きには、どのような問題があるかを考察しなさい。

8−3−4　示談後の後遺症——契約解釈の問題

（判例）は、賠償請求を放棄したのは、示談当時予想していた損害についてのもののみであるとする（最判昭和43.3.15民集22巻3号587頁【97】〔予想に反して、前腕骨折が重傷であることが明らかになり、手術後も後遺症が残ったケース〕）。

第9章　一般的問題

9 - 1　不法行為責任と契約責任——請求権競合論

・(相違点) については、債務不履行法のところでも論ずるが、その項目を列記するならば、以下の如くである。

——① 立証責任、② 賠償範囲——減免責条項がある場合、③ 失火責任法の適用の有無、④ 相殺の可否 (民509条)、⑤ 過失相殺 (大差ない。もっとも、文言上は〔民722条2項と民418条とを比較せよ〕、契約責任のほうが、過失相殺に積極的に読めるし、立法者もそのつもりであったが、その後の実務はあまり差異を設けていないということである)、⑥ 遺族固有の慰謝料請求権の有無 (民711条)、⑦ 消滅時効期間 (民724条と民法167条とを比較せよ。また、特則として、商法566条、589条〔1年の短期時効〕などある)、⑧ 遅延損害金の起算点 (民412条3項との関係)、⑨ 第三者の行為による責任 (民715条、民415条に関わる履行補助者法理) など。

・いわゆる請求権競合論については、以下のような見解の対立がある。

(i) (判例) およびかつての (通説) は、請求権競合説を採る (最判昭和38.11.5民集17巻11号1510頁【100】〔運送契約違反の事例で、運送品を、受取証との引き換えでなく、第三者に引き渡したというもの。契約本来の目的範囲を著しく逸脱するから、不法行為でもあるとする。債務不履行による損賠請求権は、短期時効 (上述) により消滅しているという事情がある〕)。

(ii) これに対して、非競合説 (法条競合説) も有力である (川島助手論文[244]、加藤(一)50頁など)。

(iii) さらに、今日多数説となっているのは、規範統合説である (四宮ほか[245])。

(iv) もっとも、近時、平井教授は、(iii)に対して、実体法と訴訟法とを直結

---

[244] 川島武宜「契約不履行と不法行為の関係について」法協52巻1号、2号、3号 (1934) (同・民法解釈学の諸問題 (弘文堂、1949) に所収)。

[245] 四宮和夫・請求権競合論 (一粒社、1978)。またこれらの動向につき、奥田昌道「債務不履行と不法行為」民法講座4 (有斐閣、1985) が明快である。

させているとして、批判する。そして、実体法上の請求権としては、(i)ないし(ii)でよいとして、その後、「訴訟物」は、訴訟法上の弁論主義の適用によって定まるとすべきだとする[246]。

（検 討）

1. (i)と(iii)とは、実際上の処理としては、大差ないことになる。しかし、問題点が複数に及ぶときには、(i)のほうがやや硬直になることに留意しなければならない（例えば、安全保証義務（安全配慮義務）に関する最判昭和55.12.18前出（民集34巻7号888頁）では、前記の⑥⑦⑧の論点が含まれている）。

2. 平井教授の批判は、当たっているところはある。──すなわち、第1に、訴訟当事者の弁論主義（イニシアティブ）により、各論点の規律は定まっていけばよいとするところであり、現実的に（判例）の立場でも、かなり対処できていることはそのことを例証している。また第2は、実体法的に、各場面毎の規範統合をあらかじめ決めておくということには、無理があるという点である。

3. しかし、新「訴訟物」的に考えた場合に、(i)(ii)の実体法的立場では、前述したように無理が出る（1参照）。要に、(i)(ii)にとらわれずに、規範統合を訴訟法レベルで、当事者の主体的行動に委ねつつ、行っていくということでよいのではないか（なぜならば、責任の性質決定に即して各論点毎の規範が整序されているとは必ずしも言えず、請求権競合の場合には、規範も鵺(ぬえ)

---

[246]　平井宜雄「契約法学の再構築（3・完）」ジュリスト1160号（1999）104-06頁、107頁注（68）。

　さらにこの点は、同・債権各論I上　契約総論（弘文堂、2008）17頁以下で論述が進められ、平井説が明瞭になってきた。すなわち、実体法と訴訟法の分離〔従来の実体法的請求権と訴訟物との等置の前提を否定する〕による考察を前提として、第1に、実体法的には、債務不履行責任規定を優先的に適用し、不法行為規定を補充的に適用する（その限りで競合させる）立場を採り（19-21頁）、第2に、訴訟法的には、旧訴訟物理論を採り、従来の新訴訟物理論的結論は、訴訟上の信義則など訴訟法的考慮により導かれるとされる（22-23頁）。──しかし、このような所説でも、当事者の訴訟行動次第では、（理屈の上で債務不履行規範と競合していても）不法行為規範によらなければならない場合は出てくるのであり（実体法と訴訟法との分離とはそういうことであろう）、実体法的な平井教授の立場を崩し壊す契機があるのではないかという疑問が残る（吉田）。

第1部　不法行為法

的に競合しているところがあり、事態適合的に、訴訟当事者の行動に即して実体法規範を定めるしかない場合があろう）。その意味で、（判例）とは異なり、それよりも、自由度は高い（吉田）。

Q IX - 1
(1) 不法行為責任と契約責任の相違を整理して述べなさい。
(2) いわゆる「請求権競合論」に関する見解は、どのように展開しているか。全規範統合説（四宮博士をはじめとする今日の多数説）に対する最近の批判にも論及しなさい。

9-2　不法行為法の展望
9-2-1　損害塡補制度の発展と現代のリスク論[247]
(ex.) 保険制度、社会保障制度（労災補償、健康保険、年金など）。

・不法行為制度の機能は、あるところまでは、拡張してきた（例えば、過失の厳格化、無過失責任法、因果関係の立証の緩和、複数者の不法行為責任）。しかし、他の損害塡補制度の充実とともに、同制度の機能は縮小するということもある。

・他方で、関連制度を含めた広い視野からの損害塡補法学の考察も求められる。例えば、制度相互の調整の問題（重複塡補問題）は、近年クローズアップされていることは前述したとおりであるし（8-1-2参照）、また、加藤(雅)教授の「総合救済システム」論は、そうした方向での取り組みのひとつである。

　……その際に、現代社会による諸リスクをすべて不法行為的ないし損害塡補的に処理することにも限界があるということも押さえておいてよい（すなわち、損害・リスク分散、負担の社会化の限界ということである）。——第1に、危険への接近という場合（例えば、危険なスポーツの敢行、喫煙、肥満）、第2に、リスクに不確実性があり、認識が変化していく場合（例えば、地

---

[247]　E.g., Tom Baker & Jonathan Simon, Embracing Risk: The Changing Culture of Insurance and Responsibility（U. Chicago Press, 2002）．

球環境リスク、食品衛生上のリスク（狂牛病、遺伝子組み換え食品など。こうした場合には、司法的アプローチには限界があることも既に述べたが（4－3－1、8－2－2参照）、行政的規制においては絶えざる「学習」が求められる））、第3に、人口構成の変化などもあり、社会的紐帯・連帯意識が希薄化する場合（次述するところ〔9－2－3〕とも関係する）（例えば、加齢によるリスクに備えた年金制度）には、従来型のアプローチに対する転回の要請は高まっているともいえて、その際には、自己責任原則が出てくる可能性がある。それにどのように対応していくかは、大きな社会政策課題となろう。

> QⅨ-2　現代社会の諸リスクとそれに対応する不法行為制度、さらには広く損害填補制度との関係を考えてみなさい。

9－2－2　不法行為訴訟の変質──「政策志向型」訴訟の登場[248]
(ex.) 四大公害訴訟、水害訴訟、薬害訴訟、医療過誤訴訟、空港騒音訴訟（差し止め訴訟）、タバコ訴訟、ハンセン病訴訟、戦後補償訴訟など。

(特色)
1．原告は多数（集団対集団の紛争）。
2．政策・制度のあり方を問う。しかも、過去のことよりも、将来に向けての政策決定の方を問題とする。──政策決定者、行政官の思考様式に接近する（平井著74頁）。
3．その際には、制約ある資源の有効・適切な配分の必要性が問題となり、効率性の観点からの「目的＝手段」的思考様式との交錯が不可避となるとされる。──1970年代以降の「法と経済学」研究で、この点がクローズアップされる。
4．しかしそれだけではなくて、まさに、価値観・政策判断の対立が先鋭化するということも多いのであるから、様々な観点からの公平・正義の観点からの評価も併せて重要であろう（吉田）（9－2－3参照）。

---

[248]　平井宜雄・現代不法行為理論の一展望（一粒社、1980）66頁以下。

*経済学的思考のメリット——財（負財）の効率的配分という発想

① 法的判断の事前的インセンティブに目を向ける（行為規範的側面）。

② 市場作用に目を向け、「取引費用」の多寡に着目する。——安価な損害回避システム作り、リスク分散（risk spreading）のしやすさ（保険の入りやすさ）。

③ 加害行為のベネフィットにも留意する。

9-2-3 不法行為法における思考様式、正義論

政策的不法行為訴訟が増えてくると、確かに、経済効率性の観点からの帰結主義的、功利主義的な基準設定にも、一応の意味があるかもしれないが（「法と経済学」研究は、不法行為の分野から開始されたことを、想起せよ）、政策判断基準は、効率性に還元されるものではなく、それと並んで重要なものとして、正義性基準があり[249]、さらに、全社会的政策判断とともに、個別の法理（それは、個々のコンテクストに即した公平・正義感覚の反映である）にも焦点を当てる必要があり、法正義論の議論をむしろ深める要請があろう。——その意味で、「法と経済学」研究に対置して出された、「矯正的正義論」ないし「絶対的責任論」（それは、過失の政策分析とは対照的な因果関係論が中心となる）（エプスティーン、フレッチャー、コールマン、ワインリブなどの各教授）は、考慮に値する。

そしてわが国においても、このような「思考様式」の転換の必要性（少なくともそのタイプの相違に留意した法的議論の必要性）を踏まえた不法行為論は、筆者などが着目して以来、有力な支持者（例えば、山本敬三教授）も出てきているようである[250]。以下では、留意点を述べよう。

1．とくに、被侵害利益が人身に関わる場合には、因果関係を媒介とする強

---

[249] 平井宜雄・法政策学（第2版）（有斐閣、1995）参照。

[250] このような問題提起をしたのは、吉田邦彦「法的思考・実践的推論と不法行為『訴訟』」ジュリスト997〜999号（1992）〔同・民法解釈と揺れ動く所有論（有斐閣、2000）4章に所収〕であるが、その後、潮見14頁以下（1999）も積極的に評価するし、さらに、山本敬三「不法行為法学の再検討と新たな展望——権利論の視点から」論叢154号4=5=6合併号（2004）294頁以下、324頁以下などでは、権利論的アプローチとして強くその方向性を志向している。

い被害者保護の要請〔不法行為法による基本的人権保護の第一次的要請〕は前面に出る（この点で、例えば、瀬川・民法典の百年Ⅲ（有斐閣、1998）578頁では、戦前・戦中の裁判例は、ハンドの定式の第三因子（加害行為の有益性という功利主義的考量）は、あまりなかったとされているが、裁判外の行動様式に広く視野を広げると、例えば、北海道開拓のためのタコ労働者の犠牲、炭鉱労働における度重なるガス爆発、戦争における人命軽視、また戦後も、水俣における深刻な中毒死その他の四大公害訴訟、近年でも、児童虐待、障害者差別・虐待、外国人労働者の差別、女性に対するセクハラ、南側の貧困の深刻化、民族対立の激化など、これに関わる例は、枚挙に暇ないことがわかる）。思考様式として、ベンサム的な帰結主義に対して、カント的な義務論（deontology）の見地から、不法行為法学を考え直してみるということである。

2．帰結主義的な分配的正義（distributive justice）への対応は、重要であるが、不法行為法でまず問題になるのは、個別的な具体の紛争に即した「矯正的正義」の考量である（そこから先の社会的正義の実現のための不法行為法の役割も重要だが（それこそ、まさに政策志向型不法行為訴訟である）、しかし、それは一次的には、立法・行政の任務であり、司法（不法行為法）はあくまでその側面支援という役割上の限界もある）。

　なお、しばしば誤解されやすいのであるが、ここでは、**思考様式の相違**（また、司法（判例）を通じてを形成された**法の沿革的・歴史的思考様式としての義務論的な法正義志向**）の述べただけであり、それと帰結論的政策論との交錯を否定するわけではなく、むしろそのような考量には積極的である（そうでないと、本講義で述べている政策志向型不法行為への積極的立場は、説明できないであろう）（この点は、近時の因果関係論などとの関係でも述べた）[251]。

---

[251]　この点で、山本顕治「現代不法行為法学における『厚生』と『権利』——不法行為法の目的論のために」民商法雑誌133巻6号（2006）897頁以下は、（必ずしも明らかではないが）権利論的不法行為理解を、功利主義的理解（同論文では、「厚生」といわれる）に引き戻し、繋げようとする如くの趣旨と理解できる。それが、両理解の交錯という意味ならば、本講義の立場に近いが、それ以上に功利主義に還元するのであれば、疑問が残る。同論文では、デムゼッツなどの所有論の文献（とくに功利主義的な所有論）によりつつ、議論を進めるが（所有論と不法行為が表裏をなすとすることには、次述するように、異論がな

3．もっとも、矯正的正義論は、古典的・個人主義的モデルに依拠しており、それと対抗関係に立つ軸として、社会共同体主義的モデル〔それは、例えば、社会的弱者、マイノリティー保護（それ自体は個人権保護の理念）のために、社会がパターナリスティックに支えていくというもの。ロールズの正義論における「格差原理」（第二原理）的発想である〕による法理の個別具体的発展が望まれる。つまり、**具体的不法行為規範レベルにおける批判モデル**による、古典的な個人主義的規範の多様な批判的展開の必要性ということである。

　例えば、①信頼関係重視による保護義務の強化（契約責任の拡張現象）、②不作為の不法行為（わが国では、一時、国家責任がこの方向で拡充したが、近時は萎縮傾向もある。後述の安全配慮義務なども実質的にこの例である。また、隣人愛（アガペー）の強調（良きサマリア人の問題）も関係する。概して、諸外国では、わが国以上に、作為・不作為の二分論が根強い）、③製造者の義務強化（近年の巨額のタバコ訴訟などもこの例である）、④医師・病院の役割強化、それに伴う責任の拡張、⑤エコロジカルな観点からの環境保護強化（行政的規制が、まず求められることは述べたが、エコロジー共同体的不法行為の進展も望まれるところである）など。

・これらは、個人主義的な自律モデル（ここでは、自己責任の強調がなされ、無造作な〔不法行為責任の拡張には、謙抑的になる）と、拮抗関係に立つ。Cf. 内田教授[252]は、不法行為法における関係的思考を拒否し、「近代不法行為法」を支持するが、事はそう簡単ではないであろう（吉田）。

・また、**不法行為論と所有論**とは、表裏一体の関係にあり、tortのモデルは、property理論に左右されるところがある。この点で、21世紀的には、（従来の個人的・排他的所有権では問題とされなかった）common propertyに留意した不法行為訴訟のあり方を模索する必要があるであろう。——① 大規

い）、しかし、所有論の根拠付けは多様であり（その点は、物権法（所有法）講義に譲る）、一部の系譜の所有論だけを引いて一般化することには、問題があろう。しかし繰り返しいうように、私が帰結主義的・功利主義的考量が、示唆を与えることを否定するとか言っているわけではない。

(252) 内田貴「現代不法行為法における道徳化と脱道徳化」棚瀬孝雄編・現代の不法行為法（有斐閣、1994）146頁。

模被害(例えば、環境被害、食品衛生上の被害)の処理がその例であり、クラスアクション、消費者代表訴訟、早期の差止めを認める環境不法行為(自然資源にかかわる不法行為も含まれる)の構築など求められる。さらには、②先進国の知的所有権システムによる南側の開発途上国の搾取、③侵略・植民地化・戦争・内紛によるマイノリティー民族の補償問題、④ホームレス・不法占拠者(urban squatter)の問題、⑤エイズ被害(特に、無保険者の放置)の問題、あるいは、⑥サイバー空間における品質維持の問題(ポルノ、人種差別的発言などを規制できるか)などにどう対峙し、損害填補に努めていくかも、理論的には、連続線上の現代的課題であろう。

・その際には、近年にグローバル化の反面として、不法行為の国際化現象が進んでおり、民法と国際法との交錯現象も今日的課題となろう。国際的レベルでの損害救済システムが求められているということである。

＊なお、近時は、不法行為法を語る際に、一般的な分析枠組みを論ずることも多い(例えば、「……秩序」とか「公法と私法との協働」(吉田克己教授など)[253]、また基本権保護論ないし比例原則(適合性・必要性・均衡性の原則)(山本敬三教授)[254]にも同様の色彩があろう)。それ自体は、至極当然とも言え、また共鳴するところもあるが(例えば、私が論じている居住福祉法学、とくに、震災復興における公共的支援の問題などは、公私協働の格好の具体例であろう。民法学者の議論は何故か低調だが……)、具体的な不法行為規範レベルでの展開を個別的に論じていくことが必要ではないか。そうでないと理論枠組みがあまりに一般論に流れたり、空洞化したりするように思われる。

---

(253) 例えば、吉田克己「競争秩序と民法」(厚谷古稀)競争法の現代的諸相(上)(信山社、2005)、NBL863号(2007)、また同他「環境秩序への多元的アプローチ(1)(2・完)——実定法学のクロスロード」北大法学論集56巻3号、4号(2005)など参照。

　なお、こうしたアプローチに好意的なものとして、藤岡康宏・損害賠償法の構造(成文堂、2002)がある。

(254) 例えば、山本敬三「前科の公表によるプライバシー侵害と表現の自由」民商法雑誌116巻4＝5合併号(1997)644頁以下の分析。

第1部　不法行為法

> Q IX-3　いわゆる「政策志向型」不法行為訴訟の具体例及び特色を述べなさい。
>
> Q IX-4　功利主義的な不法行為論（いわゆる不法行為法の（市場主義的）経済分析）には、どのような意義及び問題点があるかを考えなさい。
>
> Q IX-5　不法行為法学における個人主義と（社会）共同体主義との対立は、どのような形で現われるか、分析しなさい。

第 2 部　不当利得等

第 10 章　序——近時の不当利得法の流動化

・各種の法律関係の裏返しの問題。——「全実定法体系の箱庭的構造」(加藤(雅))。
・抽象的な制度ゆえに、その捉え方は難しい。しかし他方で、技術的問題もある (例えば、解除後の危険負担、三者間の不当利得)。
・1970 代後半～80 年代くらいからその類型論は、流動化していて、議論も多い。

【文献】
I　伝統的見解（公平説）
・我妻栄・債権各論下巻 1 （民法講義Ⅴ 4）（岩波書店、1972）〔1411〕～
・松坂佐一・事務管理・不当利得（新版）（法律学全集）（有斐閣、1973）〔初版、1957〕
・谷口知平・不当利得の研究（有斐閣、1949）

II　類型論的考察
・加藤雅信・財産法の体系と不当利得法の構造（有斐閣、1980）（初出、1973～1981）（簡単には、有斐閣大学双書・民法講義 6（有斐閣、1977）、同・事務管理不当利得（三省堂、1999）52 頁以下〔62 頁では、自説（箱庭説＝法体系投影理論）は、類型論とは異なるというが、影響はあるとしている（64 頁）〕、同・事務管理・不当利得・不法行為（有斐閣、2002）31 頁以下）。
・四宮和夫・事務管理・不当利得・不法行為上巻（現代法律学全集）（青林書院新社、1981）
・好美清光「不当利得法の新しい動向について(上)(下)」判タ 386 号、387 号（1979）

第2部　不当利得等

・川角由和・不当利得とはなにか（日本評論社、2004）……ドイツにおける類型論の批判を展開するフルーメ学派（その批判は、本講義録のそれとは異なる）に対する反批判を通じて、類型論的立場を確認する。

その他、包括的なものとしては、
・谷口知平編・注釈民法（18）（有斐閣、1976）〔谷口＝甲斐編・新版注釈民法（18）（有斐閣、1991）〕
・谷口還暦・不当利得・事務管理の研究(1)～(3)（有斐閣、1970～72）
・私法48号（1986）「シンポ・法律関係の清算と不当利得」（好美、加藤(雅)発言）

がある。

Ⅲ　近年の教科書類

・鈴木禄弥・債権法講義（3訂版）（創文社、1995）〔初版、1980〕第8章
・沢井裕・テキストブック事務管理・不当利得・不法行為（第3版）（有斐閣、2001）〔初版、1993〕p. 25～
・内田貴・民法Ⅱ債権各論（東京大学出版会、1997）p. 519～
・川角由和「民法703条・704条・705条・708条（不当利得）」民法典の百年Ⅲ（有斐閣、1998）

(N. B.)
1．類型論の嚆矢としては、川村（中央大学）、磯村哲（京都大学）両博士の業績がある（とくに、磯村博士のもの〔「直接利得の要求に就いて」論叢47巻5号（1942）、「不当利得・事務管理・転用物訴権の関連と分化(1)」論叢50巻4号（1944）、ケメラー説の紹介を行った、論叢63巻3号（1957）など（それらは、同・不当利得論考（新青出版、2006）に所収）〕は、再検討に値する）。
2．類型論は、給付利得と侵害利得とを大別するものであるが、そこには、近代法（＝ドイツ法？）における物権・債権の峻別論という構造がある。
3．従って、それに対する反省の動きとして、類型論で廃棄された「転用物訴権」を再考するという方向性はありうる（（梅）も、「転用物訴権」を不当利得法に取り込んでいる（要義巻之三863頁））。これは、物権・債権の関係とか、契約の対第三者効力（債権侵害の問題）とも、繋がるものであり、

（吉田）は、ドイツ的類型論には、批判的である。

> **Q X** 「不当利得法の類型論のドイツ特殊性」について、考えてみなさい。

第11章　一般的不当利得の要件（とくに民703条）

11-1　伝統的な考え方（通説的見解）

「形式的・一般的には正当化される財産的価値の移動が、実質的・相対的には正当視されない場合には、公平の理念に従って、その矛盾の調整を試みようとするのが、不当利得の本質」だとする（我妻博士ほか[255]）。

（要　件）

① 受益（他人の財産又は労務による利益）
　・広く認める。
　　（ex.）弁済、添付、無断使用、自然的事実によるものも（洪水で他人の
　　　　魚が流れ込むなど）。
　・積極的な場合のほか、消極的な場合でも。

② 損失
　「受益」に対応する。

③ 受益（利得）と損失との因果関係
　・公平に基づく判断により、「当事者」を決定する。
　・第三者が介在（介入）する場合に、問題となる。——とくに、金銭騙取事
　　例、転用物訴権事例。
　　（判例）は、元来「直接の因果関係」を必要とした（大判大正8.10.20民録
　　25輯1890頁〔第三者の独立的行為が介在するから、「直接」ではないとする〕）。
　・そしてその後、金員所有権を第三者（中間者）が取得したか否かが「直
　　接性」のメルクマールとされる（大判大正9.5.12民録26輯652頁、同大正
　　9.11.24民録26輯1862頁、同大正10.6.27民録27輯1282頁）。もっとも、最
　　高裁になり、金銭所有権は、占有の移転とともに移るとされているので
　　（最判昭和29.11.5刑集8巻11号1675頁）、騙取金員は、騙取者の所有という
　　ことになりそうである。
　・最高裁でも、「直接性」が要求された（最判昭和45.7.16民集24巻7号909

---

(255)　我妻[1411]938頁。

頁【73】（4 版）〔ブルドーザー事件〕）が、近時は、緩和傾向にある。──「社会通念上、Xの金銭でYの利益をはかったと認められるだけの連結がある場合には、なお不当利得成立に必要な因果関係がある」とする（最判昭和 49.9.26 民集 28 巻 6 号 1243 頁【71】（2 版）〔農林省事務官による横領、騙取の事例〕）。

（学説）も、「社会観念上の因果関係」で足りるとし、「法律上の原因」の有無で決しようとする（我妻博士ほか(256)）。→ 昭和 49 年判決にも影響した。

④「法律上ノ原因」（「法律上の原因」）を欠くこと。
・統一的説明は難しく、公平の理念から見て正当視できないこととされる（公平説）。
　……一般条項的である。ただ、漠然とすることを避けるために、(i) 損失者の意思に基づく出捐行為（給付行為）によるか、(ii) それ以外のものか、に分けて説かれる（末弘博士ほか(257)）。すなわち、──

(i)：出捐の目的・原因（＝「法律上ノ原因」）の欠如。
・法律行為の不成立、無効、取消、解除。対抗不可ということも（内田 533 頁）。
・目的不到達。(ex.) 婚姻不成立による結納の返還。
・第三者を介する給付受領の場合。

(ii)：種々のものがあり、統一的特色を示すことは不可能であるとされる（我妻［1474］）。
（ａ）利得者の行為……事実行為（ex. 雑木刈り取り、他人の所有物の使用・費消など）、取引行為（ex. 二重譲渡による中間利得者の対価所持、即時取得させたものの対価利得）。
（ｂ）第三者の行為……民 478 条、480 条の場合。
（ｃ）法律規定……①即時取得（原則は、問題にならないが、例外的に、無償取得の場合には、利得返還義務を負うとされ（判例（大判昭和 11. 1.17 民集

---

(256)　我妻 477 頁以下、下Ⅰ［1467］以下、977 頁以下。
(257)　末弘（1918）以来の分類である。同旨、我妻 53 頁以下、同・下Ⅰ［1475］以下（(i)の場合）、［1500］以下（(ii)の場合）。

第 2 部　不当利得等

15 巻 101 頁)。通説[258]）、また、民 194 条により、盗品回復される場合には、占有者は代価弁償請求できる（単なる抗弁権に止まらない）とされる（判例（最判平成 12.6.27 民集 54 巻 5 号 1737 頁〔盗取した土木機械バックホーにつき、中古機械販売業者から Y が 300 万円で購入したという事例。控訴審段階で、代価支払いを受けないままに機械が任意に所有者 X に返還されたという事情の下で、代価弁償請求が問題とされた〕。——抗弁権に止まるとしていた従来の立場（大判昭和 4.12.11 民集 8 巻 923 頁）の変更である）。（学説）は、従来から同旨であった[259]）、②添付（民 248 条）、③民 189 条、190 条。

　Cf. 時効についても、不当利得は成立させないとされる（ドイツ、スイスで反対説はあるとする）（我妻 [1569]）。

（d）事件……養魚の流出、果樹の倒壊。
（e）執行行為……近時は多い（不存在の抵当権の実行による競売など）。

11－2　近時の動向（類型論）

近時は、こうした（通説）に対する批判が有力である（川村、加藤(雅)両教授など）。

(1)　通説（公平説）の問題点

1．無内容性——裁判官に対する指針になっていない。適用限界も不明確となり、「法と道徳との交錯した法領域」とされたりする（松坂教授[260]）。
2．ドイツ民法学特殊の影響。
　・ドイツ民法では統一的規定が置かれたために、それに応じた統一的説明が試みられたが、果たして可能なのか？
　　Cf. フランスでは、個別規定を置くのみである。
　・形式法、実質法を対比させる説明には、物権行為の無因性の議論の影響がある。
　→　これに対して、近時の説は、類型的考察を強調する。しかも、裁判例に即した実証的分析の必要性を説く（加藤(雅)）。

---

(258)　我妻・下Ⅰ1012 頁、好美（下）28 頁。
(259)　我妻・判民昭和 4 年度 373 頁、柚木 360 頁、好美・注民（7）163 頁。
(260)　松坂・法律学全集旧版の「はしがき」。

第11章　一般的不当利得の要件（とくに民703条）

(2)　類型論者の具体的主張

1．「受益」と「損失」とを、一体的に「財貨移転の事実」として捉える。
　　Cf. 多数当事者間の不当利得関係の場合には、分解する。
2．「因果関係」は、当事者を定める機能──何らかの「関連性」──に限定する。
　　「直接性」要件は不要とする（既に、我妻説が説く）。
3．「法律上ノ原因」の類型化。……ドイツの類型論（Wilburg、Caemmerer 各教授など）の影響。
　① （川村）財産法の体系論〔「私的所有」関係（all or nothing の論理）と「有償契約」関係（give and take の論理）とに分ける〕の一環として、給付不当利得とそれ以外（侵害不当利得）とに区別する。そして、前者では、契約関係に関する法技術（ex. 同時履行の抗弁権、危険負担）を適用し、それは、「契約の清算」「契約の巻き戻し」であることを強調する。
　　　同旨、好美論文。
　② （加藤(雅)）裁判例から帰納して、矯正法的（両性的）不当利得規範と帰属法的不当利得規範とに区別して、前者の場合には、各種の具体的法律関係（表見的法律関係）に帰着させ（その意味で、「全実定法体系の箱庭的縮図」だとする）、他方後者の場合には、物権的請求権とパラレルに考える。
4．不当利得法の純化、範囲縮小。──金銭騙取事例、転用物訴権事例は、不当利得法の射程外だとする（後述）。

(3)　効　果　論

・民703条、704条の射程、民189条以下との関係につき、侵害不当利得類型とリンクさせる。──物権的請求権は、現物返還を行うものであるのに対し、不当利得返還請求は、価値返還をなすものとする（後述）。
・統一的請求権論（加藤(雅)）。──主張の後順位の規範ほど優先させる。……(ex.) 物権的・売買・無効による返還請求〔当初の主張・抗弁・再抗弁〕。一種の規範統合である[261]。

---

[261]　これについては、さしあたり、加藤雅信・現代民法学の展開（有斐閣、

11－3　類型論の評価、問題点
(1)　概　　況

①「法律上ノ原因」の内容につき、従来の一般的・抽象的理解から離れて、具体的な法律関係に還元して、それと表裏をなすものとして把握されるに至った（いわゆる「箱庭論」）（加藤(雅)教授）こと自体については、大方の一致を見ており、むしろ当然の指摘であったとも言える（いわば「コロンブスの卵」）。

——不当利得の実定法的根拠付け、及び従来の形式・実質の二元論を排除し、具体的（表見的）法律関係それ自体から一元的に理解するものである。

＊「占有の不当利得」論（我妻博士）[262]を、どう考えるか。

（なお、立法者としては、梅・要義巻之三 869 頁は、好意的であるが、穂積は、所有権に基づく返還請求権で足りるとしていた）

……末弘博士の物権変動の有因性を根拠とする不当利得否定論に答えたものだが、ドイツ的図式の残滓がある。なお、同箇所では、民 189 条 1 項とのバランスから、果実・収益の返還義務はないとする。

・近時の類型論では、給付不当利得の場合には、「占有の取戻し」も肯定する（民 189 条 1 項は、排除する）。反面で、侵害不当利得の場合には、本権が問題だとする（民 189 条 1 項を適用する）。

・しかし、これでは、契約清算と不法占拠とのアンバランス（前者のほうが、広い返還義務を認める）という問題が出るだろう（結局いずれの場合も、こうした構成は取らなくてもよいのではないか）（吉田。沢井 41 頁も指摘する）。

② 分類の仕方

・給付不当利得（川村）〔矯正法的不当利得（加藤(雅)。これはやや広い）、運動法型不当利得（四宮）とも言われる〕と、侵害不当利得〔他人の財貨からの不当利得（川村）、財貨帰属型不当利得（四宮）、帰属法的不当利得（加藤(雅)）とも言われる〕とに、二分することについては、多くの支持を集めている。——そしてこれは、契約法理と所有権法理との二分に

1993) 563 頁以下参照。
(262)　我妻・下Ⅰ 1072 頁、同「法律行為の無効・取消について」春木記念 (1931)。

対応しているが、あまりに峻別を強調することは、新たな「ドイツの学説継受」の嫌いがあると思われ（吉田）、その点はとくに「三者間の不当利得」の場合に問題となる（後述）。
・またさらに、支出不当利得（＝「押し付けられた利得」）〔負担帰属法型不当利得（四宮）とも言われる〕（ex. 求償利得、費用利得）を別類型とする説も有力であり（好美、四宮。これに対し、(加藤(雅))は、矯正的不当利得に包含する）、これを説く論者は、本類型においては、利得者の妥当な保護への配慮、すなわち、返還範囲の限定の必要性を強調する。Cf. アメリカ法では、「要らぬお節介」として、なんらの請求もできないとされる。
　(ex.) ペンキ塗り、土地に肥料を入れる。
　　　民法上の例としては、費用利得として、有益費・必要費（民196条、608条）、また、求償利得として、民442条〔連帯債務者〕、459条、462条〔保証人〕、715条3項その他〔複数者の不法行為者間の求償〕など。

(2) 給付不当利得の処理の特性——とくに解除後の法律関係

・(有力説) は、給付不当利得〔矯正法的不当利得など〕について、とくに双方的給付の場合には、「契約関係の清算」の問題として、対価的バランスに配慮しようとする（好美論文[263]）。具体的には、以下のとおりである。

① 同時履行の抗弁権の規定（民533条）の準用——解除などに関しては、その旨の規定がある（民546条、571条）。取消の場合にも、(判例) は同様に考える（無能力による取消につき、最判昭和28.6.16民集7巻6号629頁、第三者詐欺につき、同昭和47.9.7民集26巻7号1327頁）。
② 危険負担の規定（民534条、536条）の準用
　・解除に関しては、民548条が、その趣旨の規定である（とくに548条2項）。そしてこれは、国際統一法の立場である。——現物返還不能の場合。

---

[263] 好美清光「不当利得の類型論」私法48号（1986）、同「契約の解除の効力」現代契約法大系2（有斐閣、1984）。

債権者＝売主 ←──────────── 買主
　　　　　　　代金返還請求権
　　　　　　　──────────→
　　　　　　　目的物の返還請求権（しかし、目的物
　　　　　　　（原物）は、滅失・毀損している）

＊解除の効果論との関係

　解除の効果に関して、直接効果説（通説）（物権的効果説）、間接効果説（債権的効果説）の議論があるが、後者のほうが、有力説〔類型論──契約清算の立場〕になじむであろう。

　ここでの危険負担の問題については、前説を採ると、民534条から、債権者主義になりそうである。もっとも、民548条は、解除権行使前の場合を規律するので、適用場面が少し異なることにも注意を要する。

(i) 双方無責の場合

統一法ないし民548条2項によるならば、売主負担（債権者主義）。──「解除権ハ消滅セス」の意味は、代金返還しなければならないということ。（梅・要義巻之三459頁）は、取引がなければ、元来売主が負担したリスクであるから、またそれは「原状」であるからとする。	これに対して、類型論ほか（多数説）は、買主負担（債務者主義（代金返還義務の縮減）（民536条1項）。……買主の支配領域で生じたリスクゆえ。──川村・四宮133頁、広中408頁、加藤(雅)450頁、鈴木700-01頁〔同時履行的処理から〕、沢井42頁。Cf. 内田547頁、553頁も滅失物の時価相当額返還義務というので、ほぼ同旨である。

(ii) 売主有責の場合

同上。	民536条2項から、売主負担（債権者主義）。

(iii) 買主有責の場合

民548条1項により、買主負担（解除権消　　買主負担（債務者主義）。
滅）。　　　　　　　　　　　　　　　　価額返還。

③ 民703条、704条の機械的適用の否定、制限
・むしろ、解除後の原状回復規定（民545条1項、2項。ここでは、善意・悪意の区別はない）に近づけた処理を志向する。
Cf.（判例）（通説）も、「**給付不当利得について、民703条の返還制限を絞る**」方向性はある。――（a）「現存利益」の返還について、広く解釈する（「出費の節約」があれば現存利益があるとする）のが、（判例）である（大判昭和7.10.26民集11巻1920頁）（また、現存利益がないことの立証責任は、受益者のほうにあるとされる（最判平成3.11.29民集45巻8号1209頁〔手形不渡りにもかかわらず、過誤で手形金につき記帳・払戻しがなされ、それについては、X銀行がYに返還請求したという事例〕））。さらに、（b）「善意」の解釈について、伝統的通説では、過失の有無を問わないが（我妻・下。1102頁、鳩山、末弘）、近時は無過失を要求しつつある（松坂220頁、沢井39頁、四宮93頁）。

（c）また、利息の返還義務を肯定する（金銭については、民189条1項の適用（類推適用）を否定する）（最判昭和38.12.24民集17巻12号1720頁【72】〔債務引受が、会社の目的外の行為であった事例。受益者の行為がなくとも、社会通念上損失者が当然取得したであろう損失（運用利益）ならば、それが現存する限りで現存利益だとする〕。
……（判例）は、給付不当利得事案でも、民703条によっているが、この立場などは、もはや同条の解釈を超えるもので（同旨、内田557頁）、むしろ、民545条2項に近いといえよう（吉田）。

・なお、民575条〔利息≒果実＋使用利益　として相殺する〕の類推も肯定するのが多数説であるが（鈴木701頁、広中410頁、四宮132頁）、返還時には受領物相互に等価の関係がなく、民575条を類推すべきではないとの説も有力である（好美教授ほか[264]）。……その意味で、可及的原状

---

(264) 好美論文（1984）184頁、加藤(雅)455頁〔対価的バランスを失していれば、

第2部　不当利得等

　　　回復ということになる（吉田）。
　　　Cf.（判例）は、所有権留保・引揚げの事例で、使用利益返還を認めたものがあるが（最判昭和51.2.13民集30巻1号1頁）、民575条類推適用からはおかしいことになる。

④　期間制限における債権的制約（我妻・下Ⅰ1077頁以下、沢井43頁、広中409頁、田山・口述契約・事務管理・不当利得（成文堂、1989）501頁）。
　　Cf. 四宮・請求権競合論（一粒社、1978）169頁は、所有権は消滅時効にかからないとの立場を維持している。

・なお、（判例）は、（解除ないし取消時から）独自の不当利得についての10年の消滅時効を別途負わせている（最判昭和35.11.1民集14巻13号2781頁〔解除事例〕など。なお、同昭和55.1.24民集34巻1号61頁〔利息制限法超過返還分は、商事債権ではないとする〕が、商522条を適用しないのも、そのような発想の現われであろう）。（学説）上は、例えば、取消権の場合には、その期間内（民126条）に、返還請求権の行使もすべきだとしていた（川島。四宮97頁ほか）。

(3)　三当事者間の不当利得（＝三角関係）の処理上の問題点——金銭騙取事例、転用物訴権事例の位置づけ

・有力説（加藤（雅）教授など）は、やや契約法理（しかも、ドイツ的な相対的・二当事者的処理）に偏りすぎていないか。——この点で、同教授は、「給付不当利得法理（矯正法的不当利得法理）は、侵害不当利得法理（帰属法的不当利得法理）に優先する」とする[265]が、対第三者との関係でもこのことは妥当するか。

・また、前記場合を、本来の不当利得の場合からはずす（転用事例ないし異物だとする[266]）が、果たしてこのようなアプローチは妥当か。
　　……この問題は、物権・債権の関係の捉え方にも、関わるが、（吉田）は、

　　　例外的に否定する〕、沢井40‐41頁。
[265]　有斐閣大学双書・民法講義6（1977）76頁では、両性的不当利得を前者（給付不当利得）と同視する。また、83頁では、それゆえに、「縦型の統一請求権説」だとする（同旨、好美41頁）。
[266]　同書86頁以下、112頁以下。

第 11 章　一般的不当利得の要件（とくに民 703 条）

このようなアプローチでは、わが民法とも適合的ではなく、ドイツ同様に窮屈に過ぎ、再考が必要であろうと考える。

（a）　騙取金員による弁済……数が多い

（判例）は、種々のアプローチによっており、返還肯定例もかなりある。──すなわち、①当初は、「因果関係の直接性」の有無からの検討がなされた（MのYへの弁済まで、Xは所有権を喪失していないかどうか、そして、Mの行為により、Xの所有権喪失とYの利得が同時に生ずれば、「直接性」ありとした）（大判大正 9.5.12 民録 26 輯 652 頁、同大正 10.6.27 民録 27 輯 1282 頁、同昭和 2.7.4 新聞 2734 号 15 頁）が、他方で、②「法律上ノ原因」の有無の検討で処理する（Yの即時取得があるとしても、必ずしも返還が否定されるわけではないとする）ものもあった（大判昭和 10.3.12 民集 14 巻 467 頁、同昭和 11.1.17 民集 15 巻 101 頁）。

そして、③戦後、最高裁は、金員受領者の主観的態様──Yの悪意・重過失の有無──を問題とする（最判昭和 42.3.31 民集 21 巻 2 号 245 頁　法協 81 巻 3 号星野〔Yが善意で受領していれば、「法律上ノ原因」に基づくとする〕、同昭和 49.9.26 民集 28 巻 6 号 1243 頁〔Yに悪意、重過失がある場合には、「法律上ノ原因」はないとする。衡平法的見地から（一般論）〕）。……Mの無資力を問わない。

（学　説）

・伝統的通説もこれを支持する（（我妻）は、「即時取得の精神」とする）。また、近時の有力説も、価値 rei vindicatio という法律構成から、同様の帰結を導いている（四宮 78 頁、198 頁、好美・一橋論叢 95 巻 1 号 27 頁）。これは、ドイツの少数説（Westermann）の立場であり、ドイツ判例では、この種の事案につき、不当利得の成立は否定されている（加藤（雅）・財産法の体系と不当利得法の構造（有斐閣、1986）781 頁）。

・これに対し、(加藤（雅）) は反対し、原則として、X－M間で解決されれば足りるとし（相対的処理）、Yへの請求は、詐害行為取消権（金銭債権の対外的効力）の問題であるとする（同旨、内田 538 - 39 頁）。

＊近年の判例への消極論の影響？

最近の判例では、こうした近時の有力説（消極説）に類似する解決をしたものも見られる（最判平成 8.4.26 民集 50 巻 5 号 1267 頁〔XがBに誤振込し、振り込まれ

た者（B）の債権者（Y）が差し押さえた場合につき、Xの第三者異議の訴えを否定したもので、相対的処理をしたものと見うる〕）。しかし、「騙取」と「誤振込」との相違に由来するものか、Yの主観的態様によるものなのか、区別の理由はよくわからない。

　（b）　転用物訴権事例。
　……「契約上の給付が、契約の相手方のみならず、第三者の利益となった場合に、給付者が第三者に対して、不当利得返還請求する場合」。——ドイツ法では否定され、債権（契約）の相対効が貫かれるが、フランスでは肯定されている（action in rem verso といわれる訴権）。

　（判例）は、従来M無資力の要件を付して、このような場合でも不当利得返還を肯定してきた（最判昭和45.7.16民集24巻7号909頁【73】（4版）〔ブルドーザー事件〕）。——「直接の因果関係」があるとされるが、日独のこの要件の機能の相違に注意を要する（ドイツでは、転用物訴権を否定するために用いられる）。
　→　しかし、最近、昭和45年判決に対する学説（有力説）の批判を受けてか、実質的に立場を変更して、YがMとの間で、対価関係なしに利益を受けた場合に限って、不当利得返還がみとめられるとして、転用物訴権の場合を限定した（最判平成7.9.19民集49巻8号2805頁【70】〔賃借建物の改修・改装請負契約の事例。賃貸借契約では、MがYに権利金を支払わないことへの代償として、その修繕・造作工事の費用は、Mの負担とされていたというもの〕）。なお、最判平成5.10.19民集47巻8号5061頁【66】〔一括建築下請負契約をした下請負人（X）から、出来形部分につき、注文者Yに対してなされた償金請求（添付事件）を否定した（元請人Mは倒産している）。XはMの履行補助者的立場に立つからとする〕も、こうした傾向に通ずるものである。

　（学説）
・伝統的通説は、昭和45年判決を支持していたが（我妻・各論下Ⅰ1041頁、松坂98頁）、近時の有力説は、同判決を批判し、原則的に転用物訴権を否定する。——例えば、①（加藤（雅）教授）は、Mの無資力、Yの無償取得の場合に限り、債権者代位権・取消権の行使として、Yへの追及を認めるに

止まる⁽²⁶⁷⁾。その意味で、平成 7 年判決は、加藤(雅)説を採用したとも言える。
・その他、大同小異の見解として、②代弁済請求権（民 650 条 2 項）〔費用償還請求権をMが有する場合〕の代位行使を認めるべきだとするものがある（鈴木博士など⁽²⁶⁸⁾）。そしてさらに、③全面的に転用物訴権を否定すべきだとする見解（全面否定説）も有力である（四宮・北川両教授など⁽²⁶⁹⁾）。……その論拠としては、(i) Yの利益取得には、「法律上ノ原因」があり、(ii) Mの一般債権者との関係で、Xの優先を認めるべきではなく、(iii) 転用物訴権を認めると、Yの二重負担になるとする。

（検 討）

1． ここには、ドイツ契約法の相対主義強調の影響がある。損失者（X）が、「物に関わる債権者」であるならば、不当利得法上の対第三者追及効は認めてよい。そしてそれは、有因的処理をする日本法の立場とも適合的である（復帰的物権変動における対第三者効と比較せよ）。

```
A ──*──→ B ──→ C
(X)       (M)    (Y)
```

2． Xが請負人（下請負人）の場合の保護として、先取特権制度（民 321 条、326 条、327 条）があるが、現実には、うまく機能していないことに留意する必要がある（さらには、請負契約建物の所有権帰属に関する請負人帰属説とも関係する）。つまり、それを補充する機能を転用物訴権に営ませてもおかしくはない。
Cf. ドイツでは、特別法ないし民法により、請負人の担保権者的保護が与えられている⁽²⁷⁰⁾（日独の背景の相違）。

---

(267) 加藤雅信・財産法の体系と不当利得法の構造（有斐閣、1980）714 - 31 頁。好美・判タ 287 号 27 頁以下も同旨である。
(268) 鈴木 683 - 84 頁、沢井 79 頁。
(269) 四宮 242 - 43 頁、北川 218 - 19 頁、磯村(保)・平成 7 年重判解、内田 543 頁。
(270) この点は、藤原正則・不当利得法と担保物権法の交錯（成文堂、1997）参照。

3．解釈論としては、(1)追及効を原則的に認めつつ、Yの主観的態様〔すなわち、請負に関する承諾、認識の有無など〕により、また、それを前提とするY－M間の合意の内容（負担の仕方に関する明示的合意）も考慮しつつ（とくにこの点は、下請事例に妥当する）、X、Y間の利益調節をする。

(2)また、請負（下請負）と賃貸借とではY側の事情が異なっており、①下請の場合には、注文者保護の要請があり、他方で、②賃借物の修繕の場合には、賃貸人の重畳的債務を認めてよいであろう（吉田。ジュリスト1110号（1997）も参照）。

（c） 第三者弁済事例。

・A（第三者）が、B（賃貸人）の修繕義務（民606条、608条参照）を代わってC（賃借人）に行ったような場合。——通例は、A－B間の求償利得の問題となる。Cの債権がなければ、A－C間の不当利得の問題になる。

・不存在、無効の抵当権の実行による弁済の場合。——〔判例〕は、C（不実の抵当権者）に対しても、不当利得返還請求ができるとする。

（d） 第三者への支払い指図事例。Cf. 第三者のためにする契約（民537条）

補償関係（原因関係）に瑕疵があり、取消・無効・解除の場合に、不当利得調整はどうなるか（AとBとの補償関係（原因関係）に瑕疵があるのに、BがCに弁済したというような場合）。

〔判例〕は、基本的に、補償関係当事者で不当利得調整をすべきであると考えているようである（大判大正13．7．23新聞2297号15頁〔錯誤無効〕、同昭和15．12．16民集19巻2337頁〔売買契約解除〕、最判平成10．5．26民集52巻4号985頁【71】〔強迫による取消。——原則として、Aには利得はあるが、例外的にないとする。ただ本件は、そのような例外的ケースだとして、破棄自判した（こうなると、Bは、Cにかかっていくことになる）〕）。

〔学説〕も、対価関係〔A－Cの関係〕自体にも問題があり、指図自体にも瑕疵がある場合を別として、同様に考える（好美・判タ387号26頁。Cf. 四宮（上）211頁、224頁は、B－A、B－C双方に不当利得関係を認める）。

第 11 章　一般的不当利得の要件（とくに民 703 条）

（検　討）
　金銭がらみの事例が多く、消費貸主も相手方の資力のみを調査することが通例で、こうした事情から、原則として、貸借当事者間で相対的に不当利得調整させるということでよいが、予備的に、C にかかっていくのも認めてよいだろう（吉田）[271]。

Q XI - 1　不当利得法において、近年有力ないわゆる「類型論者」は、(1) 伝統的通説のいかなるところを批判し、どのような具体的主張を行うのか。また、(2) その見解の三者間の不当利得の扱いをどのように評価するか。

Q XI - 2　給付不当利得の処理の仕方の具体的場面を列挙してみなさい（危険負担との関係で、民 548 条の意義を論ずること）。

Q XI - 3　「金銭騙取による弁済」事例、「転用物訴権」事例についての判例の立場に対する有力説の論評の問題点を批判的に考えてみなさい。

---

[271]　同旨、四宮、山田幸二・現代不当利得法の研究（信山社、1989）382 頁、388 頁、羽田・法学 64 巻 2 号 256 - 57 頁。

第12章　一般的不当利得の効果（民703条、704条）

・返還義務の範囲——善意・悪意（近時の多数説は、善意悪意者とも、民704条によるとする）で、区別する。すなわち、民703条なら、現存範囲に止まるが、民704条では、利益、利息、そして損害賠償をする必要がある。
（判例）は、価値返還の場合には、善意の受益者であっても、利息（運用利益）の返還を認める（最判昭和38.12.24前掲【72】〔引継社による弁済（その後債務引受（財産引受）につき、定款に記載がなく無効だとされた）事例〕）。——「受益者の行為の介入がなくとも、不当利得された財産から損失者が当然取得したと考えられる範囲」に含まれるし、「果実」（民189条1項）とは同旨できない（民703条による）とする。
　……これに対して、（有力説）は、本件が給付不当利得の事案であることに着目する（そして、民法703条、704条によるべきではないとする）（前述）。これは、ある意味で的をついており、従来どうして（判例）が（そして伝統的見解も）、やや無理をして、民703条の縮小解釈を行ってきたかといえば、給付不当利得関係処理におけるバランス感覚〔契約巻き戻しにおける可及的な填補志向〕が背景にあったものと推測される（吉田）。

（問題点）
1．民189条との関係。
　・（学説）では、従来、原物返還の場合に、民189条が適用になり、価値返還の場合に、民703条が適用になるとするのが一般的であった（我妻・谷口両博士など[272]）。

　・これに対して、近時は、給付不当利得（矯正法的不当利得）の場合には、民703条、704条の区別によらず、給付の基礎である表見的法律関係に即した効果を優先的に考える（従って、契約の巻き戻しに向けた広範な返

---

[272]　我妻38頁、同・下Ⅰ1008頁、1072頁、谷口・不当利得の研究（有斐閣、1949）275-78頁。なお、松坂238頁、広中389頁、392頁〔6版では、409-10頁〕は、さらに非給付利得という条件を付す〔広中説は、むしろ次述の有力説に近い〕。

還義務を認める）。他方で、帰属法的不当利得の場合について、物権的返還請求権の場合（民189条、190-91条）とパラレルの区別〔善意・悪意による返還範囲の相違〕が認められるとする（もっとも、常に価値返還になるとする）見解が有力である（加藤(雅)教授ほか[273]）。

2．超過利得の取り扱い——受益者に留めておくべきか否か（物が金銭に転化した場合）。

・（判例）は、転売代金の返還を認める（代償請求権的考え方である）（大判昭和12．7．3民集16巻1089頁〔職工AがX製紙会社のパルプを盗んでYに売却し、さらにBが転得して消費したという事例〕）。

```
X社ーーーー→Aーーーー→Yーーーー→B
      盗取（売却）  （転売）   （消費）
```

＊近時、純粋の種類物（代替物）についても、同旨の判決（不当利得返還請求時の価格ではなく、売却代金の返還をすべきであるとする）が出ている（最判平成19.3.8民集61巻2号479頁〔失念株に関する価格返還請求の事例〕。大判昭和18.12.22新聞4890号3頁〔原則として、原物（と同種同量のもの）——つまり、これは返還請求時の価格である——の返還で足りるとする〕の判例変更である）（これに対して、昭和12年大判は、限定種類物の事案といえる。また、特定物（不動産）についても同旨を説いていた（大判昭和11.6.30判決全集3輯7号17頁。但し、売却代金により画され、その後の価格変動には、左右されないという消極的な意味合いで説かれていた））。

・（学説）も、従来は同旨であったが（我妻・下Ⅰ1010頁、1068頁）、近時は、売却代金ではなく、「物」の客観的価格によるべきだとの見解も有力である（四宮82頁、85頁、196頁。なお、同78頁では、返還義務者に受益の返還以上の過重な負担を課さない方法によるとするが、他方で、同・請求権競合論（一粒社、1978）183頁は、悪意・重過失の場合には、超過利得の返還も要するとする）。

---

[273]　加藤(雅)74頁、76頁、鈴木433頁。沢井65頁は、民703条、189条1項の折衷をはかる。

第2部　不当利得等

(検　討)

　「売却代金を返還額とする」ということの意味を詰めておく必要があるであろう。すなわち、──①（判例）では、売却時を価額評価の基準時とする（その後の価格変動については、例外的に評価する）という──一見、富喜丸事件（大判大正 15.5.22 民集 5 巻 386 頁）に類似した──当事者の主観的態様とは中立的な基準に立ちつつ、近時立場変更したごとくである（中村心・ジュリ 1344 号 87 頁参照〔受益者の才覚による利益帰属の問題には立ち入っていないという〕）。そしてその意味で我妻説に接近したと見ることができる。

　しかし、②損失者・受益者の主観的態様により、「利益剥奪」、「利益押しつけ」の側面を読み取り、効果もそれに対応させるというアプローチ（平田健治・私判リ 36 号 49-50 頁）が、より柔軟であり、事案適合的な判断を導くように思われ、それとの関係で売却額を返還させたことを意味づけることもできよう（吉田）。そうなると、第 1 に、受益者の悪意の場合には、利益剥奪の必要があり、売却代金が現在価格を上回る場合には、代金を吐き出させるという制裁的な意味合いを平成 19 年最判に認めることもできよう（その点で、昭和 12 年大判の場合には、善意過失者の転得者に対する売却代金を認めた事例で同一に論じられるかが問題になる）。他方で第 2 に、損失者に懈怠が認められ（例えば失念株で、名義書換を怠っていた場合）、損害軽減義務に違反し、返還額を減らすことも考えうる（なおこの点で、大杉・民商 137 巻 2 号 217 頁では、本件原告はそれほど悪質ではないとする）。

　不当利得と不法行為とで、「損害の金銭的評価（の基準時）」の理論的問題を、共有していることは否定できず、②のような（主観態様に応じた）多面的で柔軟な考察は、不法行為法での議論にも影響すると考えるべきなのだろうか。……考えてみると、平井教授が、損害の金銭的評価の側面を浮き出しした際に、その「自由裁量性」「柔軟性」は含意されていたとも言えて、あとは、両制度の制裁的・公平的要素を盛り込んだ、「損害（損失）塡補」に拘泥した従来の両制度論の脱構築の問題のようでもある。

第 12 章　一般的不当利得の効果（民 703 条、704 条）

＊支払い代金の控除の可否

　なお、Y が A に支払った代金は控除されるか否かについて、(判例)(昭和 12 年判決) は、否定する。

　これに対して、(学説) では、見解の対立がある (四宮・上 190 頁以下は、否定するのに対し、我妻・下Ⅰ1086 頁は肯定する。内田 549-550 頁でも、X の Y に対する使用者責任を認める限りで、相殺〔控除〕を肯定している)。

(検　討)

・物権的請求権とのバランス論〔侵害不当利得的アプローチ〕からすれば、(判例) の立場ということになる (Y としては、A に担保責任を追及することになる)。

・なお、盗品の回復 (追奪) の民 194 条の場合には、占有者は、回復者に対して (単なる抗弁権以上に) 代金弁償請求権を認めるのが最近の (判例)(最判平成 12.6.27 前掲) であることは、前述した。

　(吉田) 対第三者請求の場合には、否定説でもよいが (代金問題は返還請求者ではなく、前主に相対的に抗弁できるに止まるであろう)、昭和 12 年判決の場合には、盗取ケースであり、近年の判例との関係も問題になる。しかし、民 194 条には、競売または公的市場で商人から善意で取得したという要件はあるので、一応区別できるといえよう。相対的対価バランスを重視する見解からすれば、控除肯定ということになりそうで (近時の判例もその方向にあるのだろう)、三者間の不当利得問題とも関係している。

＊準事務管理における収益引渡 (民 701 条による民 646 条の準用)

　機能的には、ここでの問題であるが、後述する (14 − 2 参照)。これとの関係で、英米法には、「原状回復利益」ないし「利益基底的責任」という規範群があり、その歴史的考察として、さしあたり、アティヤ教授のもの[274]、さらにその現代的適用例 (例えば、奴隷制に関わる企業補償、同棲・内縁の事後処理、推定的信託問題) については、ダガン教授のもの[275]など参照。わが

---

(274)　P. S. Atiyah, The Rise and Fall of Freedom of Contract (Oxford U.P., 1979) 764 〜 .

(275)　Hanoch Dagan, The Law and Ethics of Restitution (Cambridge U.P., 2004)

国の大方の民法学者の関心は、ドイツ法に行っているが、その意味で、英米不当利得法は、今後とも参照に値するものと思われる。

Q XII − 1
(1) 民法703条、704条の適用の射程及び民法189条〜191条との関係を論じなさい。
(2) 「現存利益」「利息（運用利益）」に関する判例の状況を述べ、その背景を考えてみなさい。

Q XII − 2　受益者の超過利得及び（前主への）支払代金の控除については、どう考えたらよいか。

第13章　不当利得の特則

13-1　非債弁済——給付不当利得の特別規定
(1) 狭義の非債弁済（民705条）　Cf. フ民1235条、1376条、1377条。
……このタームは、非債弁済者が悪意の場合を指しており（沢井51頁参照）、ちょっとわかりにくい（ミスリーディング）（吉田）。

・弁済者悪意の場合に、返還を否定する（同条文）。逆に、善意ならば、過失があっても、返還できるとされる（判例）（大判昭和16.4.19新聞4707号11頁）。

・さらに、悪意であっても、知って弁済したことに無理からぬ事情があれば、本条の適用を排除して、返還請求を認める（判例）（通説）。……文言解釈としては、やや無理があろうが、**民法705条を制限的に適用する傾向**があるということである。

　　(ex.)・強制執行を避けるため（大判大正6.12.11民録23輯2075頁）。
　　　　・賃金支払い義務はないが、訴え提起を慮った支払い（最判昭和40.12.21民集19巻9号2221頁）。
　　　　・利息制限法違反の過払い分の返還請求も認められるに至っている（判例は、民法705条にも言及する。最判昭和43.11.13民集22巻12号2526頁、同昭和44.11.25民集23巻11号2137頁）。——これに対しては、適用法条に難があるとする見解もある（民708条但書説。星野教授ら[276]）。
　　　　なお、これを空洞化させる貸金業規制法43条につき、再度転換がはかられ、上記判例法がクローズアップしていることは、契約各論参照。

・なお、悪意についての立証責任は、受領者側にある（判例）。

Q XIII-1　民法705条に対する判例上の例外法理を論じなさい。

---

(276)　谷口批評・民商62巻3号、判タ237号吉原、法協87巻11＝12号星野評釈。これに対して、判例で問題はないとの見方として、沢井54頁。

第 2 部　不当利得等

(2) 期限前の弁済 (民706条)　Cf. フ民1186条

・錯誤による期限前弁済の場合、債権者の利益（中間利息など）の返還を認める。——本体の返還は認めない。Cf. 民136条2項——期限の利益の放棄。Cf. 知りつつ期限前弁済すれば、何の返還請求もできないとされる（我妻・下Ⅰ1124頁）。

　……従来は、これにより、債務が消滅するとされていたが、近時は、政策的に、同一当事者間で、一往復半するのを回避して、簡便にしたと見る見解も出る（加藤(雅)99頁）。

(3) 他人の債務の弁済 (民707条)　Cf. フ民1377条Ⅱ項

第三者弁済（民474条）の要件を充たさず（Cf. 充たせば、弁済は有効となる）、しかも善意・錯誤で弁済した場合に適用され、債権者が善意で証書を毀滅し、または、担保放棄、時効による債権喪失した場合には、もはや求償関係に移行させるという規定である。

13 - 2　不法原因給付 (民708条)

やや一般的法理であり、英米のclean hands原則と同趣旨である（穂積提案による）。——これに対し、（梅）は、不当利得の返還を擁護している（非債弁済だからとする。また、不法なことを企てたものが法律の保護を仰ぐのは鉄面皮だと本条の趣旨を説明するが、一旦履行したものが返還請求してきた段階で、不法原因を理由に拒ませるのは、原告以上に鉄面皮な被告の主張を認めることになり、立法論として採れないという[277]）。旧民法財産編361条でも、原則・例外は逆であった。

(1)「不法ノ原因」の範囲

公序良俗違反（民90条）の場合に限るか（多数説。我妻・下Ⅰ1131頁、松坂193頁）、それとも強行法規違反の場合も含ませるか（鳩山829頁、谷口・研究190頁）。

なお、（沢井56-57頁）は、民90条の公序良俗よりも狭いとする。

（判例）は、最高裁になり、大審院よりも慎重に適用し、闇取引の場合に否

---

[277]　梅・要義巻之三 880-81頁。

定する（最判昭和35.9.16民集14巻11号2209頁〔わら工品の事例。「反道徳的な醜悪な行為として、ひんしゅくすべき種の反社会性」という〕、同昭和37.3.8民集16巻3号500頁〔揮発油の取引。「倫理・道徳に反する醜悪なもの」である必要があるとする〕）。

(2) 民708条但書による返還

（判例）は、かつては、厳格に適用していたが、最高裁は、両当事者の不法性の程度を比較するアプローチを採用している（最判昭和29.8.31民集8巻8号1557頁【73】〔韓国への苛性ソーダ密輸出のための金員貸与〕、同昭和44.9.26民集23巻9号1727頁　法協88巻7＝8合併号加藤（雅）〔妻子ある男性と肉体関係を結び、1年半後妊娠して棄てられた女性からの慰謝料請求。不法行為による損賠請求への民708条の類推適用の問題（後述）も含まれる〕）。——以前から、有力学説（谷口）が説いていた立場である。

・過失相殺的処理はなされる。

(3) 適 用 範 囲

（判例）は、物権的請求権、不法行為に基づく損賠請求権にも、民708条を類推適用する。

(ex.) 重婚的内縁の不当破棄（大判昭和15.7.6民集19巻1142頁、判民63事件我妻〔貞操権侵害による不法行為。女性からの請求を否定する〕、最判昭和44.9.26前掲〔同様の事例で、民708条但書から逆の結論を導く〕）。

Cf. （加藤（雅））は、統一的請求権論の立場から、多くの場合には、不当利得規範も適用されるべきものであったとする（103‐05頁）。また、（広中）は、類型論から、給付不当利得については、物権的請求権を問題にしない。

(検　討)

・不法行為の場合、それ自体の要件の問題とすれば、足りるのではないか（その一般的法理の性格ゆえに）。民708条の網をかぶせるにしても、但書が適用されるならば、結局比較考量に帰する。

(4) 特則による一般的不当利得規範変容と権利の所在——権利義務関係体系との齟齬？

（判例）は、反射的所有権取得という構成をとる（最大判昭和45.10.21民集24巻

第 2 部　不当利得等

11 号 1560 頁【74】〔妾への未登記建物の贈与。後に、贈与者が、贈与無効として所有権に基づく明渡請求をしたというもの〕）（Cf. 最判昭和 46.10.28 民集 25 巻 7 号 1069 頁は、建物既登記の場合には、「引渡」だけでは、「給付」ありとは言えない（返還請求できる）とする）。

- この点も、既に一部の（学説）の主張していたところである（有泉・法協 53 巻 4 号（1935）688 頁、我妻 82 頁、谷口・前掲研究 166 頁）。
  Cf. 時効、即時取得……原始取得。
    通常の承継取得（売買、相続。また、地役権設定などの設定的取得）。

本件は、通常の承継取得とも異なり、反射的・承継的取得である（我妻・下 I 1164 頁、四宮 176 - 77 頁、沢井 57 頁）。

（判例）は、こうした反射的所有権取得に基づく登記請求を肯定する。

しかし、民 708 条の趣旨と整合的かどうかという問題は残る。否定する立場をとれば、時効取得を待ってようやく所有権を取得することになる（内田 570 頁、好美・判タ 386 号 25 頁）。

（吉田）不法な行為による既成事実を追認できるか、それへの抵抗感という問題に繋がる。——その意味で、（梅）の疑問（前述）とも関係している。

Q XIII - 2　不法原因給付（民 708 条）の射程を限定する判例法理（あるいは、学説）を幾つか論じなさい。

第 14 章　事務管理、準事務管理

14 − 1　事務管理――委任との対比
(1) 定義・意義
・契約関係、契約上の義務なく他人の事務処理がなされた場合に、それを適法な法律関係として処理する制度。フランスでは、準契約（quasi-contrat）という。
　(ex.)・隣人の留守中に暴風雨で破壊した屋根の修理をする。
　　　・中元の預かり。
　　　・負債に苦しむ友人のための弁済。
・民 697 条の要件を充たす必要があり、充たさねば、不当利得・不法行為の問題となる。
・「他人ノ為ニ」（「他人のために」）の意思が必要だが、法律行為ではない（法律に基づく効果が生ずる準法律行為である）。もっとも、「自己のためにする意思」と競合しても構わない。
・なお、事務管理者に行為能力は不要とするのが（通説）である（我妻・下Ⅰ [1358]）。しかし、行為能力必要説も有力である（松坂 9 頁）。……有力説は、管理継続義務（民 700 条）との関係で、無能力者の保護を図ったものであるが、（通説）でも責任軽減を認めるので（民法 117 条 2 項を類推して、不法行為・不当利得と同様の処理をする。前掲箇所）、結果的に大差ないだろう（吉田）。
・（通説）は、さらに本人の利益に反し、その意思に反することが明らかではないこと（民 700 但書参照）を要件とする（松坂 30 頁）。――本人の意思に多少反する事務管理はあり（民 702 条 3 項）、また、事務管理の「追認」があれば、意思に反さないことになる（Cf. 無権代理の追認）。
　これに対して、（有力説）（平田教授[278]）は、本人の利益との適合性を要求して、（通説）よりも、絞りをかけようとしている。

---

[278]　平田春二「事務管理の成立と不法干渉との限界」不当利得・事務管理の研究(2)（有斐閣、1972）。

*事務管理制度の存在理由[279]
- 相互扶助の精神の反映であり、不法行為とすると、本人にとっても、社会にとっても利益にならないという評価がある。
- 愛の種類のなかで、「アガペー」(Cf. エロス、ピリア) に、着目しており、共同体的正義を重視するならば、よりクローズアップされることになる。

(2) 委任と類似する法律関係

- 対内的関係
    ① 報告義務、受取物引渡〔これが、準事務管理との関係で重要な効果を持つことは、後述する (14 − 2 参照)〕、金銭消費責任 (民701条)。……民645 - 647条の準用。
    ② 事務の性質に従い、本人の利益・意思に適するように行う (民697条)。……民644条と類似。
    ③ 通知義務 (民699条)。……民645条 (顚末報告義務) と類似。
    ④ 管理継続義務 (民700条)。……民654条 (終了後の善処義務) と類似。
    ⑤ 費用償還請求権 (民702条)。……民650条と類似。
- 有益費に限る (場合によっては、現存利益に止まる (3項))。
- 民650条2項のみ準用する (代弁済請求権)。
- もっとも、(学説) は、拡張適用をはかり (我妻博士[280])、(a)「利息」の償還まで認めるとするのが有力である。(b) さらに、「費用」概念を拡張して、実質的に損害賠償も認める。Cf. ドイツ法では、委任についても損賠の規定がなく (BGB § 670)、こうした処理がなされている。
……我妻説には、**共同体的連帯への配慮**が窺える。なお、これよりもやや制限的な見解もある (四宮・上34 - 35頁〔相当額に限って、有益費用として転嫁する。また、医師の診療報酬請求について、社会通念上、有償でしか事務管理の引受が期待できない場合に認める〕)。

- 対外的効果——事務管理による代理権の有無。
    (判例) は分かれるが、概ね否定的である。——さらに、無権代理の「追

---

(279) 星野英一「愛と法律」東大公開講座・愛と人生 (東京大学出版会、1984)。
(280) (a)につき、我妻 [1384] (有益費の完全な償還の趣旨からとする)、(b)につき、我妻 [1389] (偶発的なものでなければ、「費用」に含まれるとする)。

認」ないし表見代理の成立を別途要求する（大判大正 7.7.10 民録 24 輯 1432 頁〔共同買主（3 名）の内、1 名が、契約解除した場合の効力につき、全員の追認がいるとする。Cf. 解除自体は事務管理としてできる〕、最判昭和 36.11.30 民集 15 巻 10 号 2629 頁　法協 80 巻 4 号星野、民商 46 巻 5 号谷口〔建物につき、原所有者の事務管理者から贈与を受けたという事例。本人たる Y に効果は生じないとする〕）。

　Cf. 大判大正 6.3.31 民録 23 輯 619 頁〔買主側（事務管理者）が、船舶売主からの増額要求に応じた事例。「応ニ執ルヘキノ処置」であり、民 702 条 2 項の趣旨から弁済すべきだとする〕。

　（学説）としては、（通説）は、事務管理は対内関係に止まるとするが（松坂 39 頁、44 頁）、代理権を肯定する見解も有力である（於保博士ほか[281]）。——(i) 民法が、事務管理を適法行為として認める以上そうなるとする。(ii) また、民 702 条 2 項（代弁済請求権）の精神ないし類推から、対第三者債務、追認義務を負うともされる。

（検　討）
・私的自治・自己責任原則と好意・親切（利他的行為）重視とが、理念的に相克している。
・共同体的モラルに対する評価につき、裁判所が積極的な立場に向かうとすれば、平田説のように、パターナリスティックなチェックをしつつ、有権代理的効果を与えることは、一考に値する。——その際に、例えば、所有権喪失と代金支払いとでは、前者のほうが効果が重大であるから、慎重を要する。
・また、事務管理の追認と代理権の追認を分けるのも、（通説）のようであるが、これも現実に適合的ではないであろう。

---

[281]　於保不二雄・財産管理権論序説（有信堂、1954）193 頁以下、岡村(玄)各論 566 頁ほか。また、横田 799 頁以下、三宅・注民 (18) 370 頁以下、同「事務管理者の行為の本人に対する効力」不当利得・事務管理の研究(1)（有斐閣、1970）、近藤・各論 164 頁。平田教授も、事務管理の成立を狭めつつ、少数説を採る（「事務管理は代理権を発生させるか」民法の争点 II（有斐閣、1985））。

> Q XIV－1
> (1) 事務管理を「不法行為とはしない」原理的背景を考えなさい。
> (2) 個人主義的原理を強く出すかどうかで、どのような法的論点につき意見が分かれてくるだろうか。

14－2　準事務管理の意義・機能

　他人の事務と知りながら（＝悪意で）、自己のためにする行為（(ex.) 他人の特許権を勝手に行使する場合、他人の物を自己のそれとして、高価売却する場合など）。——その場合に、利益を行為者に収めさせてよいか（それとも吐き出させるか）が、ここでの中心問題である。

　……つまり、不当利得、不法行為法では、本人サイドは、損害・損失の限度でしか、救済されないのに対して、ここでは、受益者に利益（収益）を全部吐き出させるために、「準事務管理」として、受取物引渡の規定（民701条による民646条の準用）を利用しようとする考え方である。——ドイツ法（BGB§687Ⅱ）を参照して、鳩山博士が主張した。

＊類似の制度
　商法上の介入権（商41条2項、74条2項、264条3項）、また、英米における回復利益（restitutional interest）などは、準事務管理の発想と類似している。

　（判例）も、本人の追認を条件に認めている（事務管理として）（大判大正7．12.19民録24輯2367頁【69】（1版）平田）。

　（学説）も、積極説が多数である（松坂（新版）49頁、四宮・判例コンメンタールⅥ8頁、14頁、沢井23頁、広中390頁）。
　・これに対して、我妻博士は、反対する[282]。——① ここで問題となるのは、不法行為ないし悪意の不当利得であり、利他的行為に関する制度〔事務管理制度〕を準用するのは、筋が違う。また、不法行為・不当利得で処理するにしても、損害・損失の要件の立証を緩和して、広く認めることができ

---

(282)　我妻・下Ⅰ[1399]～[1341]。

る（特別法にその旨の規定がある。例えば、特許法102条、著作権法114条、実用新案法29条、意匠法39条、商標法38条、半導体集積回路の回路配置に関する法律25条）。② 他方で、管理者の特殊の才能・機会で、一般的に合理的と予期される以上の利得を得たとすれば、むしろ返還させないほうが公平に適する。……これが、判断の分かれ目である。

（検 討）

- 近時は、商法上の介入権（商法41条、48条、264条）の民法的一般型として、準事務管理と同様の帰結を導く見解が出され（平田）、さらに、比較法的分析を通じて、悪意侵害者に対する制裁（サンクション）として位置づける立場も有力である（好美論文[283]）。――すなわち、英米では、擬制信託（constructive trust）、不法行為訴権の放棄（waiver of tort）による準契約（quasi contract）の選択による利得返還請求、またドイツでも、収益引渡請求権への不当利得法・不法行為法の拡張の動きがあるとされる。
- 「過失不法行為」と「意図的（故意）不法行為」の区別（平井、吉田ほか）とも関係し、故意不法行為の特性として、ここでの問題を位置づけうる。

（吉田）このようなタイプの救済方法〔制裁的処理としての収益引渡し〕は、一般的な形で、注目されてしかるべきである。そのメリットとしては、(i)不法行為、不当利得ではカバーできない部分のへの対応、(ii)損害、損失の立証の困難の回避もできる（特別規定はあるが、それがない場合でも）。

> **Q XIV - 2** 準事務管理法理の是非を巡る議論の対立を述べ、その意義を述べなさい。

☆ちょっと一言

　以上で、不当利得法を中心とした第2部を終える。不当利得法は、体系的・理論的な議論がある反面で、各論的には、止めどなく技術的な細かな議論も多

---

[283] 好美清光「準事務管理の再評価」谷口還暦・不当利得・事務管理の研究⑶（有斐閣、1972年）。

数あり、それらを網羅的にカバーしようとすると、大部なコンメンタールになることであろう。その意味で、担保物権法と似たところがあり、制度の骨格を見通し、「木を見て森を見ない」ようなことにはならない注意が肝要であろう。

　確かに「全実定法体系の投影ないし箱庭」なのであろうが、そういうだけでは実もふたもなくなるところがあり、やはりそれを纏め上げる「理論」が重要な領域であって、この分野における理論的うねりを体得してほしい。その意味で、膨大な事例を整序していく理論が決め手となる不法行為法と似ているところがあるわけである。

最 後 に

　債権各論の後半の不法行為法、不当利得法の講義は、アメリカロースクールでは、「救済法（remedies）」といわれている分野にも対応している。ここでは、しばしば触れたように、膨大な具体的事例とそれをまとめ上げる理論的洞察が重要となる。

　50歳を迎えて顧みると、私は、その理論の重要性に鑑みて、30歳代は、その主力を(1)理論研究に費やし、ほとんど研究室から出ることもなかった。しかし、40歳代に入り、その限界も感ずるようになり、「車の両輪」のごとく、(2)現場を訪ね、救済の現実の必要性、ないしそれが周縁化されている場合の発掘の重要性に向けても、及ばずながら留意するように努めた。現場主義の重要性であり、米倉先生がかつて私に言われた「歩く民法研究者」の意義の探求ということでもある。具体的素材として、北海道ならではの、塵肺患者からの聞き取り、アスベスト被害の調査、強制連行に関わる掘り起こしへの参加、先住民族（アイヌ民族）の窮状（かつてなされた集団的不法行為）に関する実態調査などが、不法行為法に即しての若干の具体例である。さらに、地球温暖化の異変の頻発に鑑みて、不法行為法をさらに包括的に捉えた補償法（災害補償法）の構築のためにも、現場の問題状況の検討も重ねていきたいと考えている（例えば、新潟中越地震、柏崎刈羽原発調査、またアジア国際災害補償法のためにも四川大地震の調査）。

　こうしたスタンスは、法学教育ないし学生諸君へのメッセージにもつながってきて、この分野における広い見地からの理論研究と具体的な実践からの考察の両方（上記、(1)(2)に対応する）を大事にしてほしいということになる。とくに、具体的法的紛争にコミットし、問題状況を整理し、議論をリードすることを求められる法学関係者に求められるのは、──民法教育のアクチャリティ喪失が危惧される昨今においては、──後者の「現実とのフィードバックの営み」であり、そのためにも「社会を視る目」「総合的に問題を捉える能力」であろう（わが法学界に顕著な縦割りの細分化、蛸壺現象は、これに逆行する。また、マニュアル教育、予備校型教育も然りである）。本講義から、こうしたささやかな私の問題意識を汲み取ってくださるならば、望外の幸せであり、皆さんの「かか

最後に

る見地からの21世紀社会に向けてのチャレンジ」を切望したいし、私自身も改めて思いを新たに、精進を続けていきたい。聴講してくださった諸君のおつきあいに感謝します。

　2008年7月（知命を迎えた最終講義日に）

吉田邦彦

＊追記——法学研究者の薦め

　われわれが学生の頃には、大教室の講義でも、聴衆のすべてを研究者養成の対象として考えているふしがあるものも散見された。それに対して、本講義は、いうまでもなく、さまざまな進路の学生（例えば、民間企業、公務員志望の諸君など）を想定している。さらには、私は、専門家の枠を超えた一般市民との接触からの意義も近時は重視している。

　ただ、他方で近年は、研究者の払底という事態も深刻なので（「助手と乞食は三日やったら止められない」と言われた我々の頃とは、今昔の感がある）、最後に、「法学研究者のやりがい」のようなことを述べてみよう。

　すなわち、第１は、諸君の学習の対象となるプレーヤーとして、「後に残る仕事」（オリジナルであればある程そうである）ができること、第２に、知的好奇心の赴くままに「自由な知的営み」ができること、第３に、読書は、外国文献にも広がるから（それができる時間があるから）、知的世界が広がること（そして有意義なストックになる［際物的でない］書物の読書ができること）、第４に、世俗的な金銭問題から距離をおけること（金銭的な心配からの解放であるが、他方で、金銭欲・世俗的名誉欲から無縁になることも要請されている。しかし近時この点で、研究者はさまざまな点で浸食されていて、その問題も深刻である。例えば、平易化教科書書き、鑑定意見書書き、あるいは、予算目当てのプロジェクト研究（そのための誇大広告的な書類書き、そして予算執行のための形骸的でイベント的なシンポの横行）による「学問の堕落・空洞化」という問題である）などであろう。さらに第５に、実践との交わりということで、——権力と距離を置いた——社会への発信（例えば、社会的弱者保護に向けての尽力）も有意義なことであろう。——ざっと考えても、以上のような意味で、他の職種にはない「やりがいがある」わけである。

　もちろん法学研究者は、個人主義的な職種であり、またそうあらなければならないであろう（「研究上の個人主義」の問題で、安易に集団主義的な流行に流されないということでもある）。その意味でのリスクはある。論文の作成ができるだろうかという心配もあろう。でも、ある程度のセンスがあり、それを補う地道で勤勉な読書・思索を続けていれば、意外に何とかなるものである。他方で、

追記——法学研究者の薦め

どのような職業に就くにせよ、リスクはつきものである。民間企業の倒産のリスク、あるいは、法曹でもアメリカのようにその数が増えれば、いい職業に皆がつけるとは限らないし、法科大学院に行ったからと言って司法試験に通る保証もない。その意味で、「法学研究者」になることも、——もしこうした拙い講義を聞いて、自分でもやって行ける感覚がつかめ、そしてより深く勉強してみたい知的好奇心があるならば、——選択肢の一つとしてお薦めしたい。

《著者紹介》

吉田邦彦（よしだ・くにひこ）

　　1958年　岐阜県に生まれる
　　1981年　東京大学法学部卒業
　　現　在　北海道大学大学院法学研究科教授
　　　　　　法学博士（東京大学）

《主要著作》

『債権侵害論再考』（有斐閣、1991）
『民法解釈と揺れ動く所有論』（民法理論研究第1巻）（有斐閣、2000）
『契約法・医事法の関係的展開』（民法理論研究第2巻）（有斐閣、2003）
『居住福祉法学の構想』（東信堂、2006）
『多文化時代と所有・居住福祉・補償問題』（民法理論研究第3巻）（有斐閣、2006）
『家族法（親族法・相続法）講義録』（信山社、2007）

不法行為等講義録

2008年12月15日　第1版第1刷発行
6054-01010：p 296：¥3000 E：b 010

著　者　　吉　田　邦　彦
発行者　　今　井　　　貴
発行所　　株式会社　信山社
〒113-0033 東京都文京区本郷6-2-9-102
Tel 03-3818-1019
Fax 03-3818-0344
henshu@shinzansha.co.jp

出版契約 No.2008-6054-01010　Printed in Japan

©吉田邦彦　2008／印刷・製本／松澤印刷
ISBN978-4-7972-6054-0 C3332　分類324.550 c001
禁コピー　信山社　2008-02-14